Langenscheidt

# Übungsgrammatik Italienisch

von Maria Anna Söllner und Roberta Costantino



Langenscheidt

Berlin · Madrid · München · Warschau · Wien · Zürich

Herausgegeben von der Langenscheidt-Redaktion
**Coverfoto:** Getty Images/Ingram Publishing/Thinkstock
**Layout:** Ute Weber
**Projektmanagement/Lektorat:** Eva Maria Weermann, TextMedia
**Muttersprachliches Lektorat:** Gabriella Moretti

Laden Sie sich auf www.langenscheidt.de/uebungsgrammatik mit dem Code ui985 kostenlos Ihren Grammatiktrainer herunter.

www.langenscheidt.de


**Satz:** kaltner verlagsmedien GmbH, Bobingen
**Druck und Bindung:** Stürtz GmbH, Würzburg

ISBN 978-3-468-34985-0

# Inhaltsverzeichnis

Benutzerhinweise – Indicazioni per l'uso ........ 8
Abkürzungen – Abbreviazioni ........ 14
Tipps & Tricks – Consigli pratici e trucchetti ........ 15
Terminologie – Terminologia ........ 22
Aussprache – Pronuncia ........ 24

**1 Der Artikel – L'articolo ........ 25**
1.1 Der bestimmte Artikel – L'articolo determinativo ........ 25
1.2 Der unbestimmte Artikel – L'articolo indeterminativo ........ 28
1.3 Der Teilungsartikel – L'articolo partitivo ........ 29
1.4 Präpositionen + bestimmter Artikel – Le preposizioni articolate ........ 30
Übungen – Esercizi ........ 31

**2 Das Substantiv – Il sostantivo ........ 33**
2.1 Das Genus – Il genere ........ 33
2.1.1 Das Genus bei Lebewesen – Il genere dei sostantivi di persona e di animali ........ 34
2.1.2 Das Genus bei Sachnamen und Abstrakta – Il genere dei sostantivi di cosa e dei sostantivi astratti ........ 35
2.2 Der Plural – Il plurale ........ 36
2.2.1 Besonderheiten – Particolarità ........ 38
2.2.2 Zusammengesetzte Substantive – I sostantivi composti ........ 38
Übungen – Esercizi ........ 39

**3 Das Adjektiv – L'aggettivo ........ 41**
3.1 Das Adjektiv auf -o/-a – Gli aggettivi in -o/-a ........ 41
3.2 Das Adjektiv auf -e – Gli aggettivi in -e ........ 42
3.3 Besondere Formen – Forme particolari ........ 43
3.4 Die Angleichung des Adjektivs – La concordanza dell'aggettivo ........ 45
3.5 Die Stellung des Adjektivs – La posizione dell'aggettivo ........ 45
Übungen – Esercizi ........ 47

**4 Das Adverb – L'avverbio ........ 49**
Übungen – Esercizi ........ 55

**5 Der Vergleich – La comparazione** ..... **57**

5.1 Die Steigerung des Adjektivs – La comparazione dell'aggettivo ..... 57

5.1.1 Der Komparativ – Il comparativo ..... 57

5.1.2 Der Superlativ – Il superlativo ..... 58

5.1.3 Die unregelmäßige Steigerung – La comparazione irregolare ..... 60

5.2 Die Steigerung des Adverbs – La comparazione dell'avverbio ..... 62

Übungen – Esercizi ..... 63

**6 Das Pronomen – Il pronome** ..... **65**

6.1 Das Personalpronomen – Il pronome personale ..... 65

Übungen – Esercizi ..... 71

6.2 Das Possessivpronomen – Il pronome possessivo ..... 73

6.3 Das Demonstrativpronomen – Il pronome dimostrativo ..... 74

6.4 Das Relativpronomen – Il pronome relativo ..... 75

6.5 Das Indefinitpronomen – Il pronome indefinito ..... 76

6.6 Das Interrogativpronomen – Il pronome interrogativo ..... 78

Übungen – Esercizi ..... 79

**7 Das Verb – Il verbo** ..... **81**

7.1 Die Konjugationen – Le coniugazioni ..... 81

7.2 Die Verbformen – Le forme verbali ..... 81

7.3 Die Verbarten – I diversi tipi di verbi ..... 82

7.3.1 Das transitive und das intransitive Verb – Il verbo transitivo e intransitivo ..... 82

7.3.2 Die Hilfsverben essere und avere – I verbi ausiliari essere e avere ..... 82

7.3.3 Das Modalverb – Il verbo modale ..... 82

7.3.4 Das reflexive Verb – Il verbo riflessivo ..... 84

7.3.5 Unpersönliche Verben und Ausdrücke – Verbi ed espressioni impersonali ..... 85

Übungen – Esercizi ..... 87

**8 Der Indikativ – L'indicativo** ..... **89**

8.1 Das Präsens – Il presente ..... 89

8.2 Das Futur – Il futuro ..... 91

8.3 Das Imperfekt – L'imperfetto ... 94
Übungen – Esercizi ... 95
8.4 Das Perfekt – Il passato prossimo ... 97
8.5 Das Plusquamperfekt – Il trapassato prossimo ... 99
8.6 Das Passato remoto und Trapassato remoto – Il passato e il trapassato remoto ... 100
Übungen – Esercizi ... 103

**9 Der Konjunktiv – Il congiuntivo ... 105**
9.1 Der Konjunktiv Präsens – Il congiuntivo presente ... 105
9.2 Der Konjunktiv Perfekt – Il congiuntivo passato ... 106
9.3 Der Konjunktiv Imperfekt – Il congiuntivo imperfetto ... 107
9.4 Der Konjunktiv Plusquamperfekt – Il congiuntivo trapassato 108
9.5 Der Konjunktiv im Hauptsatz – Il congiuntivo in frasi indipendenti ... 108
9.6 Der Konjunktiv im Nebensatz – Il congiuntivo in frasi dipendenti ... 108
9.7 Die Zeitenfolge im Nebensatz mit Konjunktiv – La concordanza dei tempi nella frase dipendente con il congiuntivo ... 110
Übungen – Esercizi ... 111

**10 Der Konditional – Il condizionale ... 113**
10.1 Der Konditional I – Il condizionale semplice ... 113
10.2 Der Konditional II – Il condizionale composto ... 116
Übungen – Esercizi ... 119

**11 Der Imperativ – L'imperativo ... 121**
11.1 Der bejahte Imperativ – L'imperativo positivo ... 121
11.2 Der verneinte Imperativ – L'imperativo negativo ... 123
11.3 Pronomen und Imperativ – Il pronome e l'imperativo ... 124
Übungen – Esercizi ... 127

**12 Das Passiv – Il passivo ... 129**
12.1 Passivformen im Überblick – Le forme del passivo ... 130
12.2 Die Umschreibung des Passivs – Costruzioni sostitutive del passivo ... 134
Übungen – Esercizi ... 135

**13 Der Infinitiv – L'infinito** ........ **137**
13.1 Der Infinitiv Präsens – L'infinito presente ........ 137
13.2 Der Infinitiv Perfekt – L'infinito passato ........ 141
13.3 Die Pronomen beim Infinitiv – I pronomi con l'infinito ........ 142
Übungen – Esercizi ........ 143

**14 Das Partizip – Il participio** ........ **145**
14.1 Das Partizip Präsens – Il participio presente ........ 145
14.2 Das Partizip Perfekt – Il participio passato ........ 147
Übungen – Esercizi ........ 151

**15 Das Gerund – Il gerundio** ........ **153**
15.1 Das Gerund der Gegenwart – Il gerundio semplice ........ 153
15.2 Das Gerund der Vergangenheit – Il gerundio composto ........ 156
15.3 Pronomen und Gerund – Il pronome e il gerundio ........ 157
Übungen – Esercizi ........ 159

**16 Die Konjunktion – La congiunzione** ........ **161**
16.1 Die beiordnende Konjunktion – La congiunzione coordinativa ........ 161
16.2 Die unterordnende Konjunktion – La congiunzione subordinativa ........ 163
Übungen – Esercizi ........ 167
16.3 Die Zeitenfolge – La concordanza dei tempi ........ 174
Übungen – Esercizi ........ 175

**17 Die Wortstellung – L'ordine delle parole** ........ **177**
17.1 Der Aussagesatz – La frase dichiarativa ........ 177
17.2 Der Fragesatz – La frase interrogativa ........ 180
17.3 Die Verneinung im Satz – La negazione ........ 181
Übungen – Esercizi ........ 183

**18 Die indirekte Rede – Il discorso indiretto** ........ **185**
18.1 Der Aussagesatz – La frase dichiarativa ........ 186
18.2 Der Imperativ – L'imperativo ........ 188
18.3 Die indirekte Frage – La domanda indiretta ........ 188
18.4 Der Nebensatz – La frase dipendente ........ 189
Übungen – Esercizi ........ 191

19 **Die Präposition – La preposizione** .......... **193**
Übungen – Esercizi .......... 199
Übungen – Esercizi .......... 207

20 **Die Zahl – Il numero** .......... **209**
20.1 Die Grundzahlen – I numeri ordinali .......... 209
20.2 Die Ordnungszahlen – I numeri cardinali .......... 211
20.3 Weitere Zahlwörter – Altri numerali .......... 212
20.4 Zeitangaben – Espressioni temporali .......... 213
20.5 Maße und Mengenangaben – Pesi e misure .......... 214
Übungen – Esercizi .......... 215

21 **Die Rechtschreibung – L'ortografia** .......... **217**
21.1 Die Schreibweise – L'ortografia .......... 217
21.2 Betonung und Akzente – L'accento .......... 220
21.3 Die Zeichensetzung – La punteggiatura .......... 221
Übungen – Esercizi .......... 223

Abschlusstest – Test finale .......... 225
Unregelmäßige Verben – Verbi irregolari .......... 234
Sachregister – Indice analitico .......... 242

# Benutzerhinweise

## Das Ziel

Für alle, die die italienische Grammatik nicht nur in der Theorie beherrschen wollen, ist die *Übungsgrammatik Italienisch* ideal.

Einfache Erklärungen und zahlreiche Beispiele helfen Ihnen dabei, schnell zu *verstehen* und leicht zu *lernen*. Abwechslungsreiche Übungen am Ende eines jeden Kapitels ermöglichen Ihnen, die verschiedenen Themen gezielt zu *trainieren*. Alle wichtigen Grammatikthemen der Niveaustufen A1 bis B2 werden umfassend präsentiert. Sollten Ihre Italienischkenntnisse etwas eingerostet sein, können Sie die Regeln systematisch *wiederholen* und *auffrischen*. Wer mit den Grundregeln vertraut ist, kann sein Wissen *vertiefen*. Ob es auch wirklich sitzt, können Sie in einem Abschlusstest *überprüfen*. Die Gliederung in sinnvolle Lerneinheiten ermöglicht schnelles und gezieltes *Nachschlagen*, sodass keine Grammatikfrage offen bleibt.

## Der Grammatiktrainer zum Download

Der Grammatiktrainer bietet Ihnen vielfältige Trainingsmöglichkeiten, um die Grammatikthemen zu vertiefen oder Gelerntes zu wiederholen. Mithilfe der interaktiven Übungen können Sie Regeln schnell erfassen und ganz leicht nachvollziehen. Indem Sie Ihr Wissen in immer neuen Zusammenhängen und Übungsfolgen praktisch anwenden, festigen Sie das Gelernte und werden immer sicherer – Übung für Übung und Satz für Satz. Mit der praktischen Lernstatistik können Sie jederzeit Ihren persönlichen Arbeitsstand überprüfen und noch vorhandene Schwächen trainieren. Auch ein gezieltes Lernen nach den Niveaustufen A1 bis B2 ist möglich. Und wenn Sie einmal ein Wort nicht verstehen, sehen Sie einfach im integrierten Wörterbuch nach.

## Der Aufbau der Übungsgrammatik

Aufgrund ihrer übersichtlichen, farbigen Gestaltung – fremdsprachliche Wörter und Beispielsätze sind hellblau hervorgehoben – ist die *Übungsgrammatik Italienisch* besonders benutzerfreundlich.
Eine unterhaltsame Illustration führt in das jeweilige Grammatikthema ein und setzt es in einen alltagstauglichen Kontext. Jedes Kapitel folgt einem strukturierten Aufbau: Zunächst werden die Formen dargestellt, dann wird ihr Gebrauch erörtert und durch Beispiele mit Übersetzung

veranschaulicht. Am Ende des Kapitels finden Sie Übungen, um das Gelernte zu festigen. Und damit Sie nicht umständlich hin und her blättern müssen, haben wir ein innovatives System zur schnellen Lernerfolgskontrolle entwickelt: Klappseiten, auf denen Sie problemlos die Lösungen überprüfen können. Hier können Sie auch gleich die Grundregel zum abgefragten Thema noch mal auffrischen. Praktischer geht's nicht!

**Die Aussprache**
Eine Übersicht über die wichtigsten Ausspracheunterschiede des Italienischen im Vergleich zum Deutschen hilft Ihnen, in der gesprochenen Sprache den richtigen Laut zu bilden.

**Tipps & Tricks**
Damit Ihnen der Einstieg in die italienische Grammatik leichter fällt, verraten wir Ihnen vorab in einem Extrateil ein paar Tipps & Tricks zum Grammatiklernen.

**Die Terminologie**
Wenn Ihnen ein Begriff im Deutschen oder im Italienischen nicht ganz klar ist, haben Sie im Terminologieverzeichnis die Möglichkeit, diesen in einer alphabetisch sortierten Liste nachzuschlagen.

**Der Abschlusstest**
Und damit Sie Ihren Lernerfolg abschließend auch überprüfen können, finden Sie am Ende des Buches einen Abschlusstest, der eine Aufgabe zu jedem Kapitel bereit hält. So können Sie zum einen feststellen, wo Sie noch Schwachstellen haben und welches Grammatikkapitel Sie sich daher noch mal genauer ansehen sollten, und zum anderen erkennen Sie, in welchen Themengebieten Sie schon richtig fit sind.

**Die unregelmäßigen Verben**
Ferner finden Sie am Ende des Buches eine Übersicht über die wichtigsten unregelmäßigen italienischen Verben. Hier haben Sie alle Sonderformen auf einen Blick und können sich diese gut einprägen.

**Das Register**
Um gezielt nach einzelnen Themen und Begriffen suchen zu können, haben wir im Register die wichtigsten Schlagwörter für Sie erfasst, sodass Sie mühelos und schnell den entsprechenden Eintrag finden.

# Auf einen Blick

So funktioniert unser System für eine schnelle Lernerfolgskontrolle: Nach dem Motto „Learning by doing“ bieten wir Ihnen am Ende jeder Lerneinheit Übungen zu den verschiedenen Grammatikthemen. So können Sie das Gelernte gleich in der Praxis anwenden, testen ob Sie alles behalten haben und sich konsequent verbessern.

Wie in den Grammatikkapiteln erkennen Sie auch bei den Übungen anhand der Niveaustufenangaben am Rand sofort, ob das Thema bzw. die Aufgabe für Ihr Lernnivau relevant ist.

Die Lösungen zu den Aufgaben finden Sie unmittelbar daneben auf ausklappbaren Seiten. Ausgeklappt wird natürlich erst nach dem Lösen! Hier können Sie auch gleich die Grundregel zum abgefragten Thema noch einmal auffrischen.

Thematische Darstellung der Grammatikregeln

Die Zahl

A1 **Das Datum**

Das Datum wird im Italienischen im Unterschied zum Deutschen mit den Grundzahlen angegeben. Nur für den Ersten eines Monats verwendet man die Ordnungszahl. Vor dem Datum steht wie im Deutschen der bestimmte Artikel:

Domani è **il sedici** settembre. *Morgen ist **der sechzehnte** September.*

**Il primo** maggio è un giorno festivo. ***Der erste Mai** ist ein Feiertag.*

Arriviamo **il cinque** agosto. *Wir kommen **am fünften** August an.*

ϟ Jahreszahlen stehen mit dem bestimmten Artikel:

**Il 2007** è stato un anno difficile. *2007 war ein schwieriges Jahr.*

L'ho conosciuta **nel 1998**. *Ich habe sie 1998 kennengelernt.*

Jahrhunderte werden wie folgt angegeben:

il secolo XIV (quattordicesimo) oder il Trecento *das 14. Jahrhunder*

il secolo XVII (diciassettesimo) oder il Seicento *das 17. Jahrhunder*

il secolo XX (ventesimo) oder il Novecento *das 20. Jahrhundert*

A1 20.5 **Maße und Mengenangaben**

| **Maße** | | **Mengenangaben** | |
|---|---|---|---|
| *1 mm* | un millimetro | *1 l* | un litro |
| *1 cm* | un centimetro | *1 g* | un grammo |
| *1 m* | un metro | *100 g* | un etto |
| *1 km* | un chilometro | *1 kg* | un chilo |

ϟ Anders als im Deutschen gibt es für Maße und Mengenangaben auch eine Pluralform:

sei metri *sechs Meter* due litri *zwei Liter* tre chili *drei Kilo*

Substantive werden bei Maßen und Mengenangaben mit di angeschlossen:

Prendo due etti **di** prosciutto crudo. *Ich nehme zweihundert Gramm rohen Schinken.*

Hanno comprato un chilo **di** pane. *Sie haben ein Kilo Brot gekauft.*

214

Übungsseite zum Stoff des vorhergehenden Kapitels

Klappseite mit den Lösungen plus Grundregel

Esercizi

## Übungen

**Die Grundzahlen** A1

Schreiben Sie die folgenden Zahlen aus.

| | | | |
|---|---|---|---|
| 91 | ........................ | g. 375 | ........................ |
| 15 | ........................ | h. 1588 | ........................ |
| 117 | ........................ | i. 100.000 | ........................ |
| 19 | ........................ | j. 8.000.000 | ........................ |
| 63 | ........................ | k. 7.600 | ........................ |
| 41 | ........................ | l. 40.000 | ........................ |

**Die Bildung der Ordnungszahlen** A2

Welches ist die richtige Form der jeweiligen Ordnungszahl? Kreuzen Sie sie an (✓).

| | | | |
|---|---|---|---|
| novesimo | ☐ | nono | ☐ |
| ventunesimo | ☐ | ventunprimo | ☐ |
| ottavo | ☐ | ottimo | ☐ |
| diecesimo | ☐ | decimo | ☐ |
| milasimo | ☐ | millesimo | ☐ |

**Die Ordnungszahlen** A2

Vervollständigen Sie Ordnungszahlen mit der korrekten Endung.

È la terz........... volta che vengono in vacanza con noi.

Abitiamo al second........... piano.

I prim........... anni a Roma sono stati difficili.

Questa è la quint........... sera che non usciamo.

Le prim........... lezioni sono le più facili.

215

Soluzioni

## Lösungen

**1. Die Grundzahlen**

a. novantuno
b. quindici
c. centodiciassette
d. diciannove
e. sessantatré
f. quarantuno
g. trecentosettantacinque
h. millecinquecentoottantotto
i. centomila
j. otto milioni
k. settemilaseicento
l. quarantamila

**G** Zusammengesetzte Zahlen mit uno und otto verlieren den Endvokal der Zehnerstelle; Zusammensetzungen mit tre erhalten einen Akzent auf dem Endvokal -e. Die Grundzahlen sind maskulin und – mit Ausnahme von zero *null*, mille *tausend*, milione *Million* und miliardo *Milliarde* – unveränderlich.

**2. Die Bildung der Ordnungszahlen**

| | | | |
|---|---|---|---|
| a. novesimo | ☐ | nono | ✓ |
| b. ventunesimo | ✓ | ventunprimo | ☐ |
| c. ottavo | ✓ | ottimo | ☐ |
| d. diecesimo | ☐ | decimo | ✓ |
| e. milasimo | ☐ | millesimo | ✓ |

**G** Die Ordnungszahlen bis 10 werden unregelmäßig gebildet, ab 11 sind sie regelmäßig. Sie werden gebildet, indem man den Endvokal der Grundzahl streicht und an dessen Stelle die Endung -esimo anhängt.

**3. Die Ordnungszahlen**

a. È la terza volta che vengono in vacanza con noi.
b. Abitiamo al secondo piano.
c. I primi anni a Roma sono stati difficili.
d. Questa è la quinta sera che non usciamo.
e. Le prime lezioni sono le più facili.

**G** Die Ordnungszahlen sind Adjektive und verhalten sich wie diese: Sie richten sich in Genus und Numerus nach dem Bezugswort; sie stehen zwischen Artikel und Bezugswort.

Niveaustufen

Grundregel

**Die Niveaustufenangaben gemäß dem Europäischen Referenzrahmen**

Neben den wegweisenden Symbolen warten in jedem Kapitel die Niveaustufenangaben **A1**, **A2**, **B1**, **B2** auf Sie. Diese verraten Ihnen, welche Grammatikthemen und welche Regeln für Ihr Lernniveau relevant sind. Die Niveaustufen beziehen sich nicht nur auf das jeweilige Grammatikkapitel, sondern auch auf das in den Beispielsätzen verwendete Vokabular.

In der Praxis heißt das: Ist ein Grammatikkapitel beispielsweise der Niveaustufe **A1** zugeordnet, so sind alle verwendeten Vokabeln A1, es sei denn, sie sind mit einer anderen Niveaustufe, z. B. **A2** (direkt vor dem jeweiligen Wort oder Satz), versehen. Alle in diesem Kapitel enthaltenen Grammatikregeln sollten Sie dann beherrschen, es sei denn, eine Niveaustufenangabe am Rand weist Sie darauf hin, dass diese Regel für ein höheres Niveau, z. B. **B1**, bestimmt ist.

Hier eine kurze Erläuterung, welche Kenntnisse auf die einzelnen Niveaustufen des Europäischen Referenzrahmens zutreffen:
A1/A2: *Elementare Sprachverwendung,* d. h.
**A1**: Sie können einzelne Wörter und ganz einfache Sätze verstehen und formulieren.
**A2**: Sie können die Gesprächssituationen des Alltags bewältigen und kurze Texte verstehen oder selbst verfassen.

B1/B2: *Selbstständige Sprachverwendung,* d. h.
**B1**: Sie können sich in den Bereichen Alltag, Reise und Beruf schriftlich und mündlich gut verständigen.
**B2**: Sie verfügen aktiv über ein großes Repertoire an grammatikalischen Strukturen und Redewendungen und können im Gespräch mit Muttersprachlern bereits stilistische Nuancen erfassen.

C1/C2: *Kompetente Sprachverwendung,* d. h.
**C1**: Sie können sich spontan und fließend zu verschiedenen, auch komplexen oder fachspezifischen Sachverhalten äußern und sich schriftlich wie mündlich an die stilistischen Erfordernisse anpassen.
**C2**: Sie können mühelos jeder Kommunikationsform in der Fremdsprache folgen und sich daran beteiligen. Dabei verfügen Sie über ein umfassendes Repertoire an Grammatik und Wortschatz.

## Die Symbole

Die Verwendung von selbsterklärenden Symbolen trägt dazu bei, dass Sie sich innerhalb der Kapitel auf Anhieb gut zurechtfinden. Folgende Symbole werden Ihnen immer wieder begegnen:

Unter ℹ erhalten Sie Informationen zu den speziellen Spracheigenheiten des Italienischen sowie zum landestypischen Sprachgebrauch.

Unter 💡 finden Sie einen Merksatz, den Sie sich gut einprägen sollten.

⇄ Hier wird der mündliche Sprachgebrauch dem geschriebenen Italienisch gegenübergestellt.

⚡ weist Sie auf Stolpersteine hin, damit Sie diese möglichen Fehlerquellen vermeiden können. Hier handelt es sich zumeist um Unterschiede zwischen dem deutschen und dem italienischen Sprachgebrauch.

◐ signalisiert Ihnen, dass es sich hier um eine Ausnahme oder Sonderform handelt, die Sie sich besonders gut merken sollten.

L! hält einen Lerntipp für Sie bereit.

✚ gibt Ihnen eine kleine Hilfestellung.

🔑 kennzeichnet die Lösungen.

**G** Nach diesem Symbol finden Sie die Grundregel.

Das Symbol ▷ verweist auf andere Kapitel im Buch, die Sie sich bei dieser Gelegenheit ansehen sollten. So können Sie auch gut nachvollziehen, wie die einzelnen Grammatikthemen zusammenhängen.

# Abkürzungen

| | | | |
|---|---|---|---|
| *adv. Best.* | adverbiale Bestimmung | *m.* | Maskulinum |
| *f.* | Femininum | *Pers.* | Person |
| *Ind.* | Indikativ | *Pl.* | Plural |
| *Kons.* | Konsonant | *Präs.* | Präsens |
| | | *Sing.* | Singular |

# Tipps & Tricks zum Sprachenlernen: Grammatik lernen, fast kinderleicht

Beneiden Sie nicht auch manchmal Kinder, die eine Sprache so ganz einfach nebenbei lernen, ohne sich über lästige Grammatikregeln oder fehlerhafte Konstruktionen Gedanken zu machen? Ganz so sorglos können wir Ihnen die Grammatik nicht nahebringen, aber nichtsdestotrotz heißt Sprachenlernen und insbesondere Grammatiklernen nicht zwingend stures Auswendiglernen und langweiliges Regelpauken. Um Ihnen den Umgang mit Grammatik etwas zu erleichtern, verraten wir Ihnen hier einige praktische Tipps & Tricks zum Sprachenlernen.

### L! Pioniergeist ist gefragt

Versuchen Sie, die Andersartigkeit der Fremdsprache und ihre grammatischen Eigenarten nachzuvollziehen. Sehen Sie das Erlernen der Sprachregeln, der verschiedenen Zeiten und Formen einer Fremdsprache als Chance, Ihren eigenen Erfahrungsschatz zu erweitern, als Einblick in Denkweisen, die Ihnen nicht vertraut sind, die für andere Menschen, die diese Sprache täglich sprechen, aber ganz selbstverständlich sind. Zeigen Sie Pioniergeist! Lassen Sie Ihrer Freude am sprachlich Neuen, Fremden und Andersartigen freien Lauf!

### L! Das Gesetz der Regelmäßigkeit

Grammatik ist wie Sport. Wer nur einmal alle Jubeljahre trainiert, wird wohl kein Marathonläufer. Es ist sinnvoller, regelmäßig ein wenig als unregelmäßig viel zu lernen. Setzen Sie einen bestimmten Zeitpunkt fest, zu dem Sie sich ungestört dem Grammatiktraining widmen können, z. B. täglich eine Viertelstunde vor dem Einschlafen oder drei Mal wöchentlich in der Mittagspause. Wie immer Sie sich entscheiden: Lernen Sie kontinuierlich, denn nur so lässt sich auch Ihr Langzeitgedächtnis trainieren.

### L! Aufwärmen lohnt sich

Gelernten Stoff zu wiederholen ist wie leichtes Joggen: Laufen Sie sich warm mit Altbekanntem, bevor Sie sich an Neues wagen. Auch wenn ständig neue Grammatikregeln auf Sie zukommen, darf das bereits Erlernte nicht vernachlässigt werden. Wiederholen Sie auch Themengebiete, die Sie schon gut können, das macht Spaß und hält fit.

### L! Das Salz in der Suppe
Versuchen Sie niemals zu viele Grammatikregeln auf einmal zu lernen. Man verliert sonst schnell den Überblick und vergisst die Details. Verwenden Sie Grammatik wie das Salz in der „Fremdsprachen-Suppe". Ebenso wie man eine Suppe versalzen kann, kann man sich das Erlernen einer Fremdsprache erschweren, indem man versucht, sich zu viele Grammatikregeln auf einmal zu merken. Lernen Sie langsam, stetig und zielorientiert und verdauen Sie in kleinen Häppchen.

### L! Eigenlob stinkt nicht immer
Schauen Sie auf das, was Sie bereits können. Loben Sie sich für Fortschritte oder belohnen Sie sich für gute Leistungen. Lob motiviert und Motivation ist eine grundlegende Voraussetzung fürs Lernen.

### L! Schluss mit dem Fachchinesisch
Wenn Sie etwas Neues lernen, kommen immer auch neue Fachbegriffe auf Sie zu, die Sie kennen sollten. Wählen Sie gezielt nach und nach einzelne Grammatikbegriffe aus (▷ Terminologie) und machen Sie sich mit ihrer Bedeutung vertraut. Sie werden sehen, dass es Ihnen im Laufe der Zeit leichter fallen wird, die Regeln einer Fremdsprache (auch die Ihrer Muttersprache) nachzuvollziehen und sich mit anderen darüber auszutauschen, wenn die Fachterminologie für Sie nicht mehr Fachchinesisch ist.

### L! Hemmungslos werden
Auch wenn die Beschäftigung mit Grammatik nicht zu Ihren bevorzugten Freizeitaktivitäten gehört, sollten Sie, um Abneigungen, Hemmungen oder Widerwillen abzubauen, die Sprachregeln mit anderen, alltäglichen Regeln vergleichen. Straßenverkehrsregeln, mathematische Grundregeln, Regeln von Sportarten etc. sind Ihnen heute völlig vertraut, mussten jedoch erst einmal von Ihnen gelernt werden. Auch die Regeln der Grammatik werden Sie eines Tages verinnerlicht haben und, ohne darüber nachdenken zu müssen, intuitiv anwenden können.

### L! Fehleranalyse gegen Fettnäpfchen
Haben Sie keine Angst vor Fehlern! Es ist nicht das Ziel des Lernens, keine Fehler zu machen, sondern gemachte Fehler zu bemerken. Nur wer einen Fehler im Nachhinein erkennt, kann ihn beim nächsten Mal

vermeiden. Das Beherrschen grammatischer Grundregeln und das Verinnerlichen von Sonderformen und Ausnahmen ist dabei durchaus hilfreich: zum einen, um einen Fehler nachvollziehen zu können, und zum anderen, um nicht ein zweites Mal in dasselbe Fettnäpfchen zu treten.

### L! Begeben Sie sich nicht ins Abseits

Grammatik ist spannend, wenn man sich einen Einblick in ihre Strukturen verschafft. Vergleichen Sie Grammatik auch in diesem Sinne mit Sport. Jede Sportart wird erst dann so richtig interessant, wenn man in der Lage ist, ihre Regeln nachzuvollziehen. Oder würden Sie auch Fußball oder Tennis anschauen, wenn es für Sie nur ein sinnfreies „dem-Ball-Nachlaufen" darstellen würde? Betrachten Sie eine Fremdsprache als eine Sportart, deren komplizierte Spielregeln Sie allmählich erlernen, um mitspielen und mitreden zu können, damit Sie nicht im Abseits landen.

### L! Haben Sie einen Typ?

Finden Sie heraus, welcher Lerntyp Sie sind. Behalten Sie eine Regel schon im Gedächtnis, wenn Sie sie gehört haben *(Hörtyp)* oder müssen Sie sie gleichzeitig sehen *(Seh-/Lesetyp)* und dann aufschreiben *(Schreibtyp)*? Macht es Ihnen Spaß, Grammatikregeln, Zeit- und Wortformen in kleinen Rollenspielen auszuprobieren *(Handlungstyp)*? Die meisten Menschen tendieren zum einen oder anderen Lerntyp. Reine Typen kommen nur sehr selten vor. Sie sollten daher sowohl Ihren Typ ermitteln als auch Ihre Lerngewohnheiten Ihren Vorlieben anpassen. Halten Sie also Augen und Ohren offen und lernen Sie ruhig mit Händen und Füßen, wenn Sie der Typ dafür sind.

### L! Sag's mit einem Post-it

Auf Post-its wurden schon Heiratsanträge gemacht oder Beziehungen beendet. Also ist es kein Wunder, dass man damit auch Grammatik lernen kann. Schreiben Sie sich einzelne Regeln (idealerweise mit Beispielen, s. u.) separat auf Blätter oder Post-its und hängen Sie sie dort hin, wo Sie sie täglich sehen können, z. B. ins Bad über den Spiegel, an den Computer, den Kühlschrank oder neben die Kaffeemaschine. So verinnerlichen Sie schwierige Regeln ganz nebenbei. Denn das Auge lernt mit.

**L! Beispielsätze gegen Trockenfutter**
Trockenfutter ist schwer verdaulich. Einzelne Grammatikregeln trocken aufzunehmen ebenso. Ergänzen Sie jede Regel mit Beispielsätzen. Wenn Ihnen die Beispiele, die Sie in den Lehrbüchern finden, nicht gefallen, formulieren Sie eigene!
Fortgeschrittene können in Originaltexten (Zeitungen, Büchern, Filmen, Songtexten) nach konkreten Anwendungsbeispielen suchen. So wird Grammatik leicht bekömmlich.

**L! Führen Sie Selbstgespräche**
Wählen Sie besonders schwierige Grammatikphänomene aus, schreiben Sie dazu einzelne Beispielsätze auf und sprechen Sie diese laut vor sich hin, z. B. unter der Dusche, beim Spazierengehen oder während langer Autofahrten. Reden Sie mit sich selbst in der Fremdsprache, so prägen Sie sich auch komplizierte Formen und Wendungen ganz schnell ein.

**L! Grammatik à la Karte**
Wie beim Vokabellernen lässt sich auch für die Grammatik eine Art Karteikasten mit einzelnen Karten anlegen. Eine Regel, eine Ausnahme oder ein Stichwort auf die eine Seite und Beispiele, Anwendungen oder Lösungen auf die andere. Schauen Sie sich die Karten regelmäßig an und sortieren Sie die, die Ihnen vertraut sind, allmählich aus.

**L! Gegensätze ziehen sich an**
Merken Sie sich die verschiedenen Verben, Adjektive oder Präpositionen paarweise, indem Sie sich immer auch das Wort einprägen, mit dem Sie das Gegenteil ausdrücken können (Antonym), oder ein weiteres Wort mit der gleichen Bedeutung (Synonym). Das hilft Ihnen, nicht „sprachlos“ zu sein, wenn Ihnen mal ein Wort nicht gleich einfällt. Indem Sie Antonyme und Synonyme mit dazu lernen, bauen Sie sich einen breit gefächerten Wortschatz auf und können sprachlich aus dem Vollen schöpfen.

**L! Übung macht den Meister!**
Wie heißt es doch so schön: „Lehre bildet Geister, doch Übung macht den Meister!“.
So wichtig es auch ist, sich die Grammatikregeln und -strukturen fest einzuprägen, so unerlässlich ist es jedoch, diese immer wieder zu

wiederholen und zu testen. Denn nur konsequentes Üben trägt dazu bei, dass frisch Gelerntes auch in das Langzeitgedächtnis gelangt und nicht mit der Zeit verblasst, einrostet oder ganz verschwindet.

**L! Denken Sie in Schubladen**

Was im wahren Leben nicht unbedingt sinnvoll ist, kann beim Grammatiklernen hilfreich sein: Machen Sie sich gedankliche Schubladen, in die Sie die gelernten Formen und Ausnahmen einsortieren, und versehen Sie diese mit Etiketten: unregelmäßige Verben, Hilfsverben, Präpositionen, Konjunktionen etc.

**L! Bleiben Sie in Bewegung**

Sie müssen beim Lernen nicht unbedingt am Schreibtisch sitzen. Stehen Sie auf, gehen Sie im Zimmer auf und ab oder wiederholen Sie beim Spazierengehen, beim Joggen, beim Schwimmen in Gedanken die neu gelernten Regeln. Ihr Gehirn funktioniert nachweislich besser, wenn Ihr Körper in Bewegung ist.

**L! Beweisen Sie Taktgefühl**

Klopfen Sie im Takt dazu (z. B. auf die Tischplatte), wenn Sie sich Grammatikregeln, feste Wendungen oder Beispielsätze einprägen wollen. Takt und Rhythmus fördern Ihr Erinnerungsvermögen. Eventuell hilft auch musikalische Unterstützung in Form von Hintergrundmusik. Und beim Wiederholen der Regeln und Strukturen können Sie Ihr Taktgefühl und Ihr Gedächtnis unter Beweis stellen.

**L! Grammatik aus dem Ei**

Lernen Sie mit Eselsbrücken, Reimen, Merkhilfen und Lernsprüchen. „7-5-3 Rom schlüpft aus dem Ei" – was bei historischen Jahreszahlen funktioniert, klappt auch beim Sprachenlernen.

**L! Machen Sie Witze?**

Merken Sie sich Witze, Sprichwörter oder Redewendungen, in denen eine grammatikalische Struktur oder eine Regel Anwendung findet. Indem Sie sich beispielsweise einen Witz in der Fremdsprache einprägen und sich an diesen erinnern, prägen Sie sich auch das jeweilige Grammatikphänomen ein. Aber denken Sie daran, dass sich weder Witze noch feste Wendungen immer wörtlich von einer Sprache in die andere übertragen lassen!

### Lieber Miss Marple als Steuerberater?
Viele Menschen empfinden Grammatikübungen als langweilig. Zugegeben: Wer immer nur Lückentexte macht, verliert schnell die Lust. Achten Sie darauf, dass die Grammatikübungen, die Sie machen, abwechslungsreich sind. Sie sollten beim Grammatiktraining nicht das Gefühl haben, Ihre Steuererklärung auszufüllen oder an einer unbezahlten Umfrage teilzunehmen, sondern vielmehr das Gefühl, einen rätselhaften Kriminalfall zu lösen (mit Zuordnungsaufgaben), an einem Quiz teilzunehmen (mit Multiple-Choice-Aufgaben) oder einen Geheimcode zu dechiffrieren (bei Satzbauübungen, hoffentlich nicht bei Übersetzungen).

### Gretchenfrage: Und wie steht's mit der Muttersprache?
Denken Sie über Ihre eigenen Sprechgewohnheiten nach und schauen Sie sich die Regeln Ihrer Muttersprache an. Die Gesetze der Fremdsprache sind viel einfacher nachvollzieh- und erlernbar, wenn man die Unterschiede zur eigenen Muttersprache kennt. Welche Zeitformen verwenden Sie wann, wie werden sie gebildet etc.? Indem Sie die Fremdsprache mit Ihrer Muttersprache vergleichen, machen Sie sich Parallelen und Unterschiede bewusster und prägen sich diese gleich viel besser ein.

### E-Mail für Sie
Um auch schriftlich voneinander zu lernen, suchen Sie sich eine/n E-Mailpartner/-in und schreiben Sie kurze fremdsprachige Mails. Treffen Sie die Vereinbarung, sich gegenseitig zu korrigieren. Sie werden sehen, es macht Spaß, sich über sprachliche Dinge auszutauschen und auf die Fehler des anderen, die vielleicht auch Ihre eigenen sind, aufmerksam zu machen.

### Wer liest, ist im Vorteil
Wagen Sie sich langsam an fremdsprachige Lektüre heran, sei es in vereinfachter Form mit Übersetzungshilfen, sei es in Form leichter Originaltexte, und schauen Sie sich insbesondere die grammatischen Feinheiten immer wieder bewusst an. Es zählt nicht, wie viel Sie lesen, sondern dass Sie einzelne grammatische Strukturen im Kontext nachvollziehen können und verstehen, was ausgedrückt werden soll.

### L! Tauschen Sie Grammatik gegen Sauerbraten

Versuchen Sie, einer anderen Person (Kind, Freund/-in, Partner) die grammatischen Eigenarten einer Fremdsprache zu erklären. Niemand lernt besser als jemand, der andere unterrichtet und sich dabei die Regeln noch mal selbst bewusst macht. Dafür erklärt Ihr Kind Ihnen sicher bei Bedarf, wie man eine MMS verschickt, oder Ihre Schwiegermutter, wie man Sauerbraten zubereitet.

### L! Haben Sie O-Töne?

Lernen Sie multimedial! Schauen Sie DVDs oder Kinofilme im Originalton und wenn möglich mit Originaluntertitel an, also z. B. einen italienischen Film mit italienischem Untertitel. Sie werden sehen, dass Sie durch das Mitlesen das Gesprochene besser verstehen als ohne die Texthilfe. Halten Sie die DVD auch mal an und schreiben Sie sich interessante Wörter, Phrasen oder grammatische Strukturen auf.

### L! Learning by doing in freier Wildbahn

Zu guter Letzt, wenden Sie die Fremdsprache und Ihr neu gelerntes Wissen aktiv an. Reisen Sie in Länder, in denen die Sprache gesprochen wird, genießen Sie es, mit Menschen in der Fremdsprache zu sprechen, die Sie gerade lernen oder dann auch schon können, und freuen Sie sich über die Anerkennung, die Sie dafür bekommen, und die Kontakte, die Sie dabei knüpfen können – weil Sprachen verbinden …

Viel Spaß und Erfolg beim Grammatiklernen
wünscht Ihnen
Ihre Langenscheidt-Redaktion

# Terminologie

| Terminus Italienisch | Terminus Deutsch |
|---|---|
| aggettivo | *Adjektiv* |
| articolo | *Artikel* |
| articolo determinativo | *bestimmter Artikel* |
| articolo indeterminativo | *unbestimmter Artikel* |
| articolo partitivo | *Teilungsartikel* |
| avverbio | *Adverb* |
| comparativo | *Komparativ* |
| comparazione | *Vergleich* |
| complemento oggetto | *direktes Objekt* |
| concordanza | *Angleichung* |
| concordanza dei tempi | *Zeitenfolge* |
| condizionale | *Konditional* |
| condizionale composto | *Konditional II* |
| condizionale semplice | *Konditional I* |
| congiuntivo | *Konjunktiv* |
| congiuntivo imperfetto | *Konjunktiv Imperfekt* |
| congiuntivo passato | *Konjunktiv Perfekt* |
| congiuntivo presente | *Konjunktiv Präsens* |
| congiuntivo trapassato | *Konjunktiv Plusquamperfekt* |
| congiunzione | *Konjunktion* |
| congiunzione coordinativa | *nebenordnende Konjunktion* |
| congiunzione subordinativa | *unterordnende Konjunktion* |
| coniugazione | *Konjugation* |
| dimostrativo | *Demonstrativpronomen* |
| discorso indiretto | *indirekte Rede* |
| frase interrogativa | *Fragesatz* |
| futuro | *Futur* |
| futuro composto | *Futur II* |
| futuro semplice | *Futur I* |
| genere | *Genus* |
| gerundio | *Gerund* |
| imperativo | *Imperativ* |
| imperfetto | *Imperfekt* |
| indefinito | *Indefinitpronomen* |

| Terminus Italienisch | Terminus Deutsch |
| --- | --- |
| indicativo | *Indikativ* |
| infinito | *Infinitiv* |
| interrogativo | *Interrogativpronomen* |
| intransitivo | *intransitiv* |
| modo | *Modus* |
| negazione | *Verneinung* |
| numeri cardinali | *Grundzahlen* |
| numeri ordinali | *Ordnungszahlen* |
| numero | *Numerus* |
| oggetto indiretto | *indirektes Objekt* |
| participio | *Partizip* |
| passato prossimo | *Perfekt* |
| passato remoto | *historisches Perfekt* |
| passivo | *Passiv* |
| periodo ipotetico | *Bedingungssatz* |
| plurale | *Plural* |
| possessivo | *Possessivpronomen* |
| preposizione | *Präposition* |
| presente | *Präsens* |
| pronome | *Pronomen* |
| pronome personale | *Personalpronomen* |
| pronome relativo | *Relativpronomen* |
| pronome riflessivo | *Reflexivpronomen* |
| singolare | *Singular* |
| soggetto | *Subjekt* |
| sostantivo | *Substantiv* |
| superlativo | *Superlativ* |
| transitivo | *transitiv* |
| trapassato prossimo | *Plusquamperfekt* |
| trapassato remoto | *historisches Plusquamperfekt* |
| verbo | *Verb* |
| verbo ausiliare | *Hilfsverb* |
| verbo impersonale | *unpersönliches Verb* |
| verbo modale | *Modalverb* |
| verbo riflessivo | *reflexives Verb* |

# Aussprache

Die wichtigsten Unterschiede zwischen der deutschen und der italienischen Aussprache bestehen bei den Konsonanten c, g und h. Entscheidend sind die auf c und g folgenden Vokale oder Konsonanten, sie bestimmen deren Aussprache.

| Buchstabe | Lautschrift | Erklärung | deutsche Entsprechung | Beispiel |
|---|---|---|---|---|
| c | [tʃ] | vor e und i;<br>bei cia, cio, ciu wird i nicht ausgesprochen: [tʃa] etc. | tschüs | la città *die Stadt*<br>ciao *hallo, ciao* |
| | [k] | vor a, o, und u<br>vor h (auch bei doppeltem c) | Kaffee | il medico *der Arzt*<br>l'occhio *das Auge* |
| | [ʃ] | mit s und vor e und i | Schal | la sciarpa *der Schal*<br>lo sci *der Ski* |
| g | [dʒ] | vor e und i;<br>bei gia, gio, giu wird i nicht ausgesprochen: [dʒa] etc. | Dschungel | il gelato *das Eis*<br>la giornale *die Zeitung* |
| | [ʎ] | mit folgendem li | Million | la famiglia *die Familie* |
| | [ɲ] | mit folgendem n | Kampagne | la signora *die Frau* |
| | [g] | vor a, o und u<br>vor h | Garten | il lago *der See*<br>i funghi *die Pilze* |
| h | – | wird nicht ausgesprochen | – | ha *er, sie, es hat* |

⚡ Substantive, die mit h beginnen, werden in Verbindung mit dem Artikel (▷ 1) wie Substantive mit Vokal am Wortanfang behandelt: l'hotel *das Hotel*, un hobby *ein Hobby*.

Zu weiteren Besonderheiten der italienischen Aussprache und zur Wortbetonung ▷ 21

# 1 Der Artikel

A1

*Spinat esse ich nicht.*
*Ich will ein Eis!*

## 1.1 Der bestimmte Artikel

### Formen

ℹ Numerus, Genus und Anlaut des Substantivs bestimmen die Form des bestimmten Artikels.

Der bestimmte Artikel hat im Maskulinum folgende Formen:

| | Singular | Plural |
|---|---|---|
| **vor Konsonant** | il | i |
| **vor Vokal** | l' | gli |
| **vor s + Konsonant, gn, ps, x, y, z** | lo | gli |

**il** ragazzo *der Junge* — **i** ragazzi *die Jungen*
**il** libro *das Buch* — **i** libri *die Bücher*
**il** piatto *der Teller* — **i** piatti *die Teller*
**l'**amico *der Freund* — **gli** amici *die Freunde*
**l'**albergo *das Hotel* — **gli** alberghi *die Hotels*
**lo** spumante *der Sekt* — **gli** spumanti *die Sektsorten*
**lo** studente *der Student* — **gli** studenti *die Studenten*
**lo** psicologo *der Psychologe* — **gli** psicologi *die Psychologen*
A2 **lo** zio *der Onkel* — **gli** zii *die Onkel, Onkel und Tante*
**lo** yogurt *das Joghurt* — **gli** yogurt *der Joghurt*
B2 **lo** xilofono *das Xylophon* — **gli** xilofoni *die Xylophone*

Im Femininum hat der bestimmte Artikel folgende Formen:

| | Singular | Plural |
|---|---|---|
| vor Konsonant | la | le |
| vor Vokal | l' | le |

**la** ragazza *das Mädchen* — **le** ragazze *die Mädchen*
**la** casa *das Haus* — **le** case *die Häuser*
**la** studentessa *die Studentin* — **le** studentesse *die Studentinnen*
**la** zia *die Tante* — **le** zie *die Tanten*
**l'**amica *die Freundin* — **le** amiche *die Freundinnen*
**l'**ora *die Stunde* — **le** ore *die Stunden*

**Gebrauch**

In vielen Fällen wird der bestimmte Artikel wie im Deutschen verwendet. Er weist auf etwas Bekanntes oder schon Genanntes zurück:
**La** pizza è buonissima. ***Die** Pizza ist sehr gut.*
Come si chiama **l'**amico di Carlo? *Wie heißt **der** Freund von Carlo?*

Der bestimmte Artikel wird außerdem gebraucht:
- vor Titel und Namen:
  **La** dottoressa Farnese La aspetta. *Frau Dr. Farnese erwartet Sie.*
  Conosce **il** signor Crocco? *Kennen Sie Herrn Crocco?*
  Nicht jedoch in der direkten Anrede, hier entspricht der Gebrauch dem des Deutschen:
  Buon giorno, dottoressa Farnese! *Guten Tag, Frau Dr. Farnese!*
  Buona sera, signor Crocco! *Guten Abend, Herr Crocco!*

A2
- vor Possessivpronomen:
  Avete visto **la** mia borsa? *Habt ihr meine Tasche gesehen?*
  Dove sono **i** tuoi libri? *Wo sind deine Bücher?*

A2
  Ausnahme: Bei Verwandtschaftsbezeichnungen im Singular wird der Artikel wie im Deutschen weggelassen (▶ 6.2):
  mia madre *meine Mutter*, mio nonno *mein Großvater*, tua sorella *deine Schwester*
  aber: **le** mie sorelle *meine Schwestern*
  Eine Ausnahme von der Ausnahme bilden jedoch Kosenamen:
  **la** mia mamma *meine Mama*
  **la** mia nonnina *mein Großmütterchen*

- bei Kontinenten, Ländern, Regionen, Flüssen, Seen und großen Inseln: A2
  **La** Sardegna è un'isola bellissima. *Sardinien ist eine wunderschöne Insel.*
  ϟ In Kombination mit den Präpositionen in und di entfällt der bestimmte Artikel:
  L'anno prossimo andremo **in** Sardegna. *Nächstes Jahr fahren wir nach Sardinien.*
  Roma è la capitale **d'**Italia. *Rom ist die Hauptstadt von Italien.*
- bei Bezeichnung körperlicher oder sonstiger äußerer Merkmale:
  Marco ha **i** capelli neri. *Marco hat schwarze Haare.*
  Le mie sorelle portano tutte **gli** occhiali. *Meine Schwestern tragen alle eine Brille.*
- bei der Angabe der Uhrzeit:
  Sono **le** otto. *Es ist acht Uhr.*
  È **l'**una. *Es ist ein Uhr.*
  ϟ Aber: È mezzogiorno/mezzanotte. *Es ist zwölf Uhr Mittag/Mitternacht.*
- bei Monatsnamen nur, wenn sie durch eine Jahreszahl oder ein Datum näher bestimmt sind (▷ **20.4**):
  Silvio è nato **il** 2 gennaio 1972. *Silvio ist am 2. Januar 1972 geboren.*
  ϟ Aber: Il bambino è nato a gennaio. *Das Kind wurde im Januar geboren.*
- vor Tageszeiten oder Wochentagen, die zur Beschreibung gewohnheitsmäßiger, regelmäßiger Handlungen dienen: A2
  **La** mattina mi alzo presto. *Morgens stehe ich früh auf.*
  **Il** lunedì vado a giocare a tennis. *Montags gehe ich (immer) Tennis spielen.*
  ϟ Aber der Artikel entfällt vor Wochentagen, wenn sie zum Ausdruck einmaliger Handlungen verwendet werden:
  Giovedì vado a teatro. *Am Donnerstag gehe ich ins Theater.*
- bei Materialien, Materien und Gattungsbezeichnungen: A2
  Non ti piacciono **i** gatti? *Du magst keine Katzen?*
  **L'**acqua è un bene prezioso. *Wasser ist ein kostbares Gut.*
  **La** matematica non mi interessa per niente. *Mathematik interessiert mich überhaupt nicht.*

A1

## 1.2 Der unbestimmte Artikel

### Formen

ℹ Wie beim bestimmten Artikel hängen die Formen des unbestimmten Artikels vom Genus und vom Anfangsbuchstaben des darauffolgenden Substantivs ab.

Im Maskulinum lautet der unbestimmte Artikel:

| | Singular |
|---|---|
| **vor Konsonant/Vokal** | un |
| **vor s + Konsonant, gn, ps, x, y, z** | uno |

**un** gelato *ein Eis*
**un** anno *ein Jahr*
**un** amico *ein Freund*
**uno** sport *eine Sportart*
**uno** psicologo *ein Psychologe*
**uno** yogurt *ein Joghurt*

Im Femininum lautet der unbestimmte Artikel:

| | Singular |
|---|---|
| **vor Konsonant** | una |
| **vor Vokal** | un' |

**una** signora *eine Frau*
**una** camera *ein Zimmer*
**una** zia *eine Tante*
**un'**ora *eine Stunde*
**un'**idea *eine Idee*
**un'**arancia *eine Orange*

⚡ Die apostrophierte Form un' vor Vokal gilt nur für Substantive im Femininum!

**un** americano *ein Amerikaner*
**un** insegnante *ein Lehrer*
**un'**americana *eine Amerikanerin*
**un'**insegnante *eine Lehrerin*

Sowohl für den bestimmten als auch für den unbestimmten Artikel gilt folgende Regel: Wenn vor dem Substantiv, das er begleitet, ein Adjektiv steht, richtet sich der Artikel nach dem Anfangsbuchstaben des Adjektivs.

**uno** studente *ein Student*
**un** nuovo studente *ein neuer Student*
**un'**amica *eine Freundin*
**una** cara amica *eine liebe Freundin*

### Gebrauch

Der unbestimmte Artikel wird – wie auch im Deutschen – verwendet, wenn Personen, Dinge oder Sachverhalte zum ersten Mal erwähnt werden.
Ho comprato **una** macchina nuova. *Ich habe **ein** neues Auto gekauft.*

Wie im Deutschen hat er keine eigene Pluralform. Er wird nur im Singular und bei zählbaren Substantiven verwendet.

**una** ragazza *ein Mädchen* — **uno** straniero *ein Ausländer*
**un** aereo *ein Flugzeug* — **un'**idea *eine Idee*

## 1.3 Der Teilungsartikel A2

Will man eine unbestimmte Menge oder Anzahl von Dingen ausdrücken, wird der Teilungsartikel verwendet.

### Formen

Die Formen des Teilungsartikels werden aus der Verbindung der Präposition di mit dem bestimmten Artikel gebildet.

| | Maskulinum | | | | | Femininum | | |
|---|---|---|---|---|---|---|---|---|
| + | il | lo | l' | i | gli | la | l' | le |
| di | **del** | **dello** | **dell'** | **dei** | **degli** | **della** | **dell'** | **delle** |

### Gebrauch

Der Teilungsartikel drückt eine unbestimmte Menge oder Anzahl aus. Im Deutschen gibt es keine Entsprechung, er wird meist nicht übersetzt.
Vorrei **del** formaggio, per favore. *Ich möchte bitte (**etwas**) Käse.*
Volete **della** frutta? *Wollt ihr (**etwas**) Obst?*
Ci sono ancora **dei** pomodori? *Gibt es noch Tomaten?*
Hai **delle** sorelle? *Hast du Schwestern?*

Ausnahme: Der Teilungsartikel wird nicht verwendet:
- in verneinten Sätzen:
  Non abbiamo formaggio! *Wir haben keinen Käse!*
  Non mangio pomodori. *Ich esse keine Tomaten.*
  Non ho sorelle né fratelli. *Ich habe weder Schwestern noch Brüder.*

- bei anderen unbestimmten adjektivischen sowie bei bestimmten Mengenangaben:
  Hanno conosciuto **molte** persone. *Sie haben viele Leute kennengelernt.*
  Oggi ho **poco** tempo. *Heute habe ich wenig Zeit.*
  Ho comprato un **litro** di latte e **mezzo chilo** di pomodori.
  *Ich habe einen Liter Milch und ein halbes Kilo Tomaten gekauft.*
- meist bei Aufzählungen:
  Ci sono piatti, coltelli e forchette. *Es gibt Teller, Messer und Gabeln.*
- meist nach Präpositionen:
  Un caffè con latte. *Einen Kaffee mit Milch.*

## A1 1.4 Präpositionen + bestimmter Artikel

Die Präpositionen di, a, da, in, su verschmelzen mit dem bestimmten Artikel zu einem Wort (▷ 19).

| | Singular | | | | Plural | | |
|---|---|---|---|---|---|---|---|
| + | il | lo | l' | la | i | gli | le |
| di | del | dello | dell' | della | dei | degli | delle |
| a | al | allo | all' | alla | ai | agli | alle |
| da | dal | dallo | dall' | dalla | dai | dagli | dalle |
| in | nel | nello | nell' | nella | nei | negli | nelle |
| su | sul | sullo | sull' | sulla | sui | sugli | sulle |

Ci vediamo **alla** fermata. *Wir treffen uns **an der** Haltestelle.*
**Dalle** 8.00 **alle** 11.00. *Von 8.00 **bis** 11.00 Uhr.*
Non entrate **nelle** nostre camere! *Geht nicht **in** unsere Zimmer!*
Le chiavi sono **sul** tavolo. *Die Schlüssel sind **auf dem** Tisch.*

Bei der Präposition con gibt es neben den Formen ohne Verschmelzung auch einige Formen, die zusammengeschrieben werden. Diese werden seltener – aber ohne Unterschied – verwendet.
Pietro va **con i** (**coi**) ragazzi al concerto. *Pietro geht **mit den** Kindern zum Konzert.*
Hai parlato **con il** (**col**) medico? *Hast du **mit dem** Arzt geredet?*

# Übungen

## 1 Der bestimmte Artikel im Singular A1

**Ergänzen Sie den bestimmten Artikel.**

a. ........... acqua
b. ........... camera
c. ........... albero
d. ........... zio
e. ........... bicchiere
f. ........... scontrino

## 2 Der bestimmte Artikel A2

**Unterstreichen Sie die richtige Form.**

a. Non conosco il / l' / la amico di Maria.
b. Che ore sono? Sono i / le / gli cinque e mezza.
c. Il / La / Le mattina mi sveglio sempre alle sette.
d. Ti piace il / lo / i caffè?

## 3 Mit oder ohne bestimmten Artikel? A2

**Setzen Sie gegebenenfalls die passende Form ein.**

a. Andremo in ........... Sicilia a ........... ottobre.
b. Buon giorno, ........... dottor Bianchi!
c. ........... giovedì vado sempre al corso d'italiano.
d. ........... mio padre è insegnante.
e. Conosci ........... signori Moro?

## 4 Der Teilungsartikel A2

**Setzen Sie die passende Form ein.**

a. Paola ha comprato ........... sigarette.
b. Signora, preferisce ........... acqua o ........... vino?
c. Francesco ha ........... amici in Germania.
d. Hai ........... zucchero, per favore?

A2

### ⑤ Mit oder ohne Teilungsartikel?

**Setzen Sie gegebenenfalls den Teilungsartikel ein.**

a. Non c'è più ........... pasta.

b. Vado a comprare ........... francobolli.

c. Abbiamo tutto: ........... documenti, ........... biglietti e ........... orario dei treni.

d. Vorrei comprare ancora ........... scarpe nere.

e. Ho poco ........... tempo, non posso venire.

A1

### ⑥ Der unbestimmte Artikel

**Schreiben Sie die Wörter neben die passende Form des unbestimmten Artikels.**

| | | | |
|---|---|---|---|
| spagnolo | macchina | albergo | stazione |
| aranciata | aereo | giornale | straniero |
| incidente | insalata | famiglia | scuola |

a. un ..........................................................................................

b. uno ..........................................................................................

c. una ..........................................................................................

d. un' ..........................................................................................

A1

### ⑦ Präpositionen mit bestimmtem Artikel

**Vervollständigen Sie die Sätze mit den vorstehenden Präpositionen + Artikel.**

a. (a) Ieri Alessia è andata ........... museo.

b. (su) Hanno prenotato una camera con vista ........... mare.

c. (in) La macchina fotografica è ........... mia borsa.

d. (da) Questo ristorante è aperto ........... sette a mezzanotte.

e. (con) Siamo andati in piscina ........... bambini.

### 5. Mit oder ohne Teilungsartikel?

a. Non c'è più pasta.
b. Vado a comprare dei francobolli.
c. Abbiamo tutto: documenti, biglietti e orario dei treni.
d. Vorrei comprare ancora delle scarpe nere.
e. Ho poco tempo, non posso venire.

**G** Der Teilungsartikel drückt eine unbestimmte Menge oder Anzahl aus.

### 6. Der unbestimmte Artikel

a. un albergo, aereo, giornale, incidente
b. uno spagnolo, straniero
c. una macchina, stazione, famiglia, scuola
d. un'aranciata, insalata

**G** Die Form des unbestimmtes Artikels hängt vom Genus und Anfangsbuchstaben des darauffolgenden Substantivs ab.

### 7. Präpositionen mit bestimmtem Artikel

a. Ieri Alessia è andata al museo.
b. Hanno prenotato una camera con vista sul mare.
c. La macchina fotografica è nella mia borsa.
d. Questo ristorante è aperto dalle sette a mezzanotte.
e. Siamo andati in piscina con i/coi bambini.

**G** Die Präpositionen di, a, da, in, su verschmelzen mit dem bestimmten Artikel.

# Lösungen

## 1. Der bestimmte Artikel im Singular

a. l'acqua
b. la camera
c. l'albero
d. lo zio
e. il bicchiere
f. lo scontrino

**G** Im Femininum Singular lautet der bestimmte Artikel la, vor Vokal jedoch l'; im Maskulinum Singular il, vor Vokal l' bzw. vor s + Konsonant, gn, ps, x, y oder z lo.

## 2. Der bestimmte Artikel

a. Non conosco l'amico di Maria.
b. Che ore sono? Sono le cinque e mezza.
c. La mattina mi sveglio sempre alle sette.
d. Ti piace il caffè?

**G** Numerus, Genus und Anlaut des Substantivs bestimmen die Form des bestimmten Artikels.

## 3. Mit oder ohne bestimmten Artikel?

a. Andremo in Sicilia a ottobre.
b. Buon giorno, dottor Bianchi!
c. Il giovedì vado sempre al corso d'italiano.
d. Mio padre è insegnante.
e. Conosci i signori Moro?

**G** Den bestimmten Artikel verwendet man bei geografischen Bezeichnungen und Namen sowie bei Wochentagen, wenn diese im Zusammenhang mit regelmäßigen Tätigkeiten verwendet werden.

## 4. Der Teilungsartikel

a. Paola ha comprato delle sigarette.
b. Signora, preferisce dell'acqua o del vino?
c. Francesco ha degli amici in Germania.
d. Hai dello zucchero, per favore?

**G** Der Teilungsartikel wird durch die Verschmelzung der Präposition di mit dem bestimmten Artikel gebildet.

# 2 Das Substantiv

A1

*Mein Gott, so viele Koffer! – Ich habe nur einen Koffer für die Kleider mit, einen für die Schuhe, einen ...*

## 2.1 Das Genus

A1

Substantive sind im Italienischen entweder maskulin oder feminin. Im Gegensatz zum Deutschen gibt es kein Neutrum. Das Genus eines Substantivs ist häufig an der Endung zu erkennen. Es gibt fünf verschiedene Arten von Substantiven: Substantive, die auf -o, -a, -e, -i oder einen Konsonanten enden.

### Formen

- Substantive auf -o

Substantive, die auf -o enden, sind meistens maskulin:
**il** libr**o** *das Buch* **il** giorn**o** *der Tag*

Ausnahmen: **la** man**o** *die Hand*, **la** radi**o** *das Radio*
**la** fot**o**(grafia) *das Foto*, **la** mot**o**(cicletta) *das Motorrad*

- Substantive auf -a

Substantive, die auf -a enden, sind in der Regel feminin:
**la** strad**a** *die Straße* **la** ser**a** *der Abend*

Ausnahmen sind einige Substantive, die männliche Personen bezeichnen und Substantive auf -ma: B2 **il** pap**a** *der Papst*, **il** cinem**a** *das Kino*, A2 **il** problem**a** *das Problem.*

• Substantive auf -e

Substantive, die auf -e enden, können sowohl maskulin als auch feminin sein:

**il giornale** *die Zeitung* | **il pane** *das Brot*
**la stazione** *der Bahnhof* | **la notte** *die Nacht*

L! Bei Substantiven mit dieser Endung lernen Sie am besten das grammatische Genus zusammen mit dem betreffenden Wort.

Eine kleine Hilfe: Feminin sind meist Substantive, die auf -ione und -ice enden:
**la lezione** *die Lektion*, A2 **la lavatrice** *die Waschmaschine*.
Maskulin sind in der Regel Substantive auf -ore, -one, -ale und -ile:
**il colore** *die Farbe*, **l'ospedale** *das Krankenhaus*.

• Substantive auf -i

Substantive, die auf -i enden, sind in der Regel feminin:

A2 **la crisi** *die Krise* | B2 **l'analisi** *die Analyse*

• Substantive mit konsonantischer Endung

Substantive, die auf einen Konsonanten enden, sind maskulin.
Es handelt sich meistens um Fremdwörter:

**lo sport** *der Sport* | **il bar** *die Bar*

A1

### 2.1.1 Das Genus bei Lebewesen

Bei Substantiven, die Lebewesen bezeichnen, stimmt das grammatische Genus mit dem natürlichen Genus überein:

**il figlio** *der Sohn* – **la figlia** *die Tochter*
**il signore** *der Herr* – **la signora** *die Frau*

A2 Einige Substantive für feminine Bezeichnungen haben besondere Endungen:

| Maskulinendung | → | Femininendung |
|---|---|---|
| -tore | → | -trice |
| -e | → | -essa |

B1 **l'attore** *der Schauspieler* – **l'attrice** *die Schauspielerin*
**lo scrittore** *der Schriftsteller* – **la scrittrice** *die Schriftstellerin*
**lo studente** *der Student* – **la studentessa** *die Studentin*
**il dottore** *der Doktor/Arzt* – **la dottoressa** *die Doktorin/Ärztin*

Einige Personen und Tierbezeichnungen bilden das Femininum unregelmäßig:
**il** cane *der Hund* – **la** cagna *die Hündin*
B1 **il** dio *der Gott* – **la** dea *die Göttin*
**il** re *der König* – **la** regina *die Königin*

In anderen Fällen sind Maskulinum und Femininum ganz verschieden:
**il** fratello *der Bruder* – **la** sorella *die Schwester*
**il** padre *der Vater* – **la** madre *die Mutter*
**il** marito *der Ehemann* – **la** moglie *die Ehefrau*

Eine Reihe von Personenbezeichnungen (meist auf -ante und -ista) können sowohl maskulin als auch feminin sein. Das Genus können Sie lediglich am Artikel erkennen:
**il** cantante *der Sänger* – **la** cantante *die Sängerin*
**il** turista *der Turist* – **la** turista *die Turistin*
**il** dentista *der Zahnarzt* – **la** dentista *die Zahnärztin*
**il** collega *der Kollege* – **la** collega *die Kollegin*
**il** nipote *der Neffe* – **la** nipote *die Nichte*

### 2.1.2 Das Genus bei Sachnamen und Abstrakta A1

Bei Sachbezeichnungen können Sie das grammatische Genus teilweise mit Hilfe der Zugehörigkeit zu einer bestimmten Sachgruppe bestimmen:

- Maskulin sind in der Regel die Namen von Seen, Meeren, Flüssen, Bergen und den meisten Bäumen:
  **il** Mediterraneo *das Mittelmeer*, **il** Vesuvio *der Vesuv*, **il** Po *der Po*, **il** pino *die Pinie*
  ◐ Ausnahmen sind **le** Alpi *die Alpen*, B2 **la** quercia *die Eiche*.

- Maskulin sind auch Monatsnamen und Wochentage:
  **(il)** settembre *(der) September*, **(il)** mercoledì *(der) Mittwoch*.
  ◐ Ausnahme ist **(la)** domenica *(der) Sonntag*

- In der Regel feminin sind Städte, Regionen, Länder und Kontinente sowie Früchte und Automarken:
  **l'**antica Roma *das antike Rom*, **la** Sicilia *Sizilien*, **la** Germania *Deutschland*, **l'**America *Amerika*, B1 **la** mela *der Apfel*, B1 **l'**arancia *die Orange*, **la** Fiat *der Fiat*, **la** Ferrari *der Ferrari*.
  Ausnahmen sind **il** Piemonte *Piemont*, **gli** USA *die USA*, B1 **il** limone *die Zitrone*, B2 **il** fico *die Feige*.

A1 2.2 **Der Plural**

Die Pluralendung der Substantive ist vom Auslaut der Singularform, manchmal auch vom Genus abhängig.

**Formen**

**Substantive auf -o**

Substantive, die im Singular auf -o enden, bilden den Plural unabhängig vom Genus auf -i:

| | | |
|---|---|---|
| **il** libr**o** *das Buch* | → | **i** libr**i** |
| **la** man**o** *die Hand* | → | **le** man**i** |

**Besonderheiten:**

- Substantive auf -co und -go bilden die Pluralform abhängig von der Betonung:
  - Bei Betonung auf der vorletzten Silbe bilden sie Plural auf -chi und -ghi: **il** tedes**co** *der Deutsche* → **i** tedes**chi**, **il** la**go** *der See* → **i** la**ghi**.
    Ausnahmen sind **l'**ami**co** *der Freund* → **gli** ami**ci**, **il** gre**co** *der Grieche* → **i** gre**ci**.
  - Bei Betonung auf der drittletzten Silbe bilden sie aber den Plural auf -ci und -gi: **il** medi**co** *der Arzt* → **i** medi**ci**, **l'**aspara**go** *der Spargel* → **gli** aspara**gi**.
    Ausnahme ist B2 **il** cari**co** *die Last* → **i** cari**chi**.
- Substantive auf -io bilden den Plural betonungsabhängig:
  - Ist das -i- unbetont, lautet der Plural -i, bei Wegfall der Endung -io: **il** viagg**io** *die Reise* → **i** viagg**i**.
  - Bei betontem -i-, lautet der Plural -ii, bei Wegfall der Endung -io: A2 **lo** z**io** *der Onkel* → **gli** z**ii**.

## Substantive auf -a

Substantive, die im Singular auf -a enden, bilden im Femininum den Plural auf -e und im Maskulinum auf -i:

**la strada** *die Straße* → **le strade**
**il turista** *der Turist* → **i turisti**

### Besonderheiten:

- Substantive auf -ca und -ga bilden im Femininum den Plural auf -che und -ghe, im Maskulinum aber auf -chi und -ghi:
  **l'amica** *die Freundin* → **le amiche** *die Freundinnen*, **il collega** *der Kollege* → **i colleghi** *die Kollegen*
- Bei Substantiven auf -cia und -gia wird der Plural abhängig von der Betonung und der Stammendung gebildet:
  - Wenn ein Vokal vorangeht oder das -i- betont ist, lautet den Pural -cie und -gie:
    A2 **la camicia** *das Hemd* → **le camicie**, **la farmacia** *die Apotheke* → **le farmacie**
  - Geht ein Konsonant voran, lautet den Plural -ce und -ge:
    A2 **la spiaggia** *der Strand* → **le spiagge**

## Substantive auf -e

Substantive, die im Singular auf -e enden, bilden den Plural unabhängig vom Genus auf -i:

**il giornale** *die Zeitung* → **i giornali**
**la stazione** *der Bahnhof* → **le stazioni**

## Unveränderliche Substantive

Manche Substantive bleiben im Plural unverändert. Zu dieser Gruppe gehören Substantive,

- die mit betontem Vokal enden:
  **il caffè** *der Kaffee* → **i caffè**, **la città** *die Stadt* → **le città**
- die auf -i oder auf Konsonant enden:
  A2 **la crisi** *die Krise* → **le crisi**, **il film** *der Film* → **i film**
- die einsilbig sind: **il re** *der König* → **i re**, **il tè** *der Tee* → **i tè**.
- die Abkürzungen sind: **la foto** *das Foto* → **le foto**, **l'auto** *der Wagen* → **le auto**.

A2

### 2.2.1 Besonderheiten

Im Italienischen gibt es viele Substantive mit unregelmäßiger Pluralbildung:

- Einige Substantive werden nur im Singular gebraucht, so z. B.: **la** gente *die Leute*, **la** roba *die Sachen, das Zeug.*
- Andere kommen nur im Plural vor: B1 **le** forbic**i** *die Schere*, **gli** occhial**i** *die Brille*, **i** sold**i** *das Geld*, **i** pantalon**i** *die Hose.*
- Manche haben zwei Pluralformen, von denen jede eine eigene Bedeutung hat:
  **il** braccio *der Arm* → **le** bracci**a** *die Arme einer Person*
  → **i** bracc**i** *die Flussarme*
  **il** membro *das Mitglied* → **i** membr**i** *die Mitglieder*
  → **le** membr**a** *die Gliedmaßen*
- Eine Reihe von Substantive bildet völlig eigene Pluralformen. Dazu gehören: **l'**uomo *der Mann* → **gli** uom**ini**, B1 **il** dio *der Gott* → **gli dei**, **l'**uovo *das Ei* → **le** uov**a**, B1 **il** paio *das Paar* → **le** pai**a**.

A2

### 2.2.2 Zusammengesetzte Substantive

ⓘ In der Regel bilden zusammengesetzte Substantive im Italienischen ihren Plural wie einfache Substantive:

| | | |
|---|---|---|
| **il** passaport**o** *der Pass* | → | **i** passaport**i** |
| **il** francoboll**o** *die Briefmarke* | → | **i** francoboll**i** |

Ausnahmen zeigen bestimmte Zusammensetzungen:

- Unveränderlich sind Zusammensetzungen aus Verb + Verb, Verb + feminines Substantiv im Singular sowie Verb + Substantiv im Plural:
  **il** portacene**re** *der Aschenbecher* → **i** portacenere
  **lo** stuzzicadent**i** *der Zahnstocher* → **gli** stuzzicadent**i**
- Zusammensetzungen von zwei Substantiven, die getrennt geschrieben werden, verändern nur den ersten Teil:
  **il** can**e** lup**o** *der Schäferhund* → **i** can**i** lupo
- Besteht die Zusammensetzung aus Substantiv + Adjektiv, sind beide Teile veränderlich:
  **la** cassafort**e** *der Geldschrank* → **le** cass**e**fort**i**

ⓘ Im Italienischen sind zwei Substantive jedoch häufiger mit einer Präposition verbunden: il biglietto **da** visita *die Visitenkarte*, il mal **di** testa *die Kopfschmerzen.*

# Übungen

## 1 Genuskennzeichen des Substantivs A1

Sind folgenden Wörter maskulin oder feminin? Tragen Sie sie mit dem bestimmten Artikel in die richtige Spalte ein.

| | | | | | |
|---|---|---|---|---|---|
| amore | biglietto | fiore | luna | sole | stazione |
| televisione | mano | film | colazione | finestra | appartamento |

| Maskulin | Feminin |
|---|---|
| ............................ | ............................ |
| ............................ | ............................ |
| ............................ | ............................ |
| ............................ | ............................ |
| ............................ | ............................ |
| ............................ | ............................ |

## 2 Besonderheiten im Genus A2

Wie lautet das Femininum der folgenden Wörter? Tragen Sie die richtige Form ein.

a. il viaggiatore ............................

b. il farmacista ............................

c. lo studente ............................

d. l'abitante ............................

e. lo scrittore ............................

## 3 Der Plural der Substantive A1

Ergänzen Sie die entsprechenden Pluralendungen.

a. i ristorant...........

b. le scuol...........

c. le birr...........

d. i panin...........

e. i pomerigg...........

f. le nott...........

A1

## 4 Der Plural der Substantive auf -co und -go

Nur eine der Pluralformen ist korrekt. Kreuzen Sie die richtige Form an.

| | | |
|---|---|---|
| a. | ☐ gli austriachi | ☐ gli austriaci |
| b. | ☐ gli psicologhi | ☐ gli psicologi |
| c. | ☐ i tedeschi | ☐ i tedesci |
| d. | ☐ i medichi | ☐ i medici |
| e. | ☐ gli alberghi | ☐ gli albergi |

A1

## 5 Unveränderliche Substantive

Finden Sie diejenigen Substantive heraus, die sich im Plural nicht verändern.

| | | |
|---|---|---|
| ristorante | pizzeria | bar |
| macchina | moto | treno |
| tram | bicicletta | aereo |
| cappuccino | caffè | tè |
| città | lezione | giornale |

A1

## 6 Besonderheiten der Pluralbildung

Vervollständigen Sie die Sätze mit den nachfolgenden unregelmäßigen Pluralformen.

pantaloni soldi uomini occhiali uova

a. Nel corso di italiano ci sono solo ............................ . Neanche una donna!

b. Preferisci i ............................ bianchi o il vestito rosso?

c. Puoi pagare tu? Non ho più abbastanza ............................ .

d. Per fare il dolce dobbiamo ancora comprare le ............................ e il latte.

e. Non posso leggere! Ho dimenticato a casa gli ............................ .

### 4. Der Plural der Substantive auf -co und -go

a. gli austriaci
b. gli psicologi
c. i tedeschi
d. i medici
e. gli alberghi

**G** Substantive auf -co und -go bilden den Plural auf -chi und -ghi, bei Betonung auf der drittletzten Silbe aber auf -ci und -gi.

### 5. Unveränderliche Substantive

| | | |
|---|---|---|
| ristorante | pizzeria | bar |
| macchina | moto | treno |
| tram | bicicletta | aereo |
| cappuccino | caffè | tè |
| città | lezione | giornale |

**G** Einsilbige Substantive, Substantive, die mit betontem Vokal, auf -i oder auf Konsonant enden, und Substantive, die Abkürzungen sind, bleiben im Plural unverändert.

### 6. Besonderheiten der Pluralbildung

a. Nel corso di italiano ci sono solo uomini. Neanche una donna!
b. Preferisci i pantaloni bianchi o il vestito rosso?
c. Puoi pagare tu? Non ho più abbastanza soldi.
d. Per fare il dolce dobbiamo ancora comprare le uova e il latte.
e. Non posso leggere! Ho dimenticato a casa gli occhiali.

**G** Einige Substantive werden nur im Plural gebraucht. Andere haben unregelmäßige Pluralformen.

# Lösungen

## 1. Genuskennzeichen des Substantivs

| *Maskulin* | *Feminin* |
|---|---|
| l'amore | la luna |
| il biglietto | la stazione |
| il fiore | la televisione |
| il sole | la mano |
| il film | la colazione |
| l'appartamento | la finestra |

**G** In der Regel sind Substantive auf -o maskulin und Substantive auf -a feminin. Substantive auf -e können sowohl maskulin als auch feminin sein.

## 2. Besonderheiten im Genus

| | | |
|---|---|---|
| **a.** | il viaggiatore | la viaggiatrice |
| **b.** | il farmacista | la farmacista |
| **c.** | lo studente | la studentessa |
| **d.** | l'abitante | l'abitante |
| **e.** | lo scrittore | la scrittrice |

**G** Einige Substantive mit Endung auf -tore, -e, -ante, -ista bilden die feminine Form unregelmäßig.

## 3. Der Plural der Substantive

**a.** i ristoranti
**b.** le scuole
**c.** le birre
**d.** i panini
**e.** i pomeriggi
**f.** le notti

**G** Substantive auf -o und -e bilden den Plural auf -i; Substantive auf -a bilden den Plural meistens auf -e.

# 3 Das Adjektiv

A1

*Liebe Eltern, ich habe eine geräumige, helle Wohnung gefunden ...*

Mit Adjektiven werden Eigenschaften von Personen und Dingen beschrieben.

una **bella** ragazza *ein **schönes** Mädchen*
una vicina **simpatica** *eine **sympathische** Nachbarin*
un vestito **lungo** *ein **langes** Kleid*
un appartamento **luminoso** *eine **helle** Wohnung*

ℹ Im Italienischen gibt es zwei Hauptgruppen von Adjektiven:
- Adjektive auf -o/-a
- Adjektive auf -e

## 3.1 Das Adjektiv auf -o/-a

A1

### Formen

Die Adjektive auf -o/-a haben jeweils eine Form für Maskulinum und Femininum sowie für Singular und Plural:

| | Maskulinum | Femininum |
|---|---|---|
| **Singular** | il vino ross**o**<br>*der Rotwein* | la macchina ross**a**<br>*das rote Auto* |
| **Plural** | i vini ross**i**<br>*die Rotweine* | le macchine ross**e**<br>*die roten Autos* |

A2 Besonderheiten der Pluralbildung bei Adjektiven auf -co/-go/-io/-cio/-gio:

- Bei Adjektiven auf -co/-ca kommt es – wie bei den Substantiven (▷ 2) – auf den Wortakzent an: Ist die vorletzte Silbe betont, lautet der Plural im Maskulinum -chi, die Aussprache verändert sich also nicht. Ist jedoch die drittletzte Silbe betont, lautet er -ci (Achtung andere Aussprache!). Im Femininum ist es einfacher: Der Plural endet immer auf -che:

  i vini bi**anchi** *die Weißweine* — le scarpe bi**anche** *die weißen Schuhe*

  i ragazzi simp**atici** *die sympathischen Jungen* — le ragazze simp**atiche** *die sympathischen Mädchen*

- Adjektive auf -go/-ga bilden den Plural immer mit -ghi bzw. -ghe:

  i viaggi lun**ghi** *die langen Reisen* — le passeggiate lun**ghe** *die langen Spaziergänge*

- Der Plural der Adjektive auf -io/-ia lautet -i/-ie, wenn das i unbetont ist. Ein betontes i bleibt jedoch erhalten:

  i nomi pr**o**pri *die Eigennamen* — le case pr**o**prie *die eigenen Häuser*

  i luoghi p**ii** *die heiligen Orte* — le p**ie** leggende *die frommen Legenden*

- Adjektive auf -cio/-cia und -gio/-gia bilden den Plural auf -i/-ie:

  i capelli lis**ci** *glattes Haar* — le pietre lisc**ie** *die glatten Steine*

  i maglioni gri**gi** *die grauen Pullis* — le gonne grig**ie** *die grauen Röcke*

A1

## 3.2 Das Adjektiv auf -e

### Formen

Adjektive auf -e haben verschiedene Formen für Singular und Plural, aber jeweils nur eine für Maskulinum und Femininum:

| | Maskulinum | Femininum |
|---|---|---|
| **Singular** | il ragazzo intelligent**e**<br>*der kluge Junge* | la ragazza intelligent**e**<br>*das kluge Mädchen* |
| **Plural** | i ragazzi intelligent**i**<br>*die klugen Jungen* | le ragazze intelligent**i**<br>*die klugen Mädchen* |

## 3.3 Besondere Formen

B1

### Die Adjektive bello, buono und grande

B1

Ähnlich wie der Artikel passen sich die Adjektive bello *schön*, buono *gut* und grande *groß* bei Voranstellung in ihren Endungen dem Anfangsbuchstaben des folgenden Substantivs an.

Bello verändert vor einem Substantiv seine Endungen ähnlich wie der bestimmte Artikel (▷ 1.1) bzw. wie quello (▷ 6.3):

| **Maskulinum** | **Singular** | **Plural** |
|---|---|---|
| vor Konsonant | bel | bei |
| vor Vokal | bell' | begli |
| vor s + Konsonant, gn, ps, x, y, z | bello | begli |
| **Femininum** | **Singular** | **Plural** |
| vor Konsonant | bella | belle |
| vor Vokal | bell'/bella | belle |

Mario è proprio un **bel** ragazzo. *Mario ist wirklich ein* ***schöner*** *Junge.*
Che **bei** fiori! *Was für* ***schöne*** *Blumen!*
Davanti alla vostra casa c'è un **bell'**albero. *Vor eurem Haus ist ein* ***schöner*** *Baum.*

Die Endungen von buono ändern sich im Singular ähnlich wie beim unbestimmten Artikel (▷ 1.2), der Plural ist regelmäßig.

| **Maskulinum** | **Singular** | **Plural** |
|---|---|---|
| vor Konsonant oder Vokal | buon | buoni |
| vor s + Konsonant, gn, ps, x, y, z | buono | buoni |
| **Femininum** | **Singular** | **Plural** |
| vor Konsonant | buona | buone |
| vor Vokal | buon'/buona | buone |

Luca è un **buon** amico. *Luca ist ein* ***guter*** *Freund.*
La macchina è ancora in **buono** stato. *Das Auto ist noch in* ***gutem*** *Zustand.*
Stamattina mi sono alzata di **buon'**ora. *Heute Morgen bin ich* ***früh*** *aufgestanden.*

ℹ Vor einem Substantiv *kann* grande im Singular verändert werden:

| **Maskulinum/Femininum** | |
|---|---|
| vor Konsonant | gran/grande |
| vor s + Konsonant, gn, ps, x, y, z | grande |
| vor Vokal | grand'/grande |

Caravaggio è stato un **gran(de)** pittore. *Caravaggio war ein **großer** Maler.*
A2 Siamo partiti in **gran(de)** fretta. *Wir sind in **großer** Eile aufgebrochen.*

Stehen diese Adjektive aber nach dem Substantiv, auf das sie sich beziehen, bilden sie ihre Formen gleich den regelmäßigen Adjektiven auf -o/-a:
Questi fiori sono molto **belli**. *Diese Blumen sind sehr **schön**.*
Questo vino è proprio **buono**. *Dieser Wein ist wirklich **gut**.*
La nostra casa non è così **grande**. *Unsere Wohnung/Unser Haus ist nicht so **groß**.*

A2 **Adjektive auf -ista**

Adjektive auf -ista haben eine gemeinsame Form für Maskulinum und Femininum im Singular, aber zwei verschiedene im Plural (-i/-e):
Valeria è sempre **ottimista**. *Valeria ist immer **optimistisch**.*
Maria e Carla sono tutte e due molto **egoiste**. *Maria und Carla sind beide sehr **egoistisch**.*

A2 **Unveränderliche Adjektive**

Unveränderlich sind die folgenden Farbadjektive:

| | | |
|---|---|---|
| viola *violett* | rosa *rosa* | rosso fuoco *feuerrot* |
| arancione *orange* | beige *beige* | verde scuro *dunkelgrün* |
| verde chiaro *hellgrün* | blu *blau* | |

un maglione **rosa** *ein **rosa** Pulli*, un paio di pantaloni **blu** *ein Paar **blaue** Hosen*, le scarpe **rosso fuoco** *die **feuerroten** Schuhe*

Ebenso haben die Adjektive pari *gleich, gerade*, impari *ungleich*, dispari *ungerade* und chic *schick* sowie andere aus Fremdsprachen stammende Adjektive nur eine Form: i numeri **(dis)pari** *die **(un)geraden** Zahlen*, una gonna molto **chic** *ein sehr **schicker** Rock*

## 3.4 Die Angleichung des Adjektivs

A1

Adjektive richten sich in Genus und Numerus nach dem Bezugswort:
La torta è **buona**. *Der Kuchen ist **gut**.*
Il caffè è **buono**. *Der Espresso ist **gut**.*

⚡ Besonderheiten der Angleichung:

- Bezieht sich ein Adjektiv auf mehrere Substantive desselben Genus, nimmt es dieses Genus an und steht im Plural:
  La bicicletta e la macchina sono **nuove**. *Das Fahrrad und das Auto sind **neu**.*
- Bezieht sich ein Adjektiv auf mehrere Substantive unterschiedlicher Genera, steht es im Maskulinum Plural:
  La torta e il caffè sono **buoni**. *Der Kuchen und der Espresso sind **gut**.*
- Als Attribut verwendet kann sich das Adjektiv auch an das nächststehende Substantiv anpassen:
  Ho comprato B1 un cappotto e una sciarpa **nera**. *Ich habe einen **schwarzen** Mantel und einen **schwarzen** Schal gekauft.*
- Bei unpersönlichen Ausdrücken (▶ 7.3.5) steht das Adjektiv immer im Maskulinum Plural: A2
  Bisogna essere **prudenti**. *Man muss **vorsichtig** sein.*

## 3.5 Die Stellung des Adjektivs

A2

Adjektive, die Unterscheidungsmerkmale wie Farbe, Form, Nationalität, geografische, politische oder religiöse Zugehörigkeit bezeichnen, stehen immer nach dem Substantiv:
Prendi le scarpe **nere** o quelle **marroni**? *Nimmst du die **schwarzen** oder die **braunen** Schuhe?*
Marco è un ragazzo **italiano**. *Marco ist ein **italienischer** Junge.*

💡 Ebenfalls auf das Substantiv folgen: B2

- Adjektive, die durch Adverbien näher bestimmt werden:
  Il tuo maglione è molto **bello**. *Dein Pulli ist sehr **schön**.*
- mehr als dreisilbige Adjektive:
  Roma è una città **affascinante**. *Rom ist eine **faszinierende** Stadt.*
- als Adjektive verwendete Partizipien: B1
  Compra dei pomodori **pelati**. *Kauf **geschälte** Tomaten.*

⚡ Einige Adjektive stehen vor dem Substantiv, wenn sie es nur beschreiben, sie folgen ihm jedoch, wenn sie ein Unterscheidungsmerkmal bezeichnen. Dazu zählen:

| | | | |
|---|---|---|---|
| buono *gut* | B1 cattivo *schlecht* | bello *schön* | B1 brutto *hässlich* |
| grande *groß* | piccolo *klein* | nuovo *neu* | vecchio *alt* |
| giovane *jung* | famoso *berühmt* | breve *kurz* | lungo *lang* |

Paola ha comprato una **piccola** casa. *Paola hat ein **kleines** Haus gekauft.*
Paola ha comprato una casa **piccola**. *Paola hat ein **kleines** Haus gekauft (und kein großes).*

A2 ⚡ Manche Adjektive haben je nach Stellung im Satz unterschiedliche Bedeutungen:

| | **vor dem Substantiv:** | **nach dem Substantiv:** |
|---|---|---|
| grande | *groß(artig)* | *groß* |
| povero | *bedauernswert* | *arm* |
| vecchio | *alt, langjährig* | *alt* |
| caro | *lieb* | *teuer* |
| solo | *einzig* | *alleinstehend, einsam* |

Paolo è un mio **vecchio** amico. *Paolo ist ein **alter** (= langjähriger) Freund von mir.*
Questo è un vino **vecchio**. *Dies ist ein **alter** Wein.*

Mehrere Adjektive, die sich auf ein und dasselbe Substantiv beziehen, folgen auf dieses:
Abbiamo fatto un viaggio **lungo** e **faticoso**. *Wir haben eine **lange** und **anstrengende** Reise gemacht.*
Ausnahme: Sie stehen jedoch vor bzw. nach dem Bezugswort, wenn sie unterschiedlichen Informationswert haben:

Beschreibende Adjektive stehen vor dem Substantiv, unterscheidende danach.

Carla è una **simpatica** ragazza **tedesca**. *Carla ist ein **sympathisches deutsches** Mädchen.*

# Übungen

## 1 Adjektive auf -o/-a
A1

Ergänzen Sie die passende Adjektivendung.

a. la casa piccol...........
b. il fiore giall...........
c. le scarpe ross...........
d. le gonne cort...........
e. il ragazzo carin...........
f. i maglioni ner...........
g. le donne italian...........
h. il vino bianc...........

## 2 Adjektiv auf -co/-go
A2

Welche Form passt? Markieren Sie die korrekte Form (✓).

a. Angela ha i capelli ☐ lunghi ☐ lungi.
b. Carlo e Angelo sono molto ☐ simpatichi ☐ simpatici.
c. La signora Bertoli porta le scarpe ☐ bianche ☐ biance.
d. Maria ha comprato due armadi ☐ antici ☐ antichi.
e. Le strade qui a Roma sono molto ☐ larghe ☐ large.
f. Ci sono dei problemi ☐ pratici ☐ pratichi.

## 3 Adjektiv auf -e
A1

Bilden Sie den Plural der Ausdrücke.

a. il libro interessante ..............................
b. la persona gentile ..............................
c. la domanda difficile ..............................
d. il viaggio breve ..............................
e. l'argomento importante ..............................
f. l'esercizio facile ..............................
g. la ragazza elegante ..............................

B1

## 4 Bello, buono und grande

Setzen Sie die richtige Form des in Klammern genannten Adjektivs ein.

a. una ........... stanza (grande)
b. un ........... spumante (buono)
c. un ........... uomo (bello)
d. dei ........... posti (bello)
e. un ........... caffè (buono)
f. dei ........... specchi (bello)

A2

## 5 Die Stellung der Adjektive

Welches Adjektiv passt und wo muss es stehen? Setzen Sie ein. Achtung: Bei einem Satz müssen zwei Adjektive eingesetzt werden!

tedesco / splendida / spagnola / bella / forte / verde / molto simpatica e gentile

a. Marco porta una ........... camicia ...........
b. Elena è una ........... studentessa ...........
c. Oggi è una ........... giornata ...........
d. Ludwig parla l'italiano con un ........... B1 accento ...........
e. Laura è una ........... persona ...........

A2

## 6 Adjektive – unterschiedliche Bedeutung je nach Stellung

Übersetzen Sie die Ausdrücke. Achten Sie auf die Stellung des Adjektivs.

a. un ragazzo grande

............................

b. una povera donna

............................

c. un caro amico

............................

d. un grand'uomo

............................

e. uno studente povero

............................

f. un regalo caro

............................

### 4. Bello, buono und grande

a. una grande stanza
b. un buono spumante
c. un bell'uomo
d. dei bei posti
e. un buon caffè
f. dei begli specchi

**G** Die Adjektive bello, buono und grande verändern ihre Formen je nach Anlaut des Substantivs.

### 5. Die Stellung der Adjektive

a. Marco porta una camicia verde.
b. Elena è una studentessa spagnola.
c. Oggi è una splendida giornata.
d. Ludwig parla l'italiano con un forte accento tedesco.
e. Laura è una persona molto simpatica e gentile.

**G** Zwei Adjektive stehen nach dem Substantiv, es sei denn, sie haben unterschiedlichen Informationswert. Beschreibende Adjektive stehen vor dem Substantiv, unterscheidende danach.

### 6. Adjektive – unterschiedliche Bedeutung je nach Stellung

a. un ragazzo grande
ein großer Junge
b. una povera donna
eine bedauernswerte Frau
c. un caro amico
ein lieber Freund
d. un grand'uomo
ein großer/großartiger Mann
e. uno studente povero
ein armer/mittelloser Student
f. un regalo caro
ein teures Geschenk

**G** Einige häufige Adjektive verändern ihre Bedeutung, je nachdem, ob sie vor oder nach dem Substantiv stehen.

# Lösungen

## 1. Adjektive auf -o/-a

a. la casa piccola
b. il fiore giallo
c. le scarpe rosse
d. le gonne corte
e. il ragazzo carino
f. i maglioni neri
g. le donne italiane
h. il vino bianco

G Adjektive auf -o/-a haben je eine Form für Maskulinum und Femininum im Singular und Plural: maskuline Adjektive auf -o → -i, feminine Adjektive auf -a → -e.

## 2. Adjektive auf -co/-go

a. Angela ha i capelli lunghi.
b. Carlo e Angelo sono molto simpatici.
c. La signora Bertoli porta le scarpe bianche.
d. Maria ha comprato due armadi antichi.
e. Le strade qui a Roma sono molto larghe.
f. Ci sono dei problemi pratici.

G Je nach Wortakzent ändert sich bei den Adjektiven auf -co die maskuline Pluralendung: Bei Betonung auf der vorletzten Silbe lautet der Plural -chi bzw. -che, bei Betonung der drittletzten Silbe -ci bzw. -ce. Adjektive auf -go haben im Plural -ghi/-ghe.

## 3. Adjektive auf -e

| | |
|---|---|
| a. il libro interessante | i libri interessanti |
| b. la persona gentile | le persone gentili |
| c. la domanda difficile | le domande difficili |
| d. il viaggio breve | i viaggi brevi |
| e. l'argomento importante | gli argomenti importanti |
| f. l'esercizio facile | gli esercizi facili |
| g. la ragazza elegante | le ragazze eleganti |

G Adjektive auf -e haben in Singular und Plural jeweils nur eine Form für Maskulinum und Femininum: Im Singular enden sie auf -e, im Plural auf -i.

# 4 Das Adverb

B2

*Wie geht's dir, Großvater? – Gut, sehr gut, ich hab nur ein bisschen Halsschmerzen, der Rücken tut mir weh und ich kann nicht gehen und ...*

Wie im Deutschen sind Adverbien im Italienischen unveränderlich. Viele Adverbien haben im Italienischen eigene, ursprüngliche Formen. Es gibt jedoch auch eine Gruppe, die sich von Adjektiven ableiten lässt und spezifische Endungen hat.

Anders als im Deutschen gibt es bei den abgeleiteten italienischen Adverbien eine eigene Form:

| | |
|---|---|
| Adjektiv: | È una macchina **veloce**. |
| | *Es ist ein* ***schnelles*** *Auto.* |
| Adverb: | In aereo si viaggia **velocemente**. |
| | *Im Flugzeug reist man* ***schnell.*** |

**Formen**

- Ursprüngliche Adverbien:
  Ursprüngliche Adverbien lassen sich nicht von einem anderen Wort herleiten. Sie haben keine besondere Endung, an denen man sie erkennen kann. Dazu gehören z. B.:

**Adverbien des Ortes:**

| | | | |
|---|---|---|---|
| qui/qua *hier* | lì/là *dort* | vicino *nahe* | lontano *weit* |
| davanti *vorne* | dietro *hinten* | sopra *oben* | sotto *unten* |

**Adverbien der Zeit:**

presto *früh* | tardi *spät* | oggi *heute* | ieri *gestern*
già *schon* | spesso *oft* | subito *sofort* | adesso *jetzt*

**Adverbien der Art und Weise:**

volentieri *gerne* | forse *vielleicht*

**Adverbien der Menge:**

più *mehr* | meno *weniger*
troppo *zu viel* | abbastanza *ziemlich*

- Adverbien auf -mente:

  Die abgeleiteten Adverbien gehören alle zur Gruppe der Adverbien der Art und Weise. Sie werden gebildet, indem man die Endung -mente an das Femininum Singular des Adjektivs anhängt:

| Adjektiv | feminine Form + Endung | Adverb |
|---|---|---|
| lento, -a | lenta + -mente | → lenta**mente** *langsam* |
| perfetto, -a | perfetta + -mente | → perfetta**mente** *perfekt* |
| felice | felice + -mente | → felice**mente** *glücklich* |
| veloce | veloce + -mente | → veloce**mente** *schnell* |

Grazia parla **perfettamente** lo spagnolo. *Grazia spricht **perfekt** Spanisch.*

Camminava **lentamente**. *Sie ging **langsam**.*

Ausnahme: Bei Adjektiven auf -le und -re entfällt das e vor -mente:

| Adjektiv | Stamm + Endung | Adverb |
|---|---|---|
| facile | facil + -mente | → facil**mente** einfach |
| regolare | regolar + -mente | → regolar**mente** regelmäßig |

La finestra si apre **facilmente.** *Das Fenster öffnet sich **leicht.***

Prende **regolarmente** le sue medicine. *Er nimmt **regelmäßig** seine Medikamente.*

- Präpositionale Ausdrücke:

  Adverbien auf -mente werden oft durch einen präpositionalen Ausdruck ersetzt:

| Adjektiv | Adverb | Präpositionaler Ausdruck | |
|---|---|---|---|
| sicuro, -a | sicuramente | di sicuro | *sicher* |
| improvviso, -a | improvvisamente | all'improvviso | *plötzlich* |
| indubbio, -a | indubbiamente | senza dubbio | *zweifelsfrei* |
| generale | generalmente | in generale | *generell* |
| fortunato, -a | fortunatamente | per fortuna | *zum Glück* |
| recente | recentemente | di recente | *vor Kurzem* |
| perfetto, -a | perfettamente | in modo perfetto | *perfekt* |
| solito | solitamente | di solito | *gewöhnlich* |
| frequente | frequentemente | di frequente | *häufig* |
| serio, -a | seriamente | sul serio | *ernstlich, -haft* |

**In generale/Generalmente** sono d'accordo con te. ***Generell** bin ich mit dir einverstanden.*
**Di sicuro/Sicuramente** non vengono più. ***Sicher** kommen sie nicht mehr.*

Häufig steht jedoch nur ein präpositionaler Ausdruck, aber kein Adverb zur Verfügung:
ad alta voce *laut* a bassa voce *leise* per poco *beinahe*
per caso *zufällig* in tempo *rechtzeitig* di buon ora *frühzeitig*
a memoria *auswendig* per sbaglio *aus Versehen*
Purtroppo non sono arrivato **in tempo**. *Leider ich bin nicht **rechtzeitig** angekommen.*
L'ho incontrato **per caso** mentre uscivo di casa. *Ich habe ihn **zufällig** getroffen, als ich aus dem Haus ging.*

- Unregelmäßige Adverbien, die häufig verwendet werden:

| Adjektiv | Adverb | |
|---|---|---|
| buono, -a | bene | *gut* |
| cattivo, -a | male | *schlecht* |
| leggero, -a | leggermente | *leicht* |
| violento, -a | violentemente | *heftig* |

Stanotte ho dormito **male.** *Heute Nacht habe ich **schlecht** geschlafen.*
Hai chiuso **bene** la porta? *Hast du die Tür **gut** zugemacht?*

## Gebrauch

Das Adverb dient dazu, Verben, Adjektive, andere Adverbien oder ganze Sätze näher zu bestimmen:

Verb: Parlano **perfettamente** italiano! *Sie sprechen **perfekt** italienisch!*
Adjektiv: Sono **veramente** stanca! *Ich bin **wirklich** müde.*
Adverb: Lo conosco **molto** bene. *Ich kenne ihn **sehr** gut.*
Satz: **Normalmente** non faccio colazione. ***Normalerweise** frühstücke ich nicht.*

In Verbindung mit bestimmten Verben verwendet man einige Adjektive wie ein Adverb:

parlare forte *laut sprechen*
parlare piano *leise sprechen*
andare forte *schnell gehen/fahren*
andare piano *langsam gehen/fahren*
andare dritto *geradeaus gehen*
costare caro *teuer sein*

Wenn nicht die Art der Tätigkeit, sondern das Subjekt näher bestimmt wird, steht – im Unterschied zum Deutschen – anstelle eines Adverbs ein Adjektiv. Dieses richtet sich in Numerus und Genus nach dem Subjekt:

Alessia e Lara sono vestite **uguali**. *Alessia und Lara sind gleich angezogen.*
I bambini devono stare **calmi**. *Die Kinder sollen ruhig bleiben.*
I loro genitori sono arrivati **primi**. *Deren Eltern sind als Erste angekommen.*

Einige indefinite Zahlwörter werden sowohl als Adjektive als auch als Adverbien verwendet:

| Adjektiv | Adverb |
|---|---|
| poco, -a *wenig* | poco *wenig* |
| molto, -a *viel* | molto *sehr, viel* |
| tanto, -a *so viel* | tanto *(so) sehr, viel* |
| troppo, -a *zu viel* | troppo *zu (sehr)* |
| parecchio, -a *mehrere, ziemlich viel* | parecchio *ziemlich, sehr* |

Als Adverbien sind diese Zahlwörter unveränderlich und stehen im Maskulinum Singular, als Adjektive werden sie angeglichen (▷ 3.4):

| | |
|---|---|
| Adjektiv: | Purtroppo ho **poco** tempo. *Leider habe ich* ***wenig*** *Zeit.* |
| Adverb: | Antonella parla **poco**. *Antonella spicht* ***wenig****.* |
| Adjektiv: | Avevano **molte** amiche. *Sie hatten* ***viele*** *Freundinnen.* |
| Adverb: | Loro non studiano **molto**. *Sie lernen nicht* ***viel****.* |
| Adjektiv: | Non aveva più **tanti** soldi. *Er hatte nicht mehr* ***viel*** *Geld.* |
| Adverb: | Filippo è **tanto** simpatico! *Filippo ist* ***so*** *sympatisch!* |
| Adjektiv: | Ho **troppo** lavoro. *Ich habe* ***zu*** *viel Arbeit.* |
| Adverb: | Non è mai **troppo** tardi! *Es ist nie* ***zu*** *spät!* |
| Adjektiv: | C'è **parecchia** gente. *Es sind* ***ziemlich*** *viele Leute da.* |
| Adverb: | È **parecchio** importante! *Es ist* ***ziemlich*** *wichtig!* |

⚡ Umgekehrt werden manche Adverbien auch als Adjektive verwendet:
Questo libro non è **male**. *Dieses Buch ist nicht* ***schlecht****.*

**Stellung**
In seiner Funktion, bestimmte Wörter bzw. Sätze näher zu bestimmen, steht das Adverb meistens vor oder hinter dem Satzteil, auf das es sich bezieht.

💡 Bestimmt das Adverb Verben, steht es in der Regel nach diesen. Bestimmt es Adjektive oder Adverbien näher, steht es vor den entsprechenden Adjektiven oder Adverbien. Auf einen ganzen Satz bezogen kann das Adverb an verschiedenen Stellen stehen.
Die Stellung hängt auch vom Adverbtyp ab:

- Adverbien der Art und Weise stehen meistens nach dem Verb:
  Pietro non si sente **bene**. *Pietro geht es nicht* ***gut****.*
  La porta si apre **facilmente**. *Die Tür öffnet sich* ***leicht****.*
  ⚡ Bei zusammengesetzten Zeiten haben sie ihren Platz immer nach dem Partizip.
  Hanno lavorato **duramente**. *Sie haben* ***hart*** *gearbeitet.*
- Adverbien des Ortes stehen im allgemeinen am Satzende oder am Satzanfang: A2
  Bambini, venite **qui**! *Kinder, kommt (****hier****)her!*
  **Lassù** c'è una bellissima chiesa. ***Dort oben*** *gibt es eine sehr schöne Kirche.*

A2 • Bei der Positionierung der Adverbien der Zeit ist die Unterscheidung zwischen unbestimmten und bestimmten Zeitangaben von Bedeutung:

- Adverbien der unbestimmten Zeit wie sempre *immer*, mai *nie*, già *schon*, ancora *noch*, appena *gerade* stehen bei einfachen Zeiten nach dem Verb:

  Lo incontriamo **sempre**! *Wir treffen ihn **immer**.*

  Sapete **già** la novità? *Wisst ihr **schon** die Neuigkeit?*

  ⚡ Bei zusammengesetzten Zeiten stehen diese Adverbien jedoch meist zwischen Hilfsverb und Partizip:

  Gli ospiti non sono **ancora** arrivati. *Die Gäste sind **noch** nicht angekommen.*

  Ho **appena** telefonato a Carlo. *Ich habe **gerade** Carlo angerufen.*

  ◐ Ausnahme: Subito *sofort* und spesso *oft* stehen auch bei zusammengesetzten Zeiten meist nach dem Verb:

  È andato **spesso** a trovarli. *Er hat sie **oft** besucht.*

  Siete partiti **subito**? *Seid ihr **sofort** abgefahren?*

- Adverbien der Zeit, die eine genauere Zeitangabe ausdrücken, wie domani *morgen*, stamattina *heute Morgen*, ieri *gestern* usw., stehen am Satzanfang oder am Satzende:

  Ci vediamo **domani**. *Wir sehen uns **morgen**.*

  **Stamattina** sono venuta a piedi. ***Heute Morgen** bin ich zu Fuß gekommen.*

  💡 Beim Zusammentreffen von Orts- und Zeitangaben am Satzende stehen Lokal- vor Temporaladverbien:

  Arriveranno **qui domani sera**. *Sie werden **morgen Abend** ankommen.*

A2 • Adverbien der Mengenangabe stehen in der Regel nach dem Verb:

Avete mangiato **poco**! *Ihr habt **wenig** gegessen!*

Luca fuma **troppo**. *Luca raucht **zu viel**.*

# Übungen

## 1 Adverbien auf -mente B2

Bilden Sie von diesen Adjektiven die entsprechenden Adverbien auf -mente.

a. libero ............................

b. normale ............................

c. vero ............................

d. sicuro ............................

e. possibile ............................

f. regolare ............................

## 2 Ursprüngliche Adverbien B2

Ersetzen Sie die blau hervorgehobenen Adverbien mit deren Gegenteil.

a. Qui non hanno trovato niente. ...........

b. Non è lontano! ...........

c. Arriveranno troppo tardi! ...........

d. Il tuo regalo è sotto, in camera. ...........

## 3 Präpositionale Ausdrücke B2

Ergänzen Sie die Sätze mit einem passenden Adverb.

per fortuna / ad alta voce / in tempo / di solito / per caso

a. Non avevamo un appuntamento, l'ho incontrato ............................ .

b. ............................ ti sei ricordato di spegnere il gas!

c. Non parlate ............................ con i compagni!

d. Siamo arrivati ............................ , il film non è ancora cominciato.

e. ............................ non bevo vino, ma oggi sì!

B2

## 4 Adverbien auf -mente und präpositionale Ausdrücke

Ersetzen Sie die präpositionalen Ausdrücke mit einem Adverb auf -mente.

a. All'improvviso è scoppiato un temporale. ..............................

b. Vorrei frequentare con regolarità il corso di ginnastica. ..............................

c. Verranno di sicuro al concerto. ..............................

d. In generale non guardo molto la tv. ..............................

B2

## 5 Adverb oder Adjektiv?

Welche Form passt? Markieren Sie die korrekte Form (✓).

a. Mi piacerebbe avere molto ☐ molti ☐ fratelli.

b. Francesca nuota molto ☐ molta ☐ volentieri.

c. Mi raccomando non fumate troppi ☐ troppo ☐.

d. Se ho mal di testa mangio poca ☐ poco ☐.

e. Al compleanno di Alice c'erano parecchio ☐ parecchie ☐ bimbe.

B2

## 6 Adverbien der Zeit

Wiederholen Sie die Sätze und fügen Sie die in Klammern angegebenen Adverbien an der richtigen Stelle ein.

a. (mai) Non sono stati in vacanza in Sicilia.

..............................................................................................

b. (subito) Perché non andate in albergo a riposarvi?

..............................................................................................

c. (sempre) Non ripetere le stesse cose!

..............................................................................................

d. (spesso) È venuto ad aiutarci.

..............................................................................................

### 4. Adverbien auf -mente und präpositionale Ausdrücke

a. Improvvisamente è scoppiato un temporale.
b. Vorrei frequentare regolarmente il corso di ginnastica.
c. Verranno sicuramente al concerto.
d. Generalmente non guardo molto la tv.

**G** Einige Adverbien auf -mente lassen sich auch mit einem gleichbedeutenden präpositionalen Ausdruck wiedergeben.

### 5. Adverb oder Adjektiv?

a. Mi piacerebbe avere molti fratelli.
b. Francesca nuota molto volentieri.
c. Mi raccomando non fumate troppo.
d. Se ho mal di testa mangio poco.
e. Al compleanno di Alice c'erano parecchie bimbe.

**G** Zahlwörter werden als Adjektive sowie als Adverbien verwendet. Als Adverbien sind sie unveränderlich.

### 6. Adverbien der Zeit

a. Non sono mai stati in vacanza in Sicilia.
b. Perché non andate subito in albergo a riposarvi?
c. Non ripetere sempre le stesse cose!
d. È venuto spesso ad aiutarci.

**G** Adverbien der unbestimmten Zeit stehen nach dem Verb. Bei zusammengesetzten Zeiten werden sie aber meist zwischen Hilfsverb und Partizip eingefügt.

# Lösungen

### 1. Adverbien auf -mente.

a. libero liberamente
b. normale normalmente
c. vero veramente
d. sicuro sicuramente
e. possibile possibilmente
f. regolare regolarmente

G Adverbien auf -mente werden vom Femininum Singular eines Adjektivs abgeleitet. Bei Adjektive auf -le und -re entfällt das e vor -mente.

### 2. Ursprüngliche Adverbien.

a. Lì non hanno trovato niente.
b. Non è vicino!
c. Arriveranno troppo presto!
d. Il tuo regalo è sopra, in camera.

G Ursprüngliche Adverbien wie ieri *gestern*, presto *früh*, davanti *vorne*, vicino *nahe*, volentieri *gerne* usw. haben keine spezifische Endung. Sie sind nicht von Adjektiven abgeleitet.

### 3. Präpositionale Ausdrücke

a. Non avevamo un appuntamento, l'ho incontrato per caso.
b. Per fortuna ti sei ricordato di spegnere il gas!
c. Non parlate ad alta voce con i compagni!
d. Siamo arrivati in tempo, il film non è ancora cominciato.
e. Di solito non bevo vino, ma oggi sì!

G Präpositionale Ausdrücke wie per caso *zufällig*, in tempo *rechtzeitig*, di solito *gewöhnlich* usw. haben oft Adverbfunktion.

# 5 Der Vergleich

B1

*Erzähl mir von deinem neuen Freund! – Nun, eigentlich ist er genauso schön und nett wie der letzte – aber er hat mehr Geld.*

## 5.1 Die Steigerung des Adjektivs

B1

### 5.1.1 Der Komparativ

B1

**Formen**

Der regelmäßige Komparativ wird mit più *mehr* bzw. meno *weniger* und dem Adjektiv gebildet:

| | |
|---|---|
| più bello *schöner* | meno bello *weniger schön* |
| più veloce *schneller* | meno veloce *weniger schnell* |

Chi è **più intelligente**? Sergio o Roberto? *Wer ist* ***intelligenter****? Sergio oder Roberto?*

Hai mai visto delle case **più alte**? *Hast du je* ***höhere*** *Häuser gesehen?*

**Gebrauch**

ℹ Die Partikel *als* beim Vergleich wird im Italienischen durch di oder che ausgedrückt. Di wird verwendet, wenn zwei Substantive oder Pronomen miteinander verglichen werden:

Venezia è più bella **di** Milano. *Venedig ist schöner* ***als*** *Mailand.*

Questo è più interessante **di** quello. *Das hier ist interessanter* ***als*** *jenes.*

⚡ Wo erforderlich werden die kombinierten Formen von di + Artikel (▷ **1.4**) verwendet:

Mario è più alto **degli** altri. *Mario ist größer* ***als*** *die anderen.*

Werden Adjektive, präpositionale Ausdrücke, Adverbien oder Infinitive miteinander verglichen, gibt man das deutsche *als* mit che wieder:
Il film è stato più interessante **che** bello. *Der Film war eher interessant* ***als*** *schön.*
Marco è meno gentile con me **che** con lei. *Marco ist zu mir weniger nett* ***als*** *zu ihr.*
È più facile parlare **che** scrivere una lingua straniera. *Es ist leichter, eine Fremdsprache zu sprechen* ***als*** *sie zu schreiben.*

Bei Gleichheit der Eigenschaften wird (così) ... come *(genau)so/ (eben)so … wie* verwendet; così kann auch entfallen:
Il ragazzo di Lisa è (**così**) simpatico **come** lei. *Lisas Freund ist* ***genauso*** *sympathisch* ***wie*** *sie (selbst).*
➡ In der geschriebenen Sprache findet sich stattdessen auch (tanto) ... quanto. Tanto kann ebenfalls entfallen:
Il ragazzo di Lisa è (**tanto**) simpatico **quanto** ricco. *Der Freund von Lisa ist* ***ebenso*** *sympathisch* ***wie*** *reich.*

ℹ An einen Komparativ können sich auch Vergleichssätze mit di quel che *als* anschließen. In der Schriftsprache können Vergleichssätze auch mit di quanto *als* eingeleitet werden, sie stehen dann mit dem Konjunktiv (▷ 9):
Il compito è più facile **di quel che** pensavo/**di quanto** pensassi. *Die Aufgabe ist leichter,* ***als*** *ich dachte.*

B1

### 5.1.2 Der Superlativ

ℹ Es gibt zwei Formen des Superlativs, den relativen und den absoluten Superlativ: Der relative Superlativ drückt aus, dass etwas das Schönste, Beste usw. in Relation zu anderem ist. Der absolute Superlativ bezeichnet einen hohen Grad einer Eigenschaft: etwas ist sehr schön, sehr gut usw., ohne dies in Beziehung zu anderem zu setzen.

B1

#### Formen und Gebrauch des relativen Superlativs

Der relative Superlativ wird mit dem bestimmten Artikel und dem Komparativ gebildet. Das Adjektiv richtet sich in Genus und Numerus nach seinem Bezugswort:
Questo palazzo è **il più vecchio** della città. *Dieser Palazzo ist* ***der ältest****e der Stadt.*

Vito è **il meno alto** degli studenti. *Vito ist der kleinste (**am wenigsten große**) der Studenten.*

⚡ Der Superlativ als Attribut steht meist nach dem Substantiv:
Hai visto **il** palazzo **più bello** della città? *Hast du **den schönsten** Palazzo der Stadt gesehen?*

**Formen und Gebrauch des absoluten Superlativs** B2

Er wird mit dem Adjektiv (ohne Endung -o bzw. -e) und -issimo gebildet. Der Superlativ richtet sich in Genus und Numerus nach seinem Bezugswort.

| | |
|---|---|
| freddo *kalt* | freddissimo *sehr kalt* |
| interessante *interessant* | interessantissimo *hochinteressant* |

La tua casa è **bellissima**. *Deine Wohnung/Dein Haus ist **wunderschön**.*
Oggi fa **freddissimo**. *Heute ist es **eiskalt**.*

⚡ Bei Adjektiven auf -go wird vor der Superlativendung ein -h- eingefügt. Ebenso bei Adjektiven auf -co, aber nur, wenn sie auf der vorletzten Silbe betont sind (▶ 3):

| | |
|---|---|
| lungo *lang* | lun**gh**issimo *sehr lang* |
| stanco *müde* | stan**ch**issimo *sehr müde, todmüde* |
| aber: simpa**t**ico *sympathisch* | simpati**c**issimo *äußerst sympathisch* |

Le sorelle di Claudia sono **simpaticissime**. *Claudias Schwestern sind **äußerst** sympathisch.*
Abbiamo sempre fatto dei viaggi **lunghissimi**. *Wir haben immer **sehr lange** Reisen unternommen.*

ℹ Anstelle des absoluten Superlativs kann der hohe Grad einer Eigenschaft auch ausgedrückt werden durch:

- molto *viel*, *sehr* oder assai *ziemlich*, *sehr* + Adjektiv:
  La verdura è **molto** fresca. *Das Gemüse ist **sehr** frisch.*
  Ieri sera erano **assai** stanchi. *Gestern Abend waren sie **ziemlich** müde.*
- die Wiederholung des Adjektivs:
  Lucia ha i capelli **neri neri**. *Lucia hat **ganz schwarze/ pechschwarze** Haare.*

- ein zweites Adjektiv (feststehende Wendungen!):
  A quest'ora la metropolitana è sempre **piena zeppa**. *Zu dieser Uhrzeit ist die U-Bahn immer **brechend voll**.*
  Sono **stanca morta**. *Ich bin **todmüde**.*
  Mario è **innamorato cotto**. *Mario ist **über beide Ohren verliebt**.*
- die Vorsilben stra-, iper- und super-:
  Il negozio era **stra**pieno. *Das Geschäft war **brechend** voll.*
  La mia macchina è **super**veloce. *Mein Auto ist **super**schnell.*
  Carlo è un ragazzino **iper**attivo. *Carlo ist ein **hyper**aktiver kleiner Junge.*

B1

### 5.1.3 Die unregelmäßige Steigerung

Die folgenden Adjektive weisen neben den regelmäßigen Steigerungsformen auch unregelmäßige auf:

| | Komparativ | relativer Superlativ | absoluter Superlativ |
|---|---|---|---|
| buono<br>*gut* | più buono<br>migliore<br>*besser* | il più buono<br>il migliore<br>*der beste* | buonissimo<br>ottimo<br>*sehr gut* |
| cattivo<br>*schlecht* | più cattivo<br>peggiore<br>*schlechter* | il più cattivo<br>il peggiore<br>*der schlechteste* | cattivissimo<br>pessimo<br>*sehr schlecht* |
| grande<br>*groß* | più grande<br>maggiore<br>*größer, älter, bedeutender* | il più grande<br>il maggiore<br>*der größte, älteste, bedeutendste* | grandissimo<br>*sehr groß, sehr alt, sehr bedeutend*<br>massimo<br>*größter, höchster* |
| piccolo<br>*klein* | più piccolo<br>minore<br>*kleiner, jünger* | il più piccolo<br>il minore<br>*der kleinste, jüngste* | piccolissimo<br>*sehr klein, sehr gering*<br>minimo<br>*kleinster, geringster* |
| alto<br>*hoch, groß* | più alto<br>superiore<br>*höher, oberer* | il più alto<br>il superiore<br>*der höchste, oberste* | altissimo<br>*sehr hoch*<br>supremo, sommo<br>*oberster, höchster* |

| | | | |
|---|---|---|---|
| basso<br>*niedrig* | più basso<br>inferiore<br>*niedriger, unterer* | il più basso<br>l'inferiore<br>*der niedrigste, unterste* | bassissimo<br>*sehr niedrig*<br>infimo<br>*niedrigster, unterster* |

**Gebrauch**

Hier gilt als Faustregel: Die regelmäßigen Steigerungsformen werden meist in der Grundbedeutung, die unregelmäßigen in übertragener Bedeutung verwendet:

Vorrei una casa **più grande**. *Ich möchte eine **größere** Wohnung.*

Luca è **il** mio **migliore** amico. *Luca ist mein **bester** Freund.*

Während die regelmäßigen Formen manchmal auch übertragene Bedeutung haben, werden die unregelmäßigen – bis auf migliore *besser* und peggiore *schlechter* – nie in der Grundbedeutung gebraucht:

Non ne ho la **minima** idea. *Ich habe (davon) nicht die **geringste** Ahnung.*

Aber: Mario è **il** figlio **maggiore/più grande**. *Mario ist der **ältere/älteste** Sohn.*

L! Unregelmäßige Formen kommen in festen Wendungen vor:

la maggior parte *der größte Teil*
la temperatura massima/minima *die höchste (Höchst-)/niedrigste Temperatur*
il superiore *der Vorgesetzte*
la scuola superiore *die Oberschule*
il piano superiore *der obere/oberste Stock*
di qualità inferiore *von schlechterer Qualtität*
di pessima/infima qualità *von sehr schlechter Qualität*

**La maggior parte** degli studenti sta studiando. ***Der größte Teil** der Schüler lernt gerade.*

I signori Poli abitano **al piano superiore**. *Herr und Frau Poli wohnen **im obersten Stock**.*

B1

## 5.2 Die Steigerung des Adverbs

**Formen und Gebrauch des Komparativs**

Der regelmäßige Komparativ setzt sich aus più *mehr* bzw. meno *weniger* und Adverb zusammen.

| | |
|---|---|
| tardi *spät* | più tardi *später* |
| lentamente *langsam* | più lentamente *langsamer* |

Ti chiamerò **più tardi**. *Ich werde dich **später** anrufen.*

Der Vergleichsgegenstand wird wie beim Adjektiv mit di oder che angeschlossen, bei Gleichheit der Eigenschaften mit come oder quanto:
Mario corre più velocemente **di** Luca. *Mario rennt schneller **als** Luca.*
Nicola si è alzato tardi **come/quanto** me. *Nicola ist **genauso** spät aufgestanden **wie** ich.*

**Formen und Gebrauch des Superlativs**

Der Superlativ der von Adjektiven abgeleiteten Adverbien wird mit dem Adjektiv (ohne Endung -o bzw. -e) und -issimamente gebildet. Einige ursprüngliche Adverbien hängen im Superlativ -issimo an.

| | |
|---|---|
| raro *selten* | rarissimamente *sehr selten* |
| presto *früh* | prestissimo *sehr früh* |

Mamma mia, è già **tardissimo**! *Liebe Zeit, es ist schon **wahnsinnig** spät!*

⚡ Oft wird der Superlativ jedoch mit molto *viel, sehr* oder assai *ziemlich, sehr* + Adverb umschrieben:
**molto/assai** presto *sehr/ziemlich früh*

B2

Unregelmäßige Steigerungsformen haben:

| Adverb | Komparativ | Superlativ |
|---|---|---|
| bene *gut* | meglio *besser* | benissimo *sehr gut* |
| male *schlecht* | peggio *schlechter* | malissimo *sehr schlecht* |
| molto *viel* | più *mehr* | moltissimo *sehr viel* |
| poco *wenig* | meno *weniger* | pochissimo *sehr wenig* |

Mia madre sta **meglio** oggi. *Meiner Mutter geht es heute **besser**.*
Come stai? – **Benissimo**, grazie! *Wie geht es dir? – **Sehr gut**, danke!*

# Übungen

## 1 Der Komparativ des Adjektivs B1

**Ergänzen Sie in den folgenden Sätzen die passenden Komparativendungen.**

a. Cerco un negozio meno car........... .

b. Non ho mai letto dei libri più divertent........... .

c. La signora Alessi si è comprata una giacca più cald........... .

d. Hai mai sentito una storia più bell........... ?

e. Carlo è alt........... come il suo amico.

## 2 Vergleich mit di oder che B1

**Was passt? Setzen Sie die richtige Vergleichspartikel – mit oder ohne Artikel – ein.**

a. La vostra casa è più grande ........... nostra.

b. Questa gonna è meno cara ........... quella.

c. Vivere in città è più caro ........... vivere in campagna.

d. Il giardino della famiglia Corti è più grande ........... vostro.

e. Le tue scarpe mi sembrano più comode ........... belle.

f. Questo modello è meno largo ........... altro.

## 3 Der absolute Superlativ B2

**Bilden Sie den absoluten Superlativ der angegebenen Adjektive mit der richtigen Endung.**

a. Lo zio di Luca è (ricco) ............................ .

b. Le camere dell'albergo sono (tranquillo) ............................ .

c. Giovanni, lavati subito la faccia, che è (sporco) ............................ !

d. Andrea aiuta tutti, è proprio (gentile) ............................ .

e. Questi pantaloni sono (elegante) ............................ .

B1

## 4 Unregelmäßige Steigerung
Verbinden Sie zu sinnvollen Sätzen.

| | |
|---|---|
| a. Questa borsa è | dei miei figli. |
| b. In quel ristorante il pesce | migliore? |
| c. Valerio è il maggiore | di pessima qualità. |
| d. Hai un'idea | è ottimo. |

B1

## 5 Der relative Superlativ
Bilden Sie Sätze mit dem relativen Superlativ.

a. Al mercato / trovare (tu) / i pomodori / fresco

..............................................................................................

b. Sonia / essere / la collega / simpatico / di tutti

..............................................................................................

c. Napoli / essere / vivace / la città / di tutte le città italiane

..............................................................................................

d. La nonna di Maria / fare / la pasta / buono / del mondo

..............................................................................................

B1

## 6 Die Steigerung des Adverbs
Setzen Sie passende Steigerungsformen der Adverbien ein.

più presto / meglio / tardissimo / pochissimo / tantissimo

a. Il vestito blu ti sta ............................ di quello verde.

b. Se ci riuscirà domani andrà in ufficio un po' ............................ .

c. Marco è ammalato. Oggi ha mangiato ............................ .

d. Alla festa di mia sorella abbiamo bevuto ............................ e siamo tornati a casa ............................ .

### 4. Unregelmäßige Steigerung

a. Questa borsa è di pessima qualità.
b. In quel ristorante il pesce è ottimo.
c. Valerio è il maggiore dei miei figli.
d. Hai un'idea migliore?

G Einige Adjektive haben neben ihren regelmäßigen auch unregelmäßige Steigerungsformen, z. B. più buono neben migliore, buonissimo neben ottimo. Die regelmäßigen Formen werden meist in der Grundbedeutung, die unregelmäßigen in übertragener Bedeutung verwendet.

### 5. Der relative Superlativ

a. Al mercato trovi i pomodori più freschi.
b. Sonia è la collega più simpatica di tutti.
d. Napoli è la città più vivace di tutte le città italiane.
e. La nonna di Maria fa la pasta migliore del mondo.

G Der relative Superlativ wird mit dem bestimmten Artikel, più und dem Adjektiv gebildet, er folgt meist auf das Substantiv.

### 6. Die Steigerung des Adverbs

a. Il vestito blu ti sta meglio di quello verde.
b. Se ci riuscirà domani andrà in ufficio un po' più presto.
c. Marco è ammalato. Oggi ha mangiato pochissimo.
d. Alla festa di mia sorella abbiamo bevuto tantissimo e siamo tornati a casa tardissimo.

G Der regelmäßige Komparativ des Adverbs wird mit più/meno und dem Adverb gebildet, der regelmäßige Superlativ mit dem Adverb + -issimamente bzw. -issimo. Einige Adverbien haben unregelmäßige Steigerungsformen.

# Lösungen

### 1. Der Komparativ des Adjektivs

a. Cerco un negozio meno caro.
b. Non ho mai letto dei libri più divertenti.
c. La signora Alessi si è comprata una giacca più calda.
d. Hai mai sentito una storia più bella?
e. Carlo è alto come il suo amico.

G Der regelmäßige Komparativ des Adjektivs wird mit più/meno und dem Adjektiv gebildet. Die Gleichheit der Eigenschaften wird mit così … come bzw. tanto … quanto ausgedrückt.

### 2. Vergleich mit di oder che

a. La vostra casa è più grande della nostra.
b. Questa gonna è meno cara di quella.
c. Vivere in città è più caro che vivere in campagna.
d. Il giardino della famiglia Corti è più grande del vostro.
e. Le tue scarpe mi sembrano più comode che belle.
f. Questo modello è meno largo dell'altro.

G Substantive und Pronomina werden im Vergleich mit di angeschlossen; Verben, präpositionale Ausdrücke, Adjektive und Adverbien schließt man mit che an.

### 3. Der absolute Superlativ

a. Lo zio di Luca è ricchissimo.
b. Le camere dell'albergo sono tranquillissime.
c. Giovanni, lavati subito la faccia che è sporchissima!
d. Andrea aiuta tutti, è proprio gentilissimo.
e. Questi pantaloni sono elegantissimi.

G Den regelmäßigen absoluten Superlativ bildet man mit dem Adjektiv (ohne Endung) durch Anhängen der Endung -issimo. Adjektive auf -go fügen vor der Superlativendung ein -h- ein, Adjektive auf -co nur dann, wenn sie auf der vorletzten Silbe betont sind.

# 6 Das Pronomen

A2

*Der erste Schlag zählt nicht, der ist nur zur Probe!*

## 6.1 Das Personalpronomen

A2

### Das Subjektpronomen – Formen

A1

| | Singular | Plural |
|---|---|---|
| **1. Person** | io *ich* | noi *wir* |
| **2. Person** | tu *du* | voi/Voi *ihr/Sie* |
| **3. Person** | lui/lei/Lei *er/sie/Sie* | loro/Loro *sie/Sie* |

### Das Subjektpronomen – Gebrauch

A1

ℹ Verben werden im Italienischen meist ohne das Subjektpronomen gebraucht, es sei denn, Sie möchten die Person besonders betonen oder hervorheben:

Lavorate in questo ufficio? *Arbeitet* ***ihr*** *in diesem Büro?*

**Lui** sì, ma **io** no. ***Er*** *ja,* ***ich*** *aber nicht.*

Bei der Höflichkeitsform wird zwischen einer und mehreren Personen unterschieden. Die Höflichkeitsformen Lei und Loro werden großgeschrieben. Die höfliche Anrede im Plural wird jedoch meist durch die 2. Person Plural Voi, auch großgeschrieben, ersetzt:

E **Lei**, che cosa prende? *Und was nehmen* ***Sie****?*

Come **Loro** sanno .../Come **Voi** sapete ... *Wie* ***Sie*** *wissen ...*

## A2 Das direkte Objektpronomen – Formen

| unbetont | betont | |
|---|---|---|
| mi | me | *mich* |
| ti | te | *dich* |
| lo/la/La | lui/lei/Lei | *ihn/es/sie/Sie* |
| ci | noi | *uns* |
| vi/Vi | voi/Voi | *euch/Sie* |
| li/le/Li/Le | loro/Loro | *sie/Sie* |

Lo, la und La werden vor Wörtern, die mit Vokal oder mit h beginnen, meist apostrophiert, li und le dagegen nie. Direkte Objektpronomen bestimmen bei zusammengesetzten Zeiten die Partizipendung (▶ 14.2):
La birra? **L'**ha comprat**a** Franco. *Das Bier? Franco hat* **es** *gekauft.*
Silvia e Carla? **Le** ho conosciut**e** a Roma. *Silvia und Carla? Ich habe* **sie** *in Rom kennengelernt.*

Die Höflichkeitsform La ist sowohl maskulin als auch feminin. Die Pluralformen (Li, Le) werden durch das weniger formelle Vi ersetzt:
Signor Tanno, **La** aspetto fuori. *Herr Tanno, ich warte draußen auf* **Sie**.
Signori, **Vi** aspettiamo qui. *Meine Herren, wir warten hier auf* **Sie**.

⚡ Das neutrale Objektpronomen es wird im Italienischen mit lo wiedergegeben.
Mi dispiace, non **lo** so. *Es tut mir leid, ich weiß* **es** *nicht.*

## A2 Das direkte Objektpronomen – Gebrauch

ⓘ Das direkte Objektpronomen ersetzt ein Substantiv, das Akkusativobjekt im Satz ist (Frage: „Wen oder was?"). Im Italienischen unterscheidet man dabei zwischen betonten und unbetonten Formen:

- Liegt keine besondere Betonung vor, verwendet man die *unbetonten Formen*. Sie stehen vor dem Verb:
  Ecco mio zio Salvo. Non **lo** conosci? *Hier ist mein Onkel Salvo. Kennst Du* **ihn** *nicht?*
  Beginnt ein Satz mit einem direkten Objekt, muss es mit einem Personalpronomen wieder aufgegriffen werden (▶ 17.2):
  La pasta **la** mangiamo tutti i giorni. *Nudeln essen wir jeden Tag.*

- Die *betonten Formen* bedeuten eine besondere Hervorhebung und stehen nach dem Verb oder am Satzende:
  Cercano **voi**. ***Euch*** *suchen sie.*
  Diese Formen werden auch bei Gegenüberstellungen, nach Präpositionen, in Vergleichssätzen nach di, come, quanto und in Ausrufen verwendet:
  Ha chiamato **me** e non **te**. ***Mich*** *hat er angerufen und nicht* ***dich****.*
  Vengono al cinema con **noi**. *Sie kommen mit* ***uns*** *ins Kino.*
  Sei alta come **me**. *Du bist genauso groß wie* ***ich****.*
  Povera **te**! ***Du*** *Arme!*
  Beati **loro**! ***Die*** *Glücklichen!*

## Das indirekte Objektpronomen – Formen

A2

| unbetont | betont | |
|---|---|---|
| mi | a me | *mir* |
| ti | a te | *dir* |
| gli/le/Le | a lui/a lei/a Lei | *ihm/ihr/Ihnen* |
| ci | a noi | *uns* |
| vi/Vi | a voi/a Voi | *euch/Ihnen* |
| gli/loro/Loro | a loro/a Loro | *ihnen/Ihnen* |

Die indirekten Objektpronomen werden nie apostrophiert:
Non **gli** abbiamo scritto. *Wir haben* ***ihm*** *nicht geschrieben.*
Die Höflichkeitsform Le ist sowohl maskulin als auch feminin. Die Höflichkeitsform im Plural (Loro) wird auch hier durch das weniger formelle Vi ersetzt:
**Le** piace Venezia? *Gefällt* ***Ihnen*** *Venedig?*
**Vi** dò una risposta domani. *Ich gebe* ***Ihnen*** *morgen eine Antwort.*

## Das indirekte Objektpronomen – Gebrauch

A2

ℹ Das indirekte Objektpronomen ersetzt ein Substantiv, das Dativobjekt im Satz ist (Frage: „Wem?“). Es gibt auch hier betonte und unbetonte Formen:
Mit Ausnahme von loro stehen die unbetonten Formen immer vor dem konjugierten Verb:
**Ti** porto un caffè? *Bringe ich* ***dir*** *einen Kaffee?*

In der gesprochenen Sprache wird für die 3. Person Plural öfter gli als loro verwendet. Beide Formen sind sowohl maskulin als auch feminin. Achten Sie jedoch auf die unterschiedliche Stellung, die die Formen im Satz einnehmen:
Paolo e Bea si sono sposati. *Paolo und Bea haben geheiratet.*
**Gli** ho mandato un regalo./Ho mandato **loro** un regalo. *Ich habe **ihnen** ein Geschenk geschickt.*

Die betonten Formen stehen mit der Präposition a am Satzanfang oder nach dem Verb und werden dann verwendet, wenn die Person hervorgehoben werden soll:
**A me** non avete portato niente. ***Mir** habt ihr nichts mitgebracht.*

A1

## Das Reflexivpronomen – Formen

| | Singular | Plural |
|---|---|---|
| 1. Person | mi *mich* | ci *uns* |
| 2. Person | ti *dich* | vi *euch* |
| 3. Person | si *sich* | si *sich* |

A1

## Das Reflexivpronomen – Gebrauch

Das Reflexivpronomen wird wie im Deutschen in Verbindung mit den reflexiven Verben (▷ 7.3.4) verwendet und steht vor dem Verb:
**Ti** senti bene? *Fühlst du **dich** wohl?*
Bei Modalverben steht das Reflexivpronomen vor diesen oder es wird direkt an den Infinitiv (ohne die Endung -e) angehängt:
**Ci** dobbiamo alzare/Dobbiamo alzar**ci** alle 7. *Wir müssen um 7 Uhr aufstehen.*

Bei den Reflexivpronomen unterscheidet man nicht zwischen betonten und unbetonten Formen. Nur für die dritte Person gibt es die betonte Form sè. Sie wird nach Präpositionen verwendet:
Carmela parla sempre **di sè**. *Carmela redet immer **von sich**.*

B1

## Die Pronominaladverbien ci und ne

Ci und ne ersetzen einen Ausdruck mit Präposition und stehen in der Regel vor dem Verb.

Das Pronominaladverb ci:

- steht für einen präpositionalen Ausdruck mit a und bedeutet *daran*, *darum*, *darauf* usw.:
  **Ci** pensa Enrico! *Enrico kümmert sich* ***darum****!*
- steht auch für eine bereits genannte Ortsangabe und bedeutet dann *hier*, *hierher*, *dort*, *dorthin*:
  Sei già stata **in Calabria**? – No, non **ci** sono mai stata. *Bist du schon* ***in Kalabrien*** *gewesen? – Nein, ich bin nie* ***dort*** *gewesen.*

Das Pronominaladverb ne:

- steht für einen präpositionalen Ausdruck mit di oder da und bedeutet *dazu*, *darüber* usw.:
  Che **ne** dici? *Was sagst du* ***dazu****?*
- kann auch eine Ortsangabe ersetzen und bedeutet dann *von dort*:
  Sei stata **in ufficio**? – Sì, **ne** torno proprio ora. *Warst du* ***im Büro****? – Ja, ich komme gerade* ***von dort****.*
- hat bei Mengenangaben die Bedeutung *davon* und bleibt im Deutschen in der Regel unübersetzt:
  Hai dei fratelli? – Sì, **ne** ho due. *Hast du Brüder? – Ja, ich habe zwei.*

⚡ Partizipien gleichen an das durch ne ersetzte Wort an:
Quante tazze avete comprato? – **Ne** abbiamo comprat**e** tre.
*Wie viele Tassen habt ihr gekauft? – Wir haben drei gekauft.*

**Kombinierte Formen unbetonter Personalpronomen** B1

Das unbetonte indirekte Objektpronomen und das Reflexivpronomen si werden mit den direkten Objektpronomen lo, la, li, le und mit dem Pronominaladverb ne zu folgenden Formen verbunden:

| + | lo | la | li | le | ne |
|---|---|---|---|---|---|
| **mi** | me lo | me la | me li | me le | me ne |
| **ti** | te lo | te la | te li | te le | te ne |
| **gli/le/Le** | glielo | gliela | glieli | gliele | gliene |
| **ci** | ce lo | ce la | ce li | ce le | ce ne |
| **vi** | ve lo | ve la | ve li | ve le | ve ne |
| **gli** | glielo | gliela | glieli | gliele | gliene |
| **si** | se lo | se la | se li | se le | se ne |

Im Gegensatz zum Deutschen stehen die indirekten vor den direkten Pronomen. Sie werden mit Ausnahme der mit gli gebildeten Formen getrennt geschrieben. Auch in diesem Fall wird das Partizip an das direkte Objektpronomen angeglichen:
**Ve lo** porto io. *Ich bringe **es euch**.*
**Me li** ha dati Francesca. *Francesca hat **sie mir** gegeben.*
**Glielo** dirò domani. *Ich werde **es ihm** morgen sagen.*
⚡ Loro ist unveränderlich und verbindet sich nicht mit anderen Pronomen:
**Lo** dirò **loro** domani. *Ich werde **es ihnen** morgen sagen.*

Das Pronominaladverb ci wird zu ce vor lo, la, li, le und ne. Mi, ti und vi stehen dagegen vor ci.
Hai tu il cd? Sì, **ce l'**ho io in macchina. *Hast du die CD? Ja, ich habe **sie** im Auto.*
Chi mi porta a Como? **Ti ci** porto io. *Wer bringt mich nach Como? Ich bringe **dich dorthin**.*
Trifft ci auf das Reflexivpronomen, bleibt es unverändert und wird nachgestellt. Nur in der 3. Person Singular und Plural steht si nach ci:
**Mi ci** sono abituato. *Ich habe **mich daran** gewöhnt.*
**Ci si** è abituato? *Hat er **sich daran** gewöhnt?*

B1 **Stellung unbetonter Objektpronomen und Pronominaladverbien**
💡 In der Regel stehen unbetonte Objektpronomen, Reflexivpronomen und Pronominaladverbien – mit Ausnahme von loro – vor dem Verb. Sie werden jedoch angehängt:
- an den Infinitiv, der seinen Endvokal dabei verliert (▶ 13.3):
  Sono contento di veder**ti**. *Ich bin froh **dich** zu sehen.*
- an den Imperativ (▶ 11.3):
  Scrivi**gli**! *Schreib **ihm**!*

B2
- an das Gerund (▶ 15.3):
  Sapendo**lo**, non sarei venuto. *Wenn ich **es** gewusst hätte, wäre ich nicht gekommen.*

Sie können vor- oder nachgestellt werden, wenn vor dem Infinitiv die Verben dovere *müssen*, potere *können*, volere *wollen*, andare *gehen*, venire *kommen* stehen (▶ 7), und beim verneinten Imperativ (▶ 11.3):
**Ne** devo parlare./Devo parlar**ne**. *Ich muss **darüber** sprechen.*

# Übungen

## 1 Subjektpronomen

A1

**Streichen Sie in den Sätzen die Subjektpronomen, die nicht erforderlich sind.**

a. Io studio italiano, e Lei?

b. Noi abitiamo a Catania.

c. Anche voi andate in vacanza?

d. Io sono francese e io lavoro a Milano.

e. Loro vanno sempre al mare.

## 2 Unbetonte direkte Objektpronomen

A2

**Beantworten Sie die Fragen. Verwenden Sie dabei das direkte Objektpronomen.**

a. Hai letto la ricetta? Sì, ..........................................

b. Mangi il pesce? No, ..........................................

c. Ci aspettate a casa? Sì, ..........................................

d. Hanno pagato le tasse? Sì, ..........................................

e. Mi capisci? No, ..........................................

f. Ha visto mia figlia? No, ..........................................

## 3 Betontes oder unbetontes Pronomen?

A2

**Wählen Sie das passende Pronomen.**

a. Vieni con mi / me?

b. Li / Loro conosci?

c. È più alta di te / ti!

d. Ti / te aspetto al bar.

e. Lei / La vedo.

A2

## 4 Unbetonte indirekte Objektpronomen

**Vervollständigen Sie den Dialog mit passenden Pronomen: le (3x), mi (2x), ti (2x)**

- ● Ieri sera ........... ha telefonato Antonio.
- ■ ........... ha dato l'indirizzo di Sara?
- ● Sì. Così oggi ........... ho portato il regalo.
- ■ E cosa ........... ha detto?
- ● ........... ha detto di ringraziarti.
- ■ ........... è piaciuto?
- ● Sì, ........... è piaciuto molto.

B1

## 5 Ci oder ne?

**Was passt? Ergänzen Sie die Sätze mit den Pronominaladverbien ci und ne.**

a. Andiamo a piedi. Che ........... dite?

b. Che buona questa pasta! ........... prenderei ancora un po'.

c. Quante torte avete fatto? – ........... abbiamo fatte due.

d. Venezia è un sogno! ........... torniamo sempre volentieri.

e. Quanti biglietti vuoi? ........... hai pensato?

B1

## 6 Kombination unbetonter Personalpronomen

**Verbinden Sie die Fragen mit der passenden Antwort.**

| | |
|---|---|
| a. Vi hanno regalato dei fiori? | Sì, gliela scrivono. |
| b. Hanno scritto la lettera ai loro genitori? | Sì, gliel'hanno scritta. |
| c. Ti ha regalato un cd? | No, non ce li hanno regalati. |
| d. Scrivono una cartolina anche Silvio? | No, non me l'ha regalato. |

### 4. Unbetonte indirekte Objektpronomen

- Ieri sera mi ha telefonato Antonio.
- Ti ha dato l'indirizzo di Sara?
- Sì. Così oggi le ho portato il regalo.
- E cosa ti ha detto?
- Mi ha detto di ringraziarti.
- Le è piaciuto?
- Sì, le è piaciuto molto.

**G** Unbetonte indirekte Objektpronomen, die das Dativobjekt im Satz ersetzen, stehen mit Ausnahme von loro vor dem Verb. Die indirekten Objektpronomen werden nie apostrophiert.

### 5. Ci oder ne?

a. Andiamo a piedi. Che ne dite?
b. Che buona questa pasta! Ne prenderei ancora un po'.
c. Quante torte avete fatto? – Ne abbiamo fatte due.
d. Venezia è un sogno! Ci torniamo sempre volentieri.
e. Quanti biglietti vuoi? Ci hai pensato?

**G** Die Pronominaladverbien ci und ne ersetzen verschiedene präpositionale Ausdrücke und stehen in der Regel vor dem Verb.

### 6. Kombination unbetonter Personalpronomen

a. Vi hanno regalato dei fiori? No, non ce li hanno regalati.
b. Hanno scritto la lettera ai loro genitori? Sì, gliel'hanno scritta.
c. Ti ha regalato un cd ? No, non me l'ha regalato.
d. Scrivono una cartolina anche Silvio? Sì, gliela scrivono.

**G** Das indirekte Objektpronomen geht dem direkten voraus; die kombinierten Formen werden, mit Ausnahme von gli + direktes Objektpronomen, getrennt geschrieben.

# Lösungen

## 1. Verwendung von Subjektpronomen

a. Io studio italiano, e Lei?
b. Abitiamo a Catania.
c. Anche voi andate in vacanza?
d. Sono francese e lavoro a Milano.
e. Vanno sempre al mare.

**G** Das Verb steht in der Regel ohne Angabe von Subjektpronomen, es sei denn, man möchte die Person besonders betonen oder hervorheben. Die Person ergibt sich aus der Personalendung des Verbs.

## 2. Unbetonte direkte Objektpronomen

a. Hai letto la ricetta? Sì, l'ho letta.
b. Mangi il pesce? No, non lo mangio.
c. Ci aspettate a casa? Sì, vi aspettiamo a casa.
d. Hanno pagato le tasse? Sì, le hanno pagate.
e. Mi capisci? No, non ti capisco.
f. Ha visto mia figlia? No, non l'ho vista.

**G** Das unbetonte direkte Objektpronomen steht vor dem Verb. Die Partizipendung wird an das Pronomen angeglichen. Lo und la werden vor Wörtern, die mit einem Vokal oder mit einem h beginnen, meist apostrophiert, li und le dagegen nie.

## 3. Betontes oder unbetontes Pronomen?

a. Vieni con me?
b. Li conosci?
c. È più alta di te!
d. Ti aspetto al bar.
e. La vedo.

**G** Liegt keine besondere Betonung vor, verwendet man die unbetonten Objektpronomen. Die betonten Formen werden nach Präpositionen, in Vergleichssätzen und Ausrufen verwendet.

## 6.2 Das Possessivpronomen

A2

🛈 Wie im Deutschen unterscheidet man zwischen der adjektivischen Verwendung, in der Posssessivpronomen ein Substantiv begleiten, und der pronominalen, in der sie ein Substantiv ersetzen.

### Formen

| m. Sing. | f. Sing. | m. Pl. | f. Pl. | |
|---|---|---|---|---|
| mio | mia | miei | mie | *mein* |
| tuo | tua | tuoi | tue | *dein* |
| suo/Suo | sua/Sua | suoi/Suoi | sue/Sue | *sein/ihr/Ihr* |
| nostro | nostra | nostri | nostre | *unser* |
| vostro/Vostro | vostra/Vostra | vostri/Vostri | vostre/Vostre | *euer/Ihr* |
| loro/Loro | loro/Loro | loro/Loro | loro/Loro | *ihr/Ihr* |

⚡ Es gibt nur eine Form für *sein* und *ihr*:
Questa è la **sua** casa. *Dies ist* ***sein/ihr*** *Haus.*
Die Possessivpronomen bilden ihre Formen wie Adjektive auf -o/-a (▷ **3.1** ), loro/Loro ist jedoch unveränderlich. In der Höflichkeitsform wird Suo im Singular, Vostro im Plural verwendet. Loro wird nur selten und in sehr formellen Fällen benutzt:
Grazie per il **Suo/Vostro** aiuto. *Danke für* ***Ihre*** *Hilfe.*

### Gebrauch

Possessivpronomen werden meist mit bestimmtem Artikel (▷ **1.1** ) verwendet und richten sich nach dem „Besitz", nicht dem „Besitzer":
Silvio ha venduto **la sua** macchina. *Silvio hat* ***sein*** *Auto verkauft.*
◐ Ausnahme: Der bestimmte Artikel fehlt bei:
- Anreden: **Mia** cara Teresa! *Meine liebe Teresa!*
- Verwandtschaftsbezeichnungen im Singular:
  **tuo** fratello/**mia** sorella ***dein*** *Bruder/****meine*** *Schwester*
  ⚡ Im Plural, bei loro, bei Koseformen und näher bestimmten Verwandtschaftsbezeichnungen muss er stehen:
  il loro padre *ihr Vater,* le nostre sorelle *unsere Schwestern*
  la mia mammina *meine Mutti,* il tuo fratello maggiore *dein älterer Bruder*
- Ausrufen: Mamma **mia**! ***Meine*** *Güte!*
- feststehenden Wendungen: a casa **mia** *bei* ***mir*** *zu Hause*

Pronominal verwendet ersetzen die Possessivpronomen das Substantiv.
Di chi è questo orologio? *Wem gehört diese Uhr?*
È (il) **mio**. *Es ist **meine**.*

B1 **Der Gebrauch von proprio**
Proprio, -a *sein, eigen* kann suo, -a ersetzen, wenn der „Besitzer" nicht eindeutig ist:
Anna viene con suo marito e la **sua** famiglia/la **propria** famiglia.
*Anna kommt mit **ihrem** Mann und **seiner/ihrer** Familie/der **eigenen** Familie.*
Ebenso in unpersönlichen Sätzen:
Bisogna conoscere i **propri** limiti. *Man muss **seine**/die **eigenen** Grenzen kennen.*

B1
## 6.3 Das Demonstrativpronomen

Demonstrativpronomen können in Begleitung eines Substantivs (adjektivisch) oder allein (pronominal) verwendet werden.

### Formen

| m. Sing. | f. Sing. | m. Pl. | f. Pl. | |
|---|---|---|---|---|
| A1 questo | questa | questi | queste | *dieser* |
| quello | quella | quelli | quelle | *jener* |
| lo stesso | la stessa | gli stessi | le stesse | *derselbe* |
| ciò | | | | *dies* |

Questo und questa können vor Vokal apostrophiert werden. Ciò ist unveränderlich.

⚡ Adjektivisch gebraucht bildet man die Formen von quello ähnlich wie den bestimmten Artikel (▶ 1.1):

| | m. Sing. | f. Sing. | m. Pl. | f. Pl. |
|---|---|---|---|---|
| **vor Kons.** | **quel** libro | **quella** casa | **quei** libri | **quelle** case |
| **vor Vokal** | **quell'**amico | **quell'**amica | **quegli** amici | **quelle** amiche |
| **vor s + Kons., gn, ps, x, y, z** | **quello** sport | | **quegli** sport | |

### Gebrauch

Questo wird sowohl adjektivisch als auch als Pronomen verwendet. A1
Es bezeichnet Personen und Sachen, die räumlich oder zeitlich in der Nähe des Sprechers sind:
**Questo** è il mio cane. *Das (**hier**) ist mein Hund.*
A **quest'**ora sono già in ufficio. *Um **diese** Uhrzeit sind sie schon im Büro.*

Quello dagegen bezeichnet Personen und Sachen, die räumlich oder zeitlich weiter entfernt sind. Es wird ebenfalls als Adjektiv und als Pronomen verwendet:
Chi è **quel** ragazzo? *Wer ist der Junge **dort**?*
La mia macchina è **quella** nera. *Mein Auto ist das schwarze **dort**.*

Auch stesso kann adjektivisch oder pronominal gebraucht werden.
In der geschriebenen Sprache kann man es durch medesimo ersetzen:
Frequentano **la stessa/la medesima** scuola. *Sie besuchen **dieselbe** Schule.*
Lo stesso bedeutet als Adverb *trotzdem*:
Anche se piove esco **lo stesso**. *Auch wenn es regnet, gehe ich **trotzdem** aus.*

Ciò kann für questo oder quello stehen und wird nur als Pronomen verwendet. Es verweist auf etwas schon Genanntes:
**Ciò** non mi interessa. ***Das** interessiert mich nicht.*

## 6.4 Das Relativpronomen B1

### Che

Das Relativpronomen che *der, die, das* ist unveränderlich und kann als Subjekt oder als direktes Objekt stehen:
Questa è la signora **che** voleva parlarti. *Dies ist die Frau, **die** dich sprechen wollte.*
Il che *(das,) was* bezieht sich auf einen ganzen Satz:
Carlo si trasferisce, **il che** ci dispiace molto. *Carlo zieht um, **was** uns sehr leid tut.*

### Cui

Das Relativpronomen cui ist ebenfalls unveränderlich, wird aber im Gegensatz zu che nach Präpositionen verwendet:
È il medico con **cui** lavoro. *Er ist der Arzt, mit* ***dem*** *ich arbeite.*
⚡ *Dessen, deren* wird durch cui mit Artikel wiedergegeben.
È il collega, **la cui** moglie vive a Roma. *Er ist der Kollege,* ***dessen*** *Frau in Rom lebt.*

### Il quale

Das Relativpronomen il/la quale, i/le quali steht immer mit dem bestimmten Artikel und passt sich in Numerus und Genus an sein Bezugswort an.
⇄ In der Schriftsprache kann es che und vor allem cui ersetzen:
Chi è il ragazzo **con il quale** esci? *Wer ist der Junge,* ***mit dem*** *du ausgehst?*

### Weitere Relativpronomen

Das deutsche *(das), was* wird mit quello che und ciò che ausgedrückt. Sie beziehen sich auf einen Sachverhalt:
Fai **quello/ciò che** vuoi! *Mach, was du willst!*
Chi *wer* wird nur bei Personen verwendet und ist unveränderlich:
**Chi** prima arriva macina. ***Wer*** *zuerst kommt, mahlt zuerst.*

## A2 6.5 Das Indefinitpronomen

Indefinitpronomen beziehen sich auf Sachen und Personen, die nicht näher bestimmt werden sollen oder können. Man unterscheidet zwischen adjektivischem und pronominalem Gebrauch.

### Formen

Die wichtigsten adjektivisch gebrauchten Indefinitpronomen sind:

| | |
|---|---|
| qualche *einige, irgendein* | ogni *jeder, alle* |
| alcuno, -a *irgendein, -e* | B1 qualunque, qualsiasi *jeder (beliebige)* |

Die wichtigsten pronominal gebrauchten Indefinitpronomen sind:

| | |
|---|---|
| qualcuno, -a *(irgend)jemand* | qualcosa *irgend(etwas)* |
| ognuno, -a *jeder* | B2 chiunque *jeder (beliebige)* |
| B1 uno, -a *irgendjemand, eine, -r* | niente, nulla *nichts* |

Zu den wichtigen adjektivisch und pronominal gebrauchten Indefinitpronomen zählen:

| | |
|---|---|
| alcuni, -e *einige* | altro, -a, -i, -e *ein, -e, andere, -r* |
| B1 ciascuno, -a *jede, -r* | tutto, -a, -i, -e *jede,-r, ganz, alle* |
| nessuno, -a *niemand, keiner* | molto/tanto, -a, -i, -e *viel, -e* |
| poco, -a, -i, -e *wenig, -e* | troppo, -a, -i, -e *zu viel, -e* |
| B1 parecchio, -a, -i, -e *ziemlich viel, -e* | |

**Gebrauch**

- Qualche, B1 qualsiasi, qualunque und ogni sind unveränderlich und stehen bei Substantiven im Singular. Alcuno, -a wird in negativen Ausdrücken im Singular auch als Adjektiv verwendet:
  Vorrei **qualche** informazione. *Ich möchte **einige** Informationen.*
  B1 Telefonate a **qualsiasi/qualunque** ora. *Ruft **jeder**zeit an.*
  Andiamo **ogni** giorno al ristorante. *Wir gehen **jeden** Tag ins Restaurant.*
  Non ho **alcuna** informazione. *Ich habe **keine** Information.*
  Ausnahmen: **ogni tre** ore, **ogni due** settimane *jeden dritten Tag, **jede** zweite Woche.*
- Qualcosa, B2 chiunque, niente und nulla sind unveränderlich, qualcuno, ognuno und uno haben nur eine Singularform. Sie werden als Pronomen verwendet:
  Prendete **qualcosa** da bere? *Nehmt ihr **(irgend)etwas** zu trinken?*
  È venuto **qualcuno**? *Ist **(irgend)jemand** gekommen?*
  **Ognuno** ha i suoi problemi. ***Jeder** hat seine Probleme.*
  Niente und nulla erfordern eine doppelte Verneinung (▷ **17.3** ):
  **Non** ho detto **niente**. *Ich habe **nichts** gesagt.*
- Alcuni wird in der Bedeutung *einige* nur im Plural, B1 ciascuno und nessuno werden dagegen nur im Singular verwendet. Vor Vokalen verlieren ciascuno und nessuno im Maskulinum die Endung -o, im Femininum werden sie apostrophiert. Alle werden pronominal und adjektivisch verwendet:
  Ti porto **alcune** cose. *Ich bringe dir **einige** Sachen.*
  Steht nessuno vor dem Verb, ist auch hier eine doppelte Verneinung (▷ **17.3** ) nötig:
  **Non** ha incontrato **nessuno**. *Er hat **niemanden** getroffen.*

- Tutto als Adjektiv wird mit dem bestimmten Artikel verwendet; es steht vor dem Artikel und dem Substantiv.
A2 Im Singular hat es die Bedeutung *ganz*, im Plural *alle, jede,-r*:
Ha lavorato **tutta** la notte. *Er hat die **ganze** Nacht gearbeitet.*
Ho invitato **tutti** i parenti. *Ich habe **alle** Verwandte eingeladen.*
Pronominal wird tutto normalerweise im Plural verwendet:
Lo dicono **tutti**. *Das sagen alle.*
⚡ Tutto (m. Sing.) bedeutet alleinstehend *alles*:
Avete portato **tutto**? *Habt ihr **alles** mitgebracht?*
- Altro, poco, molto, tanto, B1 parecchio und troppo können als Adjektiv oder als Pronomen verwendet werden:
Al momento ha **poco** da fare. *Momentan hat er/sie wenig zu tun.*

## A1 6.6 Das Interrogativpronomen

Interrogativpronomen leiten direkte oder indirekte Fragen ein.

### A2 Chi? Che cosa? Che? Quale?

- Chi *wer?, wen?* wird bei Personen verwendet und ist unveränderlich:
**Chi** parla? ***Wer** spricht?*
- Che cosa *was?* (in der Umgangssprache nur cosa *oder* che) ist unveränderlich und bezieht sich auf Sachen und Sachverhalte:
**Che cosa/cosa/che** preferisci? ***Was** bevorzugst du?*
- Che in der Bedeutung *welcher?, was für ein?* steht immer bei einem Substantiv und ist ebenfalls unveränderlich:
**Che** lingue parli? ***Welche** Sprachen sprichst du?*
- Quale *welcher?* kann sowohl adjektivisch als auch pronominal verwendet werden. Die Pluralform lautet quali:
**Quale** autobus prendiamo? ***Welchen** Bus nehmen wir?*
Ho molti cd. **Quali** vuoi? *Ich habe viele CDs. **Welche** willst du?*
⚡ Folgt im Singular è auf quale, steht die Kurzform qual:
**Qual** è la vostra scuola? ***Welche** ist eure Schule?*

#### Weitere Interrogativpronomen

| | | |
|---|---|---|
| perché? *warum?* | dove? *wo?, wohin?* | quanto? *wie viel?, wie lange?* |
| quando? *wann?* | come? *wie?* | a che ora? *um wie viel Uhr?* |

# Übungen

## 1 Possessivpronomen A2

**Ergänzen Sie passende Possessivpronomen (und den bestimmten Artikel).**

a. Ho incontrato Claudio con ........... amici.

b. Non trovo la chiave del........... macchina.

c. Signor Tassi, Le piace ........... ufficio?

d. Marta e Francesco sono partiti per il mare con ........... famiglia.

e. Anna, non conosco ancora ........... ragazzo!

## 2 Demonstrativpronomen B1

**Vervollständigen Sie die Fragen mit der passenden Form von quello.**

a. Mi fa vedere ........... camicia bianca, per favore?

b. Quanto costa ........... ombrello?

c. ........... pantaloni sono di cotone?

d. Queste scarpe non mi piacciono. Posso provare ........... blu?

## 3 Che oder cui? B1

**Präposition + cui oder che? Ergänzen Sie die Sätze mit einem der in Klammern angeführten Relativpronomen.**

a. Non avete un'amica ........... ama la musica classica?
(a cui / che / per cui)

b. Patrizia ha un nuovo lavoro ........... le piace molto.
(che / a cui / con cui)

c. Ho comprato il libro ........... mi avevi parlato.
(da cui / che / di cui)

d. Come si chiama il dentista ........... sei andata?
(che / in cui / da cui)

B1

## 4 Relativpronomen

**Ersetzen Sie cui durch il/la quale oder i/le quali. Denken Sie an die Verschmelzung von Präposition und Artikel.**

a. È il collega con cui pranzo ogni giorno.

..............................................................................................................

b. Gli amici a cui abbiamo scritto non possono venire alla festa.

..............................................................................................................

c. Questa è la città da cui vi ho scritto una cartolina.

..............................................................................................................

A2

## 5 Indefinitpronomen

**Indefinitadjektiv oder Indefinitpronomen? Markieren Sie die korrekte Form (✓).**

a. Vuoi qualcosa ☐ qualche ☐ da mangiare per cena?

b. Ieri sera mi ha telefonato ☐ qualche ☐ qualcuno?

c. Aspettiamo ancora ☐ qualche ☐ nulla giorno.

d. ☐ Ognuno ☐ Ogni ha la sua camera.

e. Non ha pagato ☐ alcuno ☐ niente.

A1

## 6 Interrogativpronomen

**Ergänzen Sie die Fragen des Interviews mit den passenden Interrogativpronomen.**

che / come / perché / dove

a. ........... si chiama?

b. ........... lavoro fa?

c. ........... abita?

d. ........... studia l'italiano?

### 4. Relativpronomen

a. È il collega con il quale pranzo ogni giorno.
b. Gli amici ai quali abbiamo scritto non possono venire alla festa.
c. Questa è la città dalla quale vi ho scritto una cartolina.

G Das Relativpronomen quale steht immer mit dem bestimmen Artikel. Es muss in Genus und Numerus an sein Bezugswort angepasst werden.

### 5. Indefinitpronomen

a. Vuoi qualcosa da mangiare per cena?
b. Ieri sera mi ha telefonato qualcuno?
c. Aspettiamo ancora qualche giorno.
d. Ognuno ha la sua camera.
e. Non ha pagato niente.

G Einige Indefinitpronomen wie qualcuno *(irgend)jemand*, qualcosa *irgend(etwas)*, ognuno *jeder* oder niente *nichts* können nur pronominal verwendet werden; andere wie qualche *einige* nur adjektivisch.

### 6. Interrogativpronomen

a. Come si chiama?
b. Che lavoro fa?
c. Dove abita?
d. Perché studia l'italiano?

G Mit Interrogativpronomen wie dove *wo?*, *wohin?*, come *wie?*, che *welcher?*, *was für ein?*, perché *warum?* werden Fragen nach Sachen und Personen eingeleitet.

# Lösungen

## 1. Possessivpronomen

a. Ho incontrato Claudio con i suoi amici.
b. Non trovo la chiave della mia macchina.
c. Signor Tassi, Le piace il Suo ufficio?
d. Marta e Francesco sono partiti per il mare con la loro famiglia.
e. Anna, non conosco ancora il tuo ragazzo!

**G** Possessivpronomen werden meist vom bestimmten Artikel begleitet und richten sich nach dem Besitz. Loro ist aber unveränderlich.

## 2. Demonstrativpronomen

a. Mi fa vedere quella camicia bianca, per favore?
b. Quanto costa quell'ombrello?
c. Quei pantaloni sono di cotone?
d. Queste scarpe non mi piacciono. Posso provare quelle blu?

**G** Die Formen von quello passen sich wie der bestimmte Artikel an den Anfangsbuchstaben des Substantivs an, das sie begleiten.

## 3. Che oder cui?

a. Non avete un'amica che ama la musica classica?
b. Patrizia ha un nuovo lavoro che le piace molto.
c. Ho comprato il libro di cui mi avevi parlato.
d. Come si chiama il dentista da cui sei andata?

**G** Das Relativpronomen che kann als Subjekt oder Objekt verwendet werden. Nach einer Präposition muss jedoch cui verwendet werden. Beide sind unveränderlich.

# 7 Das Verb

A1

*Aber wissen Sie denn nicht, dass man das Handy im Auto nicht benutzen darf? – Deshalb habe ich mir doch einen Lastwagen gekauft.*

## 7.1 Die Konjugationen

A1

Das Italienische unterscheidet drei Konjugationsklassen der Verben: Verben mit Infinitiv auf -are, -ere oder -ire:

parl**are** *sprechen* cred**ere** *glauben* sent**ire** *hören*

L! Während die Verben auf -are und -ire immer auf der Infinitivendung betont werden (parl**a**re, sent**i**re), liegt die Betonung der Verben auf -ere entweder auf der Infinitivendung oder auf der vorangehenden Silbe (ved**e**re *sehen*, pr**e**ndere *nehmen*).

## 7.2 Die Verbformen

A1

Bei den Verbformen unterscheidet man konjugierte (finite) und nicht konjugierte (infinite) Formen. Die finiten Verbformen sind gekennzeichnet durch Person (1., 2., 3.), Numerus (Singular/Plural), Zeit, Modus und Zustandsform.
Wie im Deutschen gibt es die Zeiten Präsens, Futur, Imperfekt, Perfekt und Plusquamperfekt. Hinzu kommen das Passato remoto und Trapassato remoto.
Im Italienischen gibt es vier Modi: Indikativ (▷ 8), Konjunktiv (▷ 9), Imperativ (▷ 11) und Konditional (▷ 10). Die Zustandsformen des Verbs sind Aktiv oder Passiv (▷ 12). Zu den *infiniten Formen* zählen die Infinitive (▷ 13), die Partizipien (▷ 14) und das Gerund (▷ 15).

A1

## 7.3 Die Verbarten

A2

### 7.3.1 Das transitive und das intransitive Verb

Als transitiv werden Verben bezeichnet, denen ein direktes Objekt („wen oder was?") folgt:
Prendo **un cappuccino**. *Ich nehme* ***einen Cappuccino.***
**Che** fai domani? ***Was*** *machst du morgen?*

Folgende Verben haben im Italienischen ein direktes, im Deutschen jedoch ein indirektes Objekt:

| | | |
|---|---|---|
| aiutare *helfen* | ascoltare *zuhören* | incontrare *begegnen* |
| ringraziare *danken* | chiamare *anrufen* | seguire *folgen* |

Perché non aiuti **il tuo amico**? *Warum hilfst du* ***deinem Freund*** *nicht?*
**La** ringrazio molto, signora Lippi. *Ich danke* ***Ihnen*** *sehr, Frau Lippi.*

Intransitive Verben erfordern ein indirektes („wem?") oder kein Objekt. Ein indirektes Objekt wird mit der Präposition a angeschlossen:
Rispondi **alla mia domanda**! *Antworte* ***auf meine Frage!***
Vado **al cinema**. *Ich gehe* ***ins Kino.***

Die Verben parlare *sprechen* und telefonare *anrufen* sind im Italienischen im Unterschied zum Deutschen intransitiv:
Marco telefona **alla sua ragazza**. *Marco ruft* ***seine Freundin*** *an.*
Vorrei parlare **al signor Rossi**. *Ich möchte* ***Herrn Rossi*** *sprechen.*

A2

### 7.3.2 Die Hilfsverben essere und avere

Mit den Hilfsverben essere *sein* und avere *haben* werden die zusammengesetzten Zeiten gebildet: Perfekt, Plusquamperfekt, Trapassato remoto, Futur II und Konditional II (zu Formen und Verwendung ▷ 8 9 10 und 12):
**Sono** rimasta a casa tutto il giorno. *Ich* ***bin*** *den ganzen Tag zu Hause geblieben.*
B1 Chi l'**avrebbe** mai detto! *Wer* ***hätte*** *das gedacht!*

A1

### 7.3.3 Das Modalverb

Modalverben verändern („modifizieren") die Bedeutung eines Vollverbs, sie drücken ein Können, Müssen, Sollen oder Dürfen aus. Dazu zählen potere *können*, *dürfen*, dovere *müssen*, *sollen* und volere *wollen*.

### Formen

| **potere** *können, dürfen* | **dovere** *müssen, sollen* | **volere** *wollen* |
|---|---|---|
| posso | devo | voglio |
| puoi | devi | vuoi |
| può | deve | vuole |
| possiamo | dobbiamo | vogliamo |
| potete | dovete | volete |
| possono | devono | vogliono |

L! Prägen Sie sich die unregelmäßigen Formen des Indikativ Präsens gut ein (andere Zeiten und Modi ▷ 8 9 10 und unregelmäßige Verben).

Modalverben bilden die zusammengesetzten Zeiten mit dem Hilfsverb, das das begleitende Verb erfordert (▷ 8). Beim mit essere gebildeten Perfekt muss das Partizip angeglichen werden:
Ieri **abbiamo** dovuto lavorare. *Gestern **mussten** wir arbeiten.*
Natalia non **è** potut**a** venire. *Natalia **konnte** nicht kommen.*

### Gebrauch

Modalverben werden meist von Infinitiven begleitet:
Peccato che non **puoi venire**! *Schade, dass du nicht **kommen kannst**!*
Mamma, **posso giocare** con Antonio? *Mama, **darf** ich mit Antonio **spielen**?*
Marco non **vuole venire**. *Marco **will** nicht **mitkommen**.*
**Devo andare** dal medico. *Ich **muss** zum Arzt **gehen**.*
**Devo venire** domani? ***Soll** ich morgen **kommen**?*
ϟ Verneint bedeutet dovere *dürfen*:
No, adesso **non devi** giocare con lui. *Nein, jetzt **darfst** du **nicht** mit ihm spielen.*

Modalverben können wie im Deutschen aber auch alleine verwendet werden:
Sabato non **possiamo**, ci dispiace. *Am Samstag **können** wir leider nicht.*
**Vuoi** ancora un caffè? ***Willst** du noch einen Kaffee?*

ⓘ Wie ein Modalverb wird auch sapere *wissen, können* verwendet. Während potere *können* eine Möglichkeit oder Erlaubnis ausdrückt, bezeichnet sapere eine Fähigkeit:
**Sai** parlare italiano? ***Kannst** du Italienisch sprechen?*
Purtroppo non **posso** parlarlo spesso perché non vado mai in Italia. *Leider **kann** ich es nicht oft sprechen, da ich nie nach Italien fahre.*

⚡ Kommt zu einem Modalverb + Infinitiv ein direktes unbetontes Objektpronomen (▷ 6.1) hinzu, steht dieses vor beiden oder wird an den Infinitiv (ohne -e) angehängt:
Non **ti** posso chiamare./Non posso chiamar**ti**. *Ich kann **dich** nicht anrufen.*

A1

### 7.3.4 Das reflexive Verb

Reflexivpronomen (▷ 6.1) verbinden sich mit bestimmten Verben zu reflexiven Verben. Diese werden genauso wie die nicht reflexiven Verben entsprechend den drei Konjugationsmustern konjugiert.
ⓘ Das Reflexivpronomen wird direkt an den Infinitiv (ohne Endung -e) angehängt: lavarsi *sich waschen*, prendersi *sich nehmen*, sentirsi *sich fühlen*:

| **lavarsi** *sich waschen* | | **prendersi** *sich nehmen* | | **sentirsi** *sich fühlen* | |
|---|---|---|---|---|---|
| mi | lavo | mi | prendo | mi | sento |
| ti | lavi | ti | prendi | ti | senti |
| si | lava | si | prende | si | sente |
| ci | laviamo | ci | prendiamo | ci | sentiamo |
| vi | lavate | vi | prendete | vi | sentite |
| si | lavano | si | prendono | si | sentono |

Häufig vorkommende reflexive Verben sind:

fermarsi *sich aufhalten*
chiamarsi *heißen*
B1 sbrigarsi *sich beeilen*
A2 svegliarsi *aufwachen*
addormentarsi *einschlafen*
alzarsi *aufstehen*
B1 arrabbiarsi *wütend werden*
A2 dimenticarsi *vergessen*
ricordarsi *sich erinnern*
divertirsi *sich unterhalten, sich vergnügen*
vestirsi *sich anziehen*

Come **ti chiami**? *Wie **heißt** du?*
Anna **si sveglia** alle 7, ma **si alza** solo alle 7.30. *Anna **wacht** um 7 Uhr **auf, steht** aber erst um 7.30 Uhr **auf**.*

Alle zusammengesetzten Zeiten werden mit essere gebildet, das Partizip muss dabei an das Subjekt angepasst werden:
Domenica ci **siamo** alzat**i** solo a mezzogiorno. *Am Sonntag **sind** wir erst um 12 Uhr aufgestanden.*

Auch bei den Reflexivpronomen gibt es kombinierte Formen mit unbetonten Objektpronomen bzw. Pronominaladverbien (▷ 6):
**Me ne** sono completamente dimenticata. ***Das** habe ich völlig vergessen.*

⚡ Werden ein Modalverb und ein reflexives Verb zusammen verwendet, kann das Reflexivpronomen vor dem konjugierten Modalverb stehen oder an den Infinitiv angehängt werden. Bei den zusammengesetzten Zeiten hat die Stellung des Reflexivpronomens jedoch Einfluss auf das Hilfsverb: Steht es vor dem Verb, nimmt man essere, steht es danach avere:
Stasera **mi** vorrei divertire./Stasera vorrei diverti**mi**. *Heute Abend möchte ich **mich** vergnügen.*
Ieri Laura **si è** dovuta sbrigare./Ieri Laura **ha** dovuto sbrigar**si**. *Gestern **hat sich** Laura beeilen müssen.*

### 7.3.5 Unpersönliche Verben und Ausdrücke A2

Unpersönliche Verben und Ausdrücke werden wie im Deutschen in der 3. Person Singular verwendet, das Subjekt („es") ist in der Verbform enthalten. Zu den häufigsten zählen:

piove *es regnet*
succede/capita *es geschieht*
basta *es genügt*
(mi) piace *es gefällt (mir)*
(mi) dispiace *es tut (mir) leid*
fa caldo/freddo *es ist warm/kalt*
c'è *es gibt*
nevica *es schneit*
bisogna/occorre *es ist nötig, man muss*
conviene *es ist angebracht, man muss*
pare/sembra *es scheint*
ci vuole *man braucht*

In Germania **piove** spesso. *In Deutschland **regnet** es oft.*
**Bisogna** aspettare. *Man **muss** abwarten.*

⚡ Einige unpersönliche Verben passen sich im Numerus an ihr Bezugswort an:
Ci **vogliono** due ore per andarci. *Man* ***braucht*** *zwei Stunden, um dorthin zu fahren.*
Ci **sono** le uova? ***Sind*** *Eier da?*

Unpersönliche Verben und Ausdrücke bilden die zusammengesetzten Zeiten mit essere. Die Verben des Wetters können sie aber auch mit avere bilden:
Non **è successo** niente. *Es* ***ist*** *nichts* ***passiert****.*
**È** piovuto./**Ha** piovuto. *Es* ***hat*** *geregnet.*

**„Man" – si impersonale**
Mit dem unpersönlichen si kann ein allgemeines Subjekt „man" ausgedrückt werden. Das Verb steht – je nach Numerus des Bezugswortes – in der 3. Person Singular oder Plural:
Al mercato **si trova** la frutta fresca. *Auf dem Markt* ***findet man*** *frisches Obst.*
Qui **si comprano** anche prosciutto, verdura e formaggio. *Hier* ***kauft man*** *auch Schinken, Gemüse und Käse.*

B1 Bei den zusammengesetzten Zeiten wird immer essere verwendet. Verben, die das Perfekt in der persönlichen Konstruktion mit avere bilden, verwenden das Partizip im Maskulinum Singular. Mit direktem Objekt gebraucht passen sich Hilfsverb und Partizip an dieses an. Bei Verben, die auch sonst das Perfekt mit essere bilden, steht das Partizip im Maskulinum Plural (das Hilfsverb bleibt im Singular!):
In quel ristorante si **è** sempre mangiat**o** bene. *In jenem Restaurant* ***hat*** *man immer gut gegessen.*
Da mia nonna, si **è** sempre mangiat**a** troppa torta. *Bei meiner Oma* ***hat*** *man immer zu viel Kuchen gegessen.*

Weitere Möglichkeiten, „man" im Italienischen auszudrücken, sind:
- die 3. Person Plural: **Dicono** che domani farà caldo. ***Man sagt****, dass es morgen warm wird.*
- die 2. Person Singular: Qui **trovi** un po' di tutto. *Hier* ***findet man/ findest du*** *von allem etwas.*
- uno: In aereo **uno** arriva prima. *Mit dem Flugzeug kommt* ***man*** *früher an.*

# Übungen

## ① Verbarten – transitiv oder intransitiv? A2

**Welches Objekt passt? Markieren Sie die korrekte Form (✓).**

a. Chiamiamo ▢ Paola ▢ a Paola.

b. Per andare alla stazione deve seguire sempre ▢ a questa strada ▢ questa strada.

c. Luca non ▢ gli ▢ lo risponde.

d. Sabato aiuto ▢ a mio nonno ▢ mio nonno in giardino.

## ② Modalverben A1

**Ergänzen Sie die fehlenden Indikativ-Präsens-Formen in der passenden Person.**

a. (io, potere) ........... entrare?

b. (tu, volere) ........... qualcosa da bere?

c. Ci dispiace molto, ma non (potere) ........... venire alla vostra festa.

d. I ragazzi (dovere) ........... studiare molto.

## ③ Reflexive Verben A1

**Setzen Sie die Sätze ins Perfekt.**

a. Il nonno di Paola si ricorda sempre del suo compleanno.

..........................................................................................

b. Ci svegliamo alle 8.

..........................................................................................

c. Filippo si veste in fretta.

..........................................................................................

d. Perché non vi fermate a Roma?

..........................................................................................

A2

## 4 Unpersönliche Verben

**Setzen Sie das passende unpersönliche Verb ein. Achten Sie dabei auch auf den richtigen Numerus.**

dispiacere / servire / nevicare / sembrare / piacere / esserci / capitare

a. Signora, Le ............................ queste scarpe?

b. Se ............................ domani andiamo a sciare.

c. Mi ............................ spesso di non avere voglia di lavorare.

d. Il ragazzo di Anna ............................ molto simpatico.

e. Vado in centro. Ti ............................ qualcosa?

f. ............................ ancora i pomodori?

g. Ci ............................, ma non possiamo venire.

A2

## 5 Si impersonale

**Ergänzen Sie das unpersönliche si und das Verb in der passenden Form.**

a. In questa pizzeria (mangiare) ............................ bene.

b. Stasera (andare) ............................ al cinema.

c. In tabaccheria (vendere) ............................ anche i francobolli.

d. Non (accettare) ............................ carte di credito.

A2

## 6 Si impersonale – Perfekt

**Setzen Sie die in der Übung 5 vervollständigten Sätze nun ins Perfekt.**

a. In quella pizzeria ..................................................................

b. Ieri ..................................................................

c. ..................................................................

d. ..................................................................

### 4. Unpersönliche Verben

a. Signora, Le piacciono queste scarpe?
b. Se nevica domani andiamo a sciare.
c. Mi capita spesso di non avere voglia di lavorare.
d. Il ragazzo di Anna sembra molto simpatico.
e. Vado in centro. Ti serve qualcosa?
f. Ci sono ancora i pomodori?
g. Ci dispiace, ma non possiamo venire.

**G** Unpersönliche Verben und Ausdrücke werden in der 3. Person Singular verwendet, das Subjekt („es") ist in der Verbform enthalten. Einige unpersönliche Verben können auch persönlich gebraucht werden. Sie müssen im Numerus angepasst werden.

### 5. Si impersonale

a. In questa pizzeria si mangia bene.
b. Stasera si va al cinema.
c. In tabaccheria si vendono anche i francobolli.
d. Non si accettano carte di credito.

**G** Mit dem unpersönlichen si kann ein allgemeines Subjekt „man" ausgedrückt werden. Das Verb steht in der 3. Person Singular oder Plural, je nach dem Numerus des Bezugswortes.

### 6. Si impersonale – Perfekt

a. In quella pizzeria si è mangiato bene.
b. Ieri si è andati al cinema.
c. In tabaccheria si sono venduti anche i francobolli.
d. Non si sono accettate carte di credito.

**G** Das Perfekt wird immer mit essere gebildet. Würde in der persönlichen Konstruktion das Perfekt mit avere gebildet werden, steht in der unpersönlichen Konstruktion das Partizip im Maskulinum Singular, bei direktem Objekt passt sich das Partizip an dieses an. Bei Verben, die sonst das Perfekt mit essere bilden, steht das Partizip im Maskulinum Plural, das Hilfsverb jedoch im Singular.

# Lösungen

### 1. Verbarten – transitiv oder intransitiv?

a. Chiamiamo Paola.
b. Per andare alla stazione deve seguire sempre questa strada.
c. Luca non gli risponde.
d. Sabato aiuto mio nonno in giardino.

G Verben mit direktem Objekt sind transitiv, mit indirektem Objekt intransitiv. Nicht alle italienischen transitiven Verben sind dies auch im Deutschen und umgekehrt.

### 2. Modalverben

a. Posso entrare?
b. Vuoi qualcosa da bere?
c. Ci dispiace molto, ma non possiamo venire alla vostra festa.
d. I ragazzi devono studiare molto.

G Die Modalverben potere, dovere und volere bilden den Indikativ Präsens mit Ausnahme der 2. Person Plural unregelmäßig.

### 3. Reflexive Verben

a. Il nonno di Paola si è ricordato sempre del suo compleanno.
b. Ci siamo svegliati alle 8.
c. Filippo si è vestito in fretta.
d. Perché non vi siete fermati a Roma?

G Die reflexiven Verben bilden das Perfekt mit essere, das Partizip richtet sich in Numerus und Genus nach dem Subjekt. Das Relexivpronomen steht vor dem Hilfsverb.

# 8 Der Indikativ

A1

*Zum Glück sind wir an der Nordsee. Hier ist der Strand wenigstens nicht so überfüllt ...*

ℹ Der Indikativ ist der Modus der Wirklichkeit, mit dem Tatsachen beschrieben werden. Indikativische Zeitformen sind Präsens, Futur I und II, Imperfekt, Perfekt, Plusquamperfekt sowie das Passato bzw. Trapassato remoto.

## 8.1 Das Präsens

A1

### Formen

Die regelmäßigen Formen werden nach ihrer Konjugationsklasse (▶ 7) gebildet:

| **parlare** *sprechen* | **prendere** *nehmen* | **partire** *abfahren* | **capire** *verstehen* |
|---|---|---|---|
| parl**o** | prend**o** | part**o** | cap**isco** |
| parl**i** | prend**i** | part**i** | cap**isci** |
| parl**a** | prend**e** | part**e** | cap**isce** |
| parl**iamo** | prend**iamo** | part**iamo** | cap**iamo** |
| parl**ate** | prend**ete** | part**ite** | cap**ite** |
| parl**ano** | prend**ono** | part**ono** | cap**iscono** |

Die 1. Person Singular mit -o, die 2. Person Singular mit -i sowie die 1. Person Plural mit -iamo haben alle drei Konjugationen gemeinsam. In der Regel werden die Verbformen auf der vorletzten Silbe betont. Nur die 3. Person Plural wird abweichend auf der drittletzten Silbe betont.

Einige Verben auf -ire haben im Präsens Singular und der 3. Person Plural eine Stammerweiterung mit -isc-, sodass sich die Aussprache je nach Folgevokal ändert:
capire *verstehen* → [sk]: cap**isc**o *ich verstehe*, [ʃ]: cap**isc**e *er/sie/es versteht*
Eine Stammerweiterung haben z. B. auch folgende Verben:

| | |
|---|---|
| A2 preferire *vorziehen* | A2 pulire *putzen* |
| B1 costruire *bauen* | A2 sparire *verschwinden* |
| B1 finire *beenden* | B1 spedire *schicken* |

**Besonderheiten der Verben auf -are**
Bei der Schreibweise ist Folgendes zu beachten:
- Verben auf -care und -gare fügen vor einer Personalendung, die mit -i- oder -e- beginnt, ein -h- ein:
  mancare *fehlen* → manco *ich fehle*, manc**h**i *du fehlst*
  pagare *bezahlen* → paga *er/sie/es bezahlt*, pag**h**iamo *wir bezahlen*
- Bei Verben auf -ciare und -giare entfällt vor einer Personalendung, die mit -i- oder -e- beginnt, das unbetonte -i-:
  cominciare *beginnen* → comincio *ich beginne*, comin**ci** *du beginnst*
  mangiare *essen* → mangia *er/sie/es isst*, man**gi** *du isst*
- Bei Verben auf -iare entfällt das -i- vor einer mit -i- beginnenden Endung:
  studiare *lernen* → studio *ich lerne*, stud**i** *du lernst*
  ⚡ Ist das -i- jedoch betont, bleibt es in allen Personen erhalten:
  B1 sciare *Ski fahren* → scio *ich fahre Ski*, sc**ii** *du fährst Ski*

**Besonderheiten der Verben auf -ere**
Bei den Verben auf -cere, -scere und -gere verändert sich nicht die Schreibweise, sondern die Aussprache (▶ 21). Je nach Anlaut der Endung wird -c- wie [k] bzw. [tʃ] ausgesprochen, -sc- wie [sk] bzw. [ʃ], -g- wie [g] oder [dʒ]:
vincere *siegen* → [k]: vinco *ich siege*, [tʃ]: vinci *du siegst*
conoscere *kennen* → [sk]: conosco *ich kenne*, [ʃ]: conosciamo *wir kennen*
leggere *lesen* → [g]: leggo *ich lese*, [dʒ]: legge *er/sie/es liest*

Unregelmäßige Formen bilden u. a. die folgenden Verben:

| **essere** *sein* | **avere** *haben* | **dare** *geben* | **andare** *gehen* | **fare** *machen* | **venire** *kommen* |
|---|---|---|---|---|---|
| sono | ho | do | vado | faccio | vengo |
| sei | hai | dai | vai | fai | vieni |
| è | ha | da | va | fa | viene |
| siamo | abbiamo | diamo | andiamo | facciamo | veniamo |
| siete | avete | date | andate | fate | venite |
| sono | hanno | danno | vanno | fanno | vengono |

ℹ Wie dare bildet auch stare *stehen, sein* den Indikativ Präsens: sto, stai usw. Nicht am Infinitiv sichtbar ist der Verbstamm der Verben dire *sagen* und A2 bere *trinken*: **dic**o, **dic**i, **dic**e usw. bzw. **bev**o, **bev**i, **bev**e usw.

### Gebrauch

Das Präsens wird verwendet für die Beschreibung von:

- Ereignissen der Gegenwart und Tatsachen:
  Il signor Gallo **abita** a Napoli. *Herr Gallo **wohnt** in Neapel.*
- sicheren Geschehnissen der nahen Zukunft:
  **Vengo** subito. *Ich **komme** gleich.*
- Gewohnheiten:
  Sabato **andiamo** sempre in pizzeria. *Am Samstag **gehen** wir immer in die Pizzeria.*
- allgemeingültigen Feststellungen:
  L'acqua **è** più pesante dell'olio. *Wasser **ist** schwerer als Öl.*

## 8.2 Das Futur

B1

### Formen des Futur I

| **parlare** *sprechen* | **prendere** *nehmen* | **partire** *abfahren* |
|---|---|---|
| parler**ò** | prender**ò** | partir**ò** |
| parler**ai** | prender**ai** | partir**ai** |
| parler**à** | prender**à** | partir**à** |
| parler**emo** | prender**emo** | partir**emo** |
| parler**ete** | prender**ete** | partir**ete** |
| parler**anno** | prender**anno** | partir**anno** |

An den Infinitiv ohne -e werden die Futur-I-Endungen gehängt. Die Verben auf -are verändern das -a- zu -e-. ◐ Ausnahme: Bei den Verben stare, dare und fare bleibt das -a- der Infinitivendung erhalten: stare: starò, dare: darò, fare: farò

Besonderheiten:

- Bei den Verben auf -care und -gare wird vor der Futurendung ein -h- eingefügt; bei den Verben auf -ciare und -giare entfällt das -i- der Infinitivendung:
  cercare *suchen*: cerc**h**erò — pagare *bezahlen*: pag**h**erò
  cominciare *anfangen*: comin**ce**rò — mangiare *essen*: man**ge**rò
- Folgende Verben haben zusammengezogene Futur-I-Formen, bei ihnen entfällt auch der erste Vokal der Infinitivendung:
  andare *gehen*: an**dr**ò — sapere *wissen*: sa**pr**ò
  vivere *leben*: vi**vr**ò — vedere *sehen*: ve**dr**ò
  dovere *müssen*: do**vr**ò — potere *können*: po**tr**ò
  avere *haben*: a**vr**ò
- Bei einigen Verben entfällt nicht nur der erste Vokal der Infinitivendung, sondern es passen sich zusätzlich die Endkonsonanten des Verbstamms an das Endungs -r an. Das Futur-I-Zeichen ist bei ihnen also -rr-:
  venire *kommen*: ve**rr**ò — bere *trinken*: be**rr**ò
  volere *wollen*: vo**rr**ò — rimanere *bleiben*: rima**rr**ò
- Das Verb essere *sein* bildet das Futur I mit dem Stamm sar-:

| | | | |
|---|---|---|---|
| io | **sarò** | noi | **saremo** |
| tu | **sarai** | voi/Voi | **sarete** |
| lui/lei/Lei | **sarà** | loro/Loro | **saranno** |

**Gebrauch des Futur I**

Das Futur I wird häufiger als im Deutschen verwendet, und zwar:

- zur Beschreibung von zukünftigen Handlungen:
  La settimana prossima **partiremo** per la Sardegna. *Nächste Woche* ***werden*** *wir nach Sardinien* ***fahren****.*
  ⚡ Oft wird das Futur I wie im Deutschen für Ereignisse der nahen Zukunft durch das Präsens ersetzt.
  Domani **vado** a Roma. *Morgen* ***fahre*** *ich nach Rom.*

- zum Ausdruck von Vermutungen:
  Suonano. **Sarà** la mia amica Claudia. *Es klingelt. Das **wird** (wohl) meine Freundin Claudia **sein**.*
- für Anweisungen und Befehle als Alternative zur Verwendung des Imperativs (▷ 11):
  Per domani ti **preparerai** (= preparati) meglio! *Für morgen **wirst** du dich besser **vorbereiten**!*

**Formen des Futur II**

Das Futur II setzt sich aus dem Futur I von essere bzw. avere und dem Partizip Perfekt zusammen.

| **parlare** *sprechen* | **prendere** *nehmen* | **partire** *abfahren* |
|---|---|---|
| avrò parlato | avrò preso | sarò partito, -a |
| avrai parlato | avrai preso | sarai partito, -a |
| avrà parlato | avrà preso | sarà partito, -a |
| avremo parlato | avremo preso | saremo partiti, -e |
| avrete parlato | avrete preso | sarete partiti, -e |
| avranno parlato | avranno preso | saranno partiti, -e |

Wird das Futur II mit essere gebildet, muss das Partizip an das Subjekt angeglichen werden.
(Hierzu und zur Verwendung von essere oder avere ▷ **8.4** )

**Gebrauch des Futur II**

Das Futur II dient:

- zur Beschreibung von Handlungen und Ereignissen, die vor einer anderen zukünftigen Handlung geschehen werden. Es wird häufiger als im Deutschen verwendet:
  Non appena **saremo arrivati** a casa, vi chiameremo. *Sobald wir zu Hause **angekommen sind*** (wörtlich *sein werden*), *werden wir euch anrufen.*
- zum Ausdruck von Vermutungen, die sich auf die Vergangenheit beziehen:
  Mario non è venuto. **Avrà dimenticato** il nostro appuntamento. *Mario ist nicht gekommen. Er **wird** unsere Verabredung **vergessen haben**.*

A2

## 8.3 Das Imperfekt

### Formen

| **parlare** *sprechen* | **prendere** *nehmen* | **partire** *abfahren* |
|---|---|---|
| parla**vo** | prende**vo** | parti**vo** |
| parla**vi** | prende**vi** | parti**vi** |
| parla**va** | prende**va** | parti**va** |
| parla**vamo** | prende**vamo** | parti**vamo** |
| parla**vate** | prende**vate** | parti**vate** |
| parla**vano** | prende**vano** | parti**vano** |

Das Imperfekt können Sie am -v- der Endungen erkennen.

Unregelmäßige Formen hat essere *sein*:

| | | | |
|---|---|---|---|
| io | **ero** | noi | **eravamo** |
| tu | **eri** | voi/Voi | **eravate** |
| lui/lei/Lei | **era** | loro/Loro | **erano** |

Das Imperfekt bilden auch die folgenden Verben unregelmäßig: fare *machen*: facevo, dire *sagen*: dicevo, bere *trinken*: bevevo. Aber: Avere *haben* bildet das Imperfekt regelmäßig: avevo *ich hatte* usw.

### Gebrauch

Das Imperfekt wird verwendet bei:

- gewohnheitsmäßigen Handlungen in der Vergangenheit:
  Durante le vacanze **dormivamo** tutti i giorni fino a mezzogiorno. *In den Ferien* ***schliefen*** *wir immer bis mittags.*
- Zuständen und Situationen in der Vergangenheit:
  Accanto alla casa di mia nonna c'**era** un parco. *Neben dem Haus meiner Oma* ***gab*** *es einen Park.*
- der Beschreibung von Personen und Dingen:
  **Era** bionda e molto simpatica. *Sie* ***war*** *blond und sehr sympathisch.*
- zwei gleichzeitig in der Vergangenheit stattfindenden Handlungen:
  Mentre Nora **mangiava**, suo marito **dormiva**. *Während Nora* ***aß***, ***schlief*** *ihr Mann.*

Zum Konditional I bei höflichen Bitten und in Konditionalsätzen

▷ 10 16

# Übungen

## 1 Der Indikativ Präsens

A1

Ergänzen Sie die fehlenden Formen der genannten Verben.

| | lavare | vedere | dormire | finire |
|---|---|---|---|---|
| io | *lavo* | .......... | .......... | .......... |
| tu | .......... | .......... | .......... | *finisci* |
| lui/lei/Lei | .......... | .......... | *dorme* | .......... |
| noi | .......... | .......... | .......... | .......... |
| voi/Voi | .......... | *vedete* | .......... | .......... |
| loro/Loro | .......... | .......... | .......... | .......... |

## 2 Das Präsens – besondere Formen

A1

Welche Form ist die richtige? Markieren Sie die korrekte Form (✓).

a. ☐ preferischi ☐ preferisci

b. ☐ giochiamo ☐ giociamo

c. ☐ vincete ☐ vinchete

d. ☐ studi ☐ studii

e. ☐ B1 pregho ☐ prego

## 3 Unregelmäßige Verben im Präsens

A1

Setzen Sie das in Klammern angegebene Verb in der richtigen Person ein.

a. Di solito (andare, io) .......................... a letto verso mezzanotte.

b. Quando (fare, voi) .......................... colazione?

c. Come (stare) .......................... , Luca?

d. Stasera (andare, noi) .......................... al cinema. (venire) .......................... anche voi?

B1

## 4 Das Futur

**Setzen Sie die Sätze ins Futur I.**

a. Marisa parte domani alle 8.30 per Genova.

..............................................................................................

b. L'anno prossimo compriamo una macchina nuova.

..............................................................................................

c. Il fine settimana prossimo non ci sono.

..............................................................................................

d. A cena Salvatore mangia una pizza.

..............................................................................................

e. Domani gli ospiti vengono verso le 7.30.

..............................................................................................

A2

## 5 Das Imperfekt

**Ergänzen Sie die Sätze mit dem passenden Verb im Imperfekt.**

scendere / dormire / fare (2x) / mangiare / essere / prendere / guardare / bere

a. L'estate scorsa ............................ (noi) il bagno tutti i giorni.

b. Mentre ............................ Stefano ............................ la tv.

c. In Spagna il tempo ............................ bello e ............................ molto caldo.

d. Ieri notte mentre ............................ (io) è piovuto molto.

e. In Italia ............................ (noi) sempre un caffè dopo pranzo.

f. La sera mio nonno ............................ sempre un bicchiere di vino rosso.

g. La signora ............................ dal treno.

## 4. Das Futur

a. Marisa partirà domani alle 8.30 per Genova.
b. L'anno prossimo compreremo una macchina nuova.
c. Il fine settimana prossimo non ci sarò.
d. A cena Salvatore mangerà una pizza.
e. Domani gli ospiti verranno verso le 7.30.

**G** Das Futur wird für die Schilderung zukünftiger Ereignisse verwendet. Die Futurendungen werden an den Infinitiv ohne -e angehängt. Bei den Verben auf -are tritt zusätzlich ein Ablaut von -a- → -e- auf. Einige Verben haben als Futurzeichen ein doppeltes -r- in der Endung. Essere hat unregelmäßige Formen.

## 5. Das Imperfekt

a. L'estate scorsa facevamo il bagno tutti i giorni.
b. Mentre mangiava Stefano guardava la tv.
c. In Spagna il tempo era bello e faceva molto caldo.
d. Ieri notte mentre dormivo è piovuto molto.
e. In Italia prendevamo sempre un caffè dopo pranzo.
f. La sera mio nonno beveva sempre un bicchiere di vino rosso.
g. La signora scendeva dal treno.

**G** Die Imperfektendungen werden an den Verbstamm gefügt. Ihr Kennzeichen ist -v-. Das Imperfekt wird für die Beschreibung von gewohnheitsmäßigen Handlungen, von Zuständen in der Vergangenheit und von in der Vergangenheit andauernden Handlungen verwendet.

# Lösungen

## 1. Der Indikativ Präsens

| | lavare | vedere | dormire | finire |
|---|---|---|---|---|
| io | lavo | vedo | dormo | finisco |
| tu | lavi | vedi | dormi | finisci |
| lui/lei/Lei | lava | vede | dorme | finisce |
| noi | laviamo | vediamo | dormiamo | finiamo |
| voi/Voi | lavate | vedete | dormite | finite |
| loro/Loro | lavano | vedono | dormono | finiscono |

G Gemeinsam ist allen drei Konjugationen, dass die 1. Person Singular auf -o, die 2. Person Singular auf -i sowie die 1. Person Plural auf -iamo auslautet. Einige Verben auf -ire haben im Präsens Singular und der 3. Person Plural eine Stammerweiterung mit -isc-, sodass sich die Aussprache je nach Folgevokal ändert.

## 2. Das Präsens – besondere Formen

a. ✓ preferisci
b. ✓ giochiamo
c. ✓ vincete
d. ✓ studi
e. ✓ prego

G Verben auf -ire mit Stammerweiterung sowie Verben auf -cere verändern ihre Aussprache je nach Folgevokal. Verben auf -care/-gare fügen vor einer mit -e- oder -i- beginnenden Endung ein -h- ein. Bei Verben auf -iare entfällt unbetontes i vor einer mit -i- beginnenden Endung.

## 3. Unregelmäßige Verben im Präsens

a. Di solito vado a letto verso mezzanotte.
b. Quando fate colazione?
c. Come stai, Luca?
d. Stasera andiamo al cinema. Venite anche voi?

G Die Verben andare *gehen*, fare *machen*, stare *bleiben*, venire *kommen*, sapere *wissen* und essere *sein* bilden den Indikativ Präsens unregelmäßig. Das Präsens wird für gegenwärtige Ereignisse oder solche der nahen Zukunft verwendet.

## 8.4 Das Perfekt

A2

### Formen

Das Perfekt (Passato prossimo) wird mit dem Präsens von essere oder avere und dem Partizip Perfekt (▷ 14.2) gebildet:

| **parlare** *sprechen* | **prendere** *nehmen* | **partire** *abfahren* |
|---|---|---|
| ho parlato | ho preso | sono partito, -a |
| hai parlato | hai preso | sei partito, -a |
| ha parlato | ha preso | è partito, -a |
| abbiamo parlato | abbiamo preso | siamo partiti, -e |
| avete parlato | avete preso | siete partiti, -e |
| hanno parlato | hanno preso | sono partiti, -e |

Das Partizip Perfekt bleibt beim Perfekt mit avere unverändert:
Carla ha mandat**o** una cartolina. *Carla hat eine Postkarte geschickt.*
Mario non ha vist**o** gli amici. *Mario hat seine Freunde nicht gesehen.*
◐ Ausnahme: Ist ein unbetontes direktes Objektpronomen (▷ 6.1) – lo, la, li, le – Objekt des Satzes, muss die Partizipendung an dieses angeglichen werden:
Carla **l'**ha mandat**a**. *Carla hat **sie** (die Postkarte) geschickt.*
Mario non **li** ha vist**i**. *Mario hat **sie** (die Freunde) nicht gesehen.*

Beim mit essere gebildeten Perfekt wird die Partizipendung in Numerus und Genus an das Subjekt angepasst. Bezieht sich das Verb auf Subjekte mit unterschiedlichem Genus, richtet sich das Partizip nach dem Maskulinum:
Le sorelle di Giovanna sono tornat**e** ieri. *Giovannas Schwestern sind gestern zurückgekommen.*
Monica e Sergio sono appena arrivat**i**. *Monica und Sergio sind gerade angekommen.*

Das unregelmäßige Verb avere haben bildet das Partizip Perfekt regelmäßig: ho avuto *ich habe gehabt*, hai avuto *du hast gehabt* usw. Jedoch bildet essere *sein* das Partizip Perfekt unregelmäßig:

| | | | |
|---|---|---|---|
| io | **sono stato, -a** | noi | **siamo stati, -e** |
| tu | **sei stato, -a** | voi/Voi | **siete stati, -e** |
| lui/lei/Lei | **è stato, -a** | loro/Loro | **sono stati, -e** |

Zahlreiche andere Verben haben ein unregelmäßiges Partizip Perfekt und somit auch unregelmäßige Perfektformen (▷ 14.2).

Zur Stellung der Adverbien beim Perfekt ▷ 4

A2

## Essere oder avere?

Bei transitiven Verben (mit Akkusativobjekt) verwendet man avere als Hilfsverb, bei intransitiven (mit indirektem oder ohne Objekt) essere:
**Hai portato** il vino? *__Hast__ du den Wein __mitgebracht__?*
Quando **sono partiti**? *Wann __sind__ sie __abgefahren__?*

Mit essere bilden das Perfekt:

- Verben der Bewegungsrichtung wie venire *kommen*, andare *gehen*, arrivare *ankommen*, tornare *zurückkehren*:
  Lucia non **è** ancora **tornata**. *Lucia __ist__ noch nicht __zurückgekehrt__.*
  Verben der Bewegungsart wie camminare *wandern*, nuotare *schwimmen*, passeggiare *spazieren gehen* nehmen jedoch avere:
  Ieri **abbiamo camminato** tutto il giorno. *Gestern __sind__ wir den ganzen Tag __gewandert__.*
- Verben, die einen Zustand beschreiben wie rimanere *bleiben*, stare *sich befinden*, essere *sein*:
  Quest'anno Paolo **è stato** in Germania. *Dieses Jahr __ist__ Paolo in Deutschland __gewesen__.*
- die Verben costare *kosten*, durare *dauern*:
  Lo spettacolo **è durato** due ore. *Die Vorstellung __hat__ zwei Stunden __gedauert__.* (▷ 7.3.4):
- reflexive Verben:
  Mia madre **si è comprata** una bella casa. *Meine Mutter __hat sich__ ein schönes Haus __gekauft__.*
- unpersönliche Verben und Ausdrücke (▷ 7.3.5):
  Mi **sono bastati** pochi soldi. *Mir __hat__ wenig Geld __genügt__.*

Essere oder avere haben:

- die Verben cominciare *anfangen*, finire *beenden* und passare *verbringen*, *vorbeikommen*. Stehen diese Verben mit einem direkten Objekt, wird avere verwendet, mit indirektem bzw. ohne Objekt essere:
  Luisa **ha finito** la scuola. *Luisa __hat__ die Schule __beendet__.*
  Le vacanze **sono finite**. *Der Urlaub __ist zu Ende__.*

- die Modalverben (▷ 7.3.3):
  Non **siamo potuti** venire. *Wir **konnten** nicht kommen.*
  Luigi **ha voluto** chiamarti. *Luigi **wollte** dich anrufen.*

### Gebrauch

Das Perfekt verwendet man:

- für eine in der Vergangenheit abgeschlossene Handlung:
  Valerio non c'è, **è** appena **uscito**. *Valerio ist nicht da, er **ist** gerade aus dem Haus **gegangen**.*
- für eine Handlung der Vergangenheit, die eine andere unterbricht:
  Mentre Claudio mangiava, **è arrivato** il suo amico. *Während Claudio aß, **kam** sein Freund.*
- für mehrere nacheinander stattfindende Handlungen:
  **Ci siamo alzati** alle 8, **abbiamo fatto** colazione al bar e poi **siamo andati** a lavorare. *Wir **sind** um 8 Uhr **aufgestanden**, **haben** in der Bar **gefrühstückt** und **sind** dann zum Arbeiten **gegangen**.*

Die Verben conoscere und sapere haben im Perfekt eine andere Bedeutung als im Präsens bzw. Imperfekt:
Non lo **conosco/conoscevo**. *Ich **kenne/kannte** ihn nicht.*
Aber: **L'ho conosciuto** tre anni fa. *Ich **habe** ihn vor drei Jahren **kennengelernt**.*
Non lo **so/sapevo**. *Ich **weiß/wusste** es nicht.*
Aber: **L'ho** appena **saputo**. *Ich **habe** es gerade **erfahren**.*

## 8.5 Das Plusquamperfekt

B2

### Formen

Das Plusquamperfekt wird mit dem Imperfekt von essere oder avere und dem Partizip Perfekt (▷ 14.2) gebildet:

| **parlare** *sprechen* | **prendere** *nehmen* | **partire** *abfahren* |
|---|---|---|
| avevo parlato | avevo preso | ero partito, -a |
| avevi parlato | avevi preso | eri partito, -a |
| aveva parlato | aveva preso | era partito, -a |
| avevamo parlato | avevamo preso | eravamo partiti, -e |
| avevate parlato | avevate preso | eravate partiti, -e |
| avevano parlato | avevano preso | erano partiti, -e |

Beim Plusquamperfekt mit essere muss die Partizipendung an das Subjekt angepasst werden:
I nostri amici erano appena arrivat**i**, quando è cominciato a piovere. *Unsere Freunde waren gerade angekommen, als es zu regnen begann.*

Das Partizip Perfekt bleibt unverändert, wenn es mit avere gebildet wird. ◐ Ausnahme: Ist ein unbetontes direktes Objektpronomen (▷ 6.1) – lo, la, li, le – Objekt des Satzes, muss die Partizipendung an dieses angeglichen werden:
Carla aveva invitat**o** le sue amiche, però non sono venute tutte. *Carla hatte ihre Freundinnen eingeladen, es sind jedoch nicht alle gekommen.*
Carla **le** aveva invitat**e** tutte. *Carla hatte **sie** alle eingeladen.*

**Gebrauch**
Mit dem Plusquamperfekt wird eine Handlung, die vor einer anderen in der Vergangenheit liegenden Handlung geschehen ist, geschildert. Es drückt die Vorvergangenheit aus:
Quando siamo arrivati, **eri** già **partito**. *Als wir ankamen, **warst** du schon **abgereist**.*

B1

## 8.6 Passato remoto und Trapassato remoto

Weitere Vergangenheitstempora des Italienischen sind das Passato remoto und das Trapassato remoto.

**Formen des Passato remoto**

| **parlare** *sprechen* | **credere** *glauben* | **partire** *abfahren* |
|---|---|---|
| parl**ai** | cred**ei**/-etti | partii |
| parlasti | credesti | partisti |
| parlò | credé/-ette | partì |
| parlammo | credemmo | partimmo |
| parlaste | credeste | partiste |
| parl**a**rono | cred**e**rono/-**e**ttero | part**i**rono |

Die Verben auf -ere haben in der 1. Person Singular, 3. Person Singular und der 3. Person Plural Alternativformen. Die Passato-remoto-Endungen aller Konjugationen unterscheiden sich nur im Stammvokal (-a-, -e-, -i-) – Ausnahme: 3. Person Singular der Verben in -are.

Unregelmäßige Passato-remoto-Formen bilden folgende Verben:

| **essere** *sein* | **avere** *haben* | **stare** *sich befinden* | **dare** *geben* | **fare** *machen* |
|---|---|---|---|---|
| **fui** | **ebbi** | **stetti** | **diedi/detti** | **feci** |
| **fosti** | avesti | **stesti** | **desti** | facesti |
| **fu** | **ebbe** | **stette** | **diede/dette** | **fece** |
| **fummo** | avemmo | **stemmo** | **demmo** | facemmo |
| **foste** | aveste | **steste** | **deste** | faceste |
| **furono** | **ebbero** | **stettero** | **diedero/dettero** | **fecero** |

Zahlreiche andere Verben auf **-ere** bilden das Passato remoto unregelmäßig, und zwar nur in der 1. und 3. Person Singular sowie in der 3. Person Plural:

| | | | | |
|---|---|---|---|---|
| prendere | io | **presi** | noi | prendemmo |
| *nehmen* | tu | prendesti | voi/Voi | prendeste |
| | lui/lei/Lei | **prese** | loro/Loro | **presero** |

Zu diesen Verben zählen auch:

accendere *anzünden*: **accesi**
chiudere *schließen*: **chiusi**
leggere *lesen*: **lessi**
dire *sprechen*: **dissi**
sapere *wissen*: **seppi**
volere *wollen*: **volli**
vedere *sehen*: **vidi**
chiedere *fragen*: **chiesi**
decidere *entscheiden*: **decisi**
scrivere *schreiben*: **scrissi**
correggere *korrigieren*: **corressi**
bere *trinken*: **bevvi**
conoscere *kennenlernen*: **conobbi**
piacere *gefallen*: **piacqui**

(Zu weiteren Verben ▷ unregelmäßige Verben)

**Gebrauch des Passato remoto**

Das Passato remoto wird – außer in Süditalien – nur in der Schriftsprache verwendet. Diese Formen müssen Sie also nicht aktiv anwenden können, Sie sollten sie aber so weit beherrschen, dass Sie sie in einem Text erkennen.

Mit dem Passato remoto werden weit zurückliegende, oft historische Ereignisse, die abgeschlossen sind und keinen Bezug zur Gegenwart haben, geschildert:
Boccaccio **scrisse** il Decamerone. *Boccaccio **schrieb** das Dekameron.*
Alessandro Manzoni **nacque** nel 1785. *Alessandro Manzoni **wurde** 1785 **geboren**.*

B2

## Formen des Trapassato remoto

Das Trapassato remoto (historisches Plusquamperfekt) bilden Sie mit dem Passato remoto von essere oder avere und dem Partizip Perfekt:

| **parlare** *sprechen* | **prendere** *nehmen* | **partire** *abfahren* |
|---|---|---|
| ebbi parlato | ebbi preso | fui partito, -a |
| avesti parlato | avesti preso | fosti partito, -a |
| ebbe parlato | ebbe preso | fu partito, -a |
| avemmo parlato | avemmo preso | fummo partiti, -e |
| aveste parlato | aveste preso | foste partiti, -e |
| **e**bbero parlato | **e**bbero preso | **fu**rono partiti, -e |

Für die Verwendung von essere oder avere sowie für die Angleichung des Partizips gelten dieselben Regeln wie beim Perfekt und Plusquamperfekt.

## Gebrauch des Trapassato remoto

Das Trapassato remoto drückt eine Vorzeitigkeit zu einer Handlung aus, die im Passato remoto erzählt wird. Meist steht es deshalb in Nebensätzen, die mit dopo che *nachdem*, (non) appena *sobald* oder quando *als* eingeleitet werden:
Appena **ebbe detto** ciò, gli dispiacque molto. *Sobald er das **gesagt hatte**, tat es ihm sehr leid.*

# Übungen

## 1 Das Perfekt – essere oder avere?

**Ergänzen Sie die Formen von essere oder avere und die richtige Partizipendung.**

A2

a. ............................ vist........... anche voi questo film?

b. Carla e Marco non ............................ mai stat........... in Inghilterra.

c. Quest'anno mia sorella ............................ andat........... al mare.

d. Valeria, ma dove ............................ mess........... i miei occhiali da sole?

e. Mi dispiace, ............................ dimenticat........... il tuo libro.

## 2 Das Perfekt – Anpassung an Pronomen

**Ergänzen Sie die fehlenden Partizipendungen.**

A2

a. ● Hai mangiato tutti gli spaghetti?
■ Sì, li ho mangiat........... tutti.

b. ● Avete già preso il caffè?
■ No, non l'abbiamo ancora pres........... .

c. ● Abbiamo comprato le pesche?
■ No, non le abbiamo comprat........... .

## 3 Imperfekt oder Perfekt?

**Setzen Sie das Verb in Klammern ins Imperfekt oder Perfekt.**

A2

a. Mentre (lavorare, io) ............................, (chiamare) ............................ Paolo.

b. Qualche anno fa (abitare) ............................ a Vicenza. Oggi abitiamo a Roma.

c. Stamattina Sara (svegliarsi) ............................ troppo tardi.

d. Marco (conoscere) ............................ Sandra all'università.

B2

## ④ Das Plusquamperfekt

**Wählen Sie das passende Verb aus und setzen Sie es im Plusquamperfekt ein.**

spedire / partire / cominciare / dire / tornare / trovare

a. Te l'............................ (io) di portare una giacca, ma tu non lo volevi fare.

b. Dopo che l'opera ............................ , non si poteva più entrare.

c. Biagio mi ha raccontato che Carla e Davide ............................ casa.

d. Quando siamo arrivati alla stazione il treno ............................ già ............................ .

e. Ieri finalmente ho ricevuto la lettera che Inez mi ............................ un mese prima.

f. ............................ (noi) appena ............................, quando è cominciato a nevicare.

B1

## ⑤ Das Passato remoto

**Bilden Sie von den folgenden Verben das Passato remoto in der genannten Person.**

| | | |
|---|---|---|
| a. vivere | ............................ | (3. Pers. Sing.) |
| b. scrivere | ............................ | (3. Pers. Pl.) |
| c. tornare | ............................ | (1. Pers. Sing.) |
| d. essere | ............................ | (2. Pers. Pl.) |
| e. fare | ............................ | (3. Pers. Pl.) |
| f. avere | ............................ | (2. Pers. Sing.) |
| g. vedere | ............................ | (1. Pers. Pl.) |
| h. ricevere | ............................ | (3. Pers. Sing.) |

### 4. Das Plusquamperfekt

a. Te l'avevo detto di portare una giacca, ma tu non lo volevi fare.
b. Dopo che l'opera era cominciata, non si poteva più entrare.
c. Biagio mi ha raccontato che Carla e Davide avevano trovato casa.
d. Quando siamo arrivati alla stazione il treno era già partito.
e. Ieri finalmente ho ricevuto la lettera che Inez mi aveva spedito un mese prima.
f. Eravamo appena tornati, quando è cominciato a nevicare.

**G** Das Plusquamperfekt bildet sich dem Perfekt entsprechend mit essere oder avere. Es wird für die Beschreibung einer Handlung verwendet, die sich vor einer anderen vergangenen Handlung ereignet hat.

### 5. Das Passato remoto

a. visse
b. scrissero
c. tornai
d. foste
e. fecero
f. avesti
g. vedemmo
h. ricevé/ricevette

**G** Die Passato-remoto-Formen unterscheiden sich nur im Stammvokal. Die regelmäßigen Verben auf -ere haben in der 1. und 3. Person Singular sowie in der 3. Person Plural zwei mögliche Formen. Viele Verben (vor allem die auf -ere) bilden das Passato remoto unregelmäßig, jedoch nur in der 1. und 3. Person Singular sowie in der 3. Person Plural.

# Lösungen

## 1. Das Perfekt – essere oder avere?

a. Avete visto anche voi questo film?
b. Carla e Marco non sono mai stati in Inghilterra.
c. Quest'anno mia sorella è andata al mare.
d. Valeria, ma dove hai messo i miei occhiali da sole?
e. Mi dispiace, ho dimenticato il tuo libro.

G Transitive Verben bilden das Perfekt mit avere, intransitive mit essere. Bei dem mit avere gebildeten Perfekt bleibt das Partizip unverändert, bei dem mit essere gebildeten richtet sich das Partizip in Genus und Numerus nach dem Subjekt.

## 2. Das Perfekt – Anpassung an Pronomen

a. ● Hai mangiato tutti gli spaghetti?
■ Sì, li ho mangiati tutti.
b. ● Avete già preso il caffè?
■ No, non l'abbiamo ancora preso.
c. ● Abbiamo comprato le pesche?
■ No, non le abbiamo comprate.

G Beim Perfekt mit avere gleicht sich die Partizipendung an unbetonte direkte Objektpronomen in Numerus und Genus an. Im Singular werden die Pronomen vor dem Hilfsverb apostrophiert.

## 3. Imperfekt oder Perfekt?

a. Mentre lavoravo, ha chiamato Paolo.
b. Qualche anno fa abitavamo a Vicenza. Oggi abitiamo a Roma.
c. Stamattina Sara si è svegliata troppo tardi.
d. Marco ha conosciuto Sandra all'università.

G Mit dem Imperfekt wird eine andauernde Handlung in der Vergangenheit geschildert, die von einer plötzlich eintretenden – im Perfekt stehenden – unterbrochen wird. Im Perfekt stehen in der Vergangenheit abgeschlossene Handlungen.

# 9 Der Konjunktiv

B1

*Und meine Pizza, was ist mit der passiert? – Es tut mir leid, aber ... ich dachte, du seist noch auf Diät!*

ℹ Der Konjunktiv ist im Italienischen der Modus des Zweifels, der Unsicherheit, der Möglichkeit, des Wunsches, der höflichen Ausdrucksweise und der Subjektivität. Auch einige Konjunktionen und Indefinitpronomen verlangen den Konjunktiv. Der Konjunktiv hat vier Zeitformen: Präsens, Perfekt, Imperfekt und Plusquamperfekt.

## 9.1 Der Konjunktiv Präsens

B1

### Formen

| | **parlare** *sprechen* | **prendere** *nehmen* | **partire** *abfahren* | **capire** *verstehen* |
|---|---|---|---|---|
| io | parl**i** | prend**a** | part**a** | cap**isca** |
| tu | parl**i** | prend**a** | part**a** | cap**isca** |
| lui/lei/Lei | parl**i** | prend**a** | part**a** | cap**isca** |
| noi | parl**iamo** | prend**iamo** | part**iamo** | cap**iamo** |
| voi/Voi | parl**iate** | prend**iate** | part**iate** | cap**iate** |
| loro/Loro | parl**ino** | prend**ano** | part**ano** | cap**iscano** |

Die Singularformen des Konjunktiv Präsens haben für alle Konjugationsgruppen die gleiche Endung. Es empfiehlt sich daher, bei diesen die Subjektpronomen hinzuzufügen.
Die 1. Person Plural entspricht immer dem Indikativ Präsens. Die Endungen der 1. und 2. Person Plural sind bei allen Verben identisch.

Verben auf -ere und -ire haben die gleichen Endungen. Verben auf -ire mit Stammerweiterung haben diese auch im Konjunktiv Präsens.
Verben auf -care und -gare (▷ 7.1) fügen vor -i- ein -h- ein:
cercare *suchen* → cerc**h**i  pagare *zahlen* → pag**h**i

Ausnahme: Essere und avere sind im Konjunktiv Präsens unregelmäßig:

| | **essere** *sein* | **avere** *haben* |
|---|---|---|
| io | sia | abbia |
| tu | sia | abbia |
| lui/lei/Lei | sia | abbia |
| noi | siamo | abbiamo |
| voi/Voi | siate | abbiate |
| loro/Loro | siano | abbiano |

Weitere wichtige unregelmäßige Formen:
dare *geben* → dia  stare *stehen/bleiben* → stia
sapere *wissen* → sappia  dovere *müssen* → debba
Alle Verben, die den Indikativ Präsens unregelmäßig bilden, haben auch im Konjunktiv Präsens unregelmäßige Formen (▷ unregelmäßige Verben), z. B.:
andare *gehen* → vada  venire *kommen* → venga
dire *sagen* → dica  potere *können* → possa
volere *wollen* → voglia  fare *machen* → faccia

## B1 9.2 Der Konjunktiv Perfekt

### Formen

| | **dormire** *schlafen* | **andare** *gehen* |
|---|---|---|
| io | abbia dormito | sia andato, -a |
| tu | abbia dormito | sia andato, -a |
| lui/lei/Lei | abbia dormito | sia andato, -a |
| noi | abbiamo dormito | siamo andati, -e |
| voi/Voi | abbiate dormito | siate andati, -e |
| loro/Loro | abbiano dormito | siano andati, -e |

Der Konjunktiv Perfekt wird mit dem Konjunktiv Präsens von essere und avere und dem Partizip Perfekt des entsprechendes Verbs gebildet.
⚡ Bei essere passt sich das Partizip wie in den Zeiten des Indikativs an das Subjekt an.

## 9.3 Der Konjunktiv Imperfekt

B2

### Formen

| | **parlare** *sprechen* | **prendere** *nehmen* | **partire** *abfahren* | **capire** *verstehen* |
|---|---|---|---|---|
| io | parl**assi** | prend**essi** | part**issi** | cap**issi** |
| tu | parl**assi** | prend**essi** | part**issi** | cap**issi** |
| lui/lei/Lei | parl**asse** | prend**esse** | part**isse** | cap**isse** |
| noi | parl**assimo** | prend**essimo** | part**issimo** | cap**issimo** |
| voi/Voi | parl**aste** | prend**este** | part**iste** | cap**iste** |
| loro/Loro | parl**assero** | prend**essero** | part**issero** | cap**issero** |

Alle drei Konjugationen haben identische Endungen. Sie unterscheiden sich nur im Stammlaut der jeweiligen Verbgruppe. Die 1. und 2. Person Singular sind bei allen gleich.
Auch Verben auf -ire mit Stammerweiterung bilden den Konjunktiv Imperfekt regelmäßig.
◐ Ausnahme: Essere, dare und stare haben unregelmäßige Formen:

| | **essere** *sein* | **dare** *geben* | **stare** *stehen/bleiben* |
|---|---|---|---|
| io | fossi | dessi | stessi |
| tu | fossi | dessi | stessi |
| lui/lei/Lei | fosse | desse | stesse |
| noi | fossimo | dessimo | stessimo |
| voi | foste | deste | steste |
| loro/Loro | fossero | dessero | stessero |

Bei den folgenden unregelmäßigen Verben kann man den Konjunktiv Imperfekt vom Verbstamm des Indikativ Imperfekt (▷ **8.3**) bilden:

dire *sagen* → dic-essi
fare *machen* → fac-essi
bere *trinken* → bev-essi
tradurre *übersetzen* → traduc-essi

## B2 9.4 Der Konjunktiv Plusquamperfekt

### Formen

| | **dormire** *schlafen* | **andare** *gehen* |
|---|---|---|
| io | avessi dormito | fossi andato, -a |
| tu | avessi dormito | fossi andato, -a |
| lui/lei/Lei | avesse dormito | fosse andato, -a |
| noi | avessimo dormito | fossimo andati, -e |
| voi/Voi | aveste dormito | foste andati, -e |
| loro/Loro | avessero dormito | fossero andati, -e |

Der Konjunktiv Plusquamperfekt wird mit dem Konjunktiv Imperfekt von essere und avere und dem Partizip Perfekt des entsprechenden Verbs gebildet.
⚡ Bei essere passt sich das Partizip wie in den Zeiten des Indikativ an das Subjekt an.

## B2 9.5 Der Konjunktiv im Hauptsatz

Der Konjunktiv wird in Hauptsätzen verwendet für:
- Zweifel oder Unsicherheit – Konjunktiv Präsens und Perfekt:
  Che **sia** già **partito**? *Ob er schon **abgefahren ist**?*
- Wünsche, die man für unerfüllbar hält – Konjunktiv Imperfekt und Plusquamperfekt:
  **Avessi** più tempo! ***Hätte** ich doch mehr Zeit!*
  L'**avessi chiamato**! ***Hätte** ich ihn doch **angerufen**!*
- Aufforderungen und Zugeständnisse – Konjunktiv Präsens:
  Lo farò, vi **piaccia** o no! *Ich werde es machen, ob es euch **gefällt** oder nicht!*

## B1 9.6 Der Konjunktiv im Nebensatz

Der Konjunktiv wird vor allem in Nebensätzen verwendet. Er steht:
- nach Verben und Ausdrücken des Meinens und Glaubens wie pensare *denken*, credere *glauben*, sembrare *scheinen*, supporre *annehmen*:
  Credo che non **sia partita**. *Ich glaube, dass sie nicht **abgefahren ist**.*

Nach Ausdrücken wie secondo me *meiner Meinung nach* und sono sicuro *ich bin sicher* steht das Verb im Indikativ:
Secondo me **è partita**. *Meiner Meinung nach **ist** sie **abgefahren**.*

- nach Verben und Ausdrücken der Unsicherheit und des Zweifelns wie dubitare *zweifeln*, non sapere *nicht wissen*, non essere sicuro *nicht sicher sein*:
  Non sono sicuro che lei **venga**. *Ich bin nicht sicher, ob sie **kommt**.*
- nach Verben der Hoffnung und Gefühlsäußerung wie sperare *hoffen*, temere *fürchten*, avere paura *Angst haben*, essere contenti *zufrieden sein*, essere sorpresi *erstaunt sein*:
  Spero che Rita **stia** meglio. *Ich hoffe, dass es Rita besser **geht**.*
- nach Verben des Wollens und Wünsches wie volere *wollen*, desiderare *wünschen*, preferire *vorziehen*:
  Preferiscono che Sara **prenda** il treno. *Sie ziehen es vor, dass Sara den Zug **nimmt**.*
- nach unpersönlichen Verben und Ausdrücken, die eine Notwendigkeit, Wahrscheinlichkeit oder Möglichkeit bezeichnen, wie bisogna/è necessario/occorre *es ist nötig*, è (im)possibile *es ist (un)möglich*, è (im)probabile *es ist (un)wahrscheinlich* usw.:
  Bisogna che le **parli**. *Ich muss mit ihr **reden**.*
  È improbabile che ti **telefoni** ancora. *Es ist unwahrscheinlich, dass er dich noch **anruft**.*

Haben Haupt- und Nebensatz das gleiche Subjekt, verwendet man die Konstruktion di + Infinitiv:
Penso **di conoscerla**. *Ich denke, ich **kenne** sie.*

Der Konjunktiv steht auch:

- in Relativsätzen nach Superlativen oder in Relativsätzen, die eine Erwartung, Forderung, Bedingung, Einschränkung oder einen Wunsch ausdrücken: B1
  È il ragazzo più carino che **conosca**. *Er ist der hübscheste Junge, den ich **kenne**.*
- nach bestimmten Konjunktionen, die den Konjunktiv auslösen, wie sebbene *obwohl*, prima che *bevor*, a condizione che *unter der Bedingung, dass* usw. (▷ **16.2**): B2
  Sebbene **sia** già tardi, lavora ancora. *Obwohl es schon spät **ist**, arbeitet er noch.*

B2 • in Vergleichsätzen mit Komparativ nach di quanto (▷ 5.1):
La casa è più cara di quanto **credessi**. *Das Haus ist teurer, als ich glaubte.*

B2 • in irrealen Bedingungsätzen (▷ 10.2):
Se **potessi** verrei volentieri. *Wenn ich **könnte**, würde ich gerne kommen.*

## B2 9.7 Die Zeitenfolge im Nebensatz mit Konjunktiv

Steht der Nebensatz im Konjunktiv, muss eine bestimmte Zeitenfolge zwischen Haupt- und Nebensatz beachtet werden:

| Hauptsatz | Nebensatz |
|---|---|
| **Gegenwartszeit**<br>Penso<br>*Ich denke* | • Vorzeitigkeit → **Konjunktiv Perfekt**<br>che sia arrivato sabato.<br>*dass er Samstag angekommen ist.*<br>• Gleichzeitigkeit → **Konjunktiv Präsens**<br>che arrrivi oggi.<br>*dass er heute ankommt.*<br>• Nachzeitigkeit → **Konjunktiv Präsens, Futur I**<br>che arrivi/arriverà domani.<br>*dass er morgen ankommt/ankommen wird.* |
| **Vergangenheitszeit**<br>Pensavo/Ho pensato/Avevo pensato/Pensai<br>*Ich dachte/ hatte gedacht* | • Vorzeitigkeit → **Konjunktiv Plusquamperfekt**<br>che fosse arrivato ieri.<br>*dass er gestern angekommen wäre.*<br>• Gleichzeitigkeit → **Konjunktiv Imperfekt**<br>che arrivasse con voi.<br>*dass er mit euch ankommen würde/ankäme.*<br>• Nachzeitigkeit → **Konditional II, Konjunktiv Imperfekt**<br>che sarebbe arrivato/arrivasse la settimana prossima.<br>*dass er nächste Woche ankommen würde.* |

Steht das Verb des Hauptsatzes im Konditional I, tritt die Zeitenfolge wie nach einer Vergangenheitszeit ein:
**Vorrei** che **arrivassi** in tempo. *Ich **möchte**, dass du rechtzeitig kommst.*

# Übungen

## 1 Konjunktiv Präsens

B1

Ergänzen Sie die fehlenden Formen in der Tabelle.

| Infinitiv | io/tu/lui/lei/Lei | noi | voi/Voi | loro/Loro |
|---|---|---|---|---|
| essere | .......... | siamo | .......... | .......... |
| avere | abbia | .......... | .......... | .......... |
| andare | .......... | .......... | .......... | vadano |
| potere | .......... | .......... | possiate | .......... |
| venire | .......... | .......... | .......... | vengano |
| bere | beva | .......... | .......... | .......... |

## 2 Konjunktiv Imperfekt

B2

Setzen Sie eines der nachfolgend angegebenen Verben im Konjunktiv Imperfekt in die Sätze ein.

avere / stare / fare / dire / dare / capire / bere / essere

a. Avevo paura che (voi) ............................ in ospedale.
b. Dario voleva assolutamente che (io) ............................ una festa di compleanno.
c. Non penso che ieri Marisa ............................ molto bene.
d. Vorrei che tu mi ............................ il tuo numero di cellulare.
e. Mi sembrava che (loro) ............................ la verità.
f. Non credevo che Fulvio ............................ vino.
g. Dubitavo che (tu) ............................ l'italiano.
h. Non credo che Sandro ............................ tempo.

B1

## 3 Konjunktiv Perfekt

**Vervollständigen Sie die Sätze mit den Formen des Konjunktiv Perfekt.**

a. I nostri vicini sono già partiti per la Sardegna.

È probabile che ..........................................................................

b. Il meccanico ha controllato i freni.

Dubitiamo che ..........................................................................

c. Nora ha vinto una borsa di studio all'Università.

È possibile che ..........................................................................

B1

## 4 Indikativ oder Konjunktiv?

**Wählen Sie die richtige Form.**

a. Sono sicuro che l'appartamento ha / abbia un balcone.

b. Mi sembra che ci siano / ci sono tre camere da letto.

c. Temo che non ti piace / piaccia.

d. Secondo me sia / è una zona tranquilla.

e. Crediamo che il garage costa / costi veramente un po' troppo.

B2

## 5 Zeitenfolge

**Welche Zeit passt zum einleitenden Satz? Kennzeichnen Sie den korrekten Satz in der Auswahl (✓).**

a. Speravamo che
- ☐ vi fermaste qualche giorno.
- ☐ siate partiti stamattina presto.
- ☐ sareste tornati dopodomani.

b. Temevate che
- ☐ non avrebbero trovato il municipio?
- ☐ l'albergo sia stato nella zona pedonale?
- ☐ chiudessero la biblioteca?

### 3. Konjunktiv Perfekt

a. È probabile che i nostri vicini siano già partiti per la Sardegna.
b. Dubitiamo che Il meccanico abbia controllato i freni.
c. È possibile che Nora abbia vinto una borsa di studio all'Università.

**G** Der Konjunktiv Perfekt ist eine zusammengesetzte Zeit und besteht aus dem Konjunktiv Präsens von essere oder avere und dem Partizip Perfekt des entsprechendes Verbs.

### 4. Indikativ oder Konjunktiv?

a. Sono sicuro che l'appartamento ha un balcone.
b. Mi sembra che ci siano tre camere da letto.
c. Temo che non ti piaccia.
d. Secondo me è una zona tranquilla.
e. Crediamo che il garage costi veramente un po' troppo.

**G** Nach Verben des Meinens und Glaubens wird der Konjunktiv verwendet. Bei Ausdrücken wie secondo me *meiner Meinung nach* und sono sicuro che *ich bin sicher* steht das Verb dagegen im Indikativ.

### 5. Zeitenfolge

a. Speravamo che
✓ vi fermaste qualche giorno.
✓ sareste tornati dopodomani.

b. Temevate che
✓ non avrebbero trovato il municipio?
✓ chiudessero la biblioteca?

**G** Steht im Hauptsatz eine Vergangenheitszeit, wird im Nebensatz entweder Konjunktiv Plusquamperfekt (Vorzeitigkeit) oder Konjunktiv Imperfekt (Gleichzeitigkeit) oder Konditional II bzw. Konjunktiv Imperfekt (Nachzeitigkeit) verwendet.

# Lösungen

## 1. Konjunktiv Präsens

| Infinitiv | io/tu/lui/lei/Lei | noi | voi/Voi | loro/Loro |
|---|---|---|---|---|
| essere | sia | siamo | siate | siano |
| avere | abbia | abbiamo | abbiate | abbiano |
| andare | vada | andiamo | andiate | vadano |
| potere | possa | possiamo | possiate | possano |
| venire | venga | veniamo | veniate | vengano |
| bere | beva | beviamo | beviate | bevano |

G Essere *sein* und avere *haben* sind im Konjunktiv Präsens unregelmäßig. Außerdem bilden auch Verben, die im Indikativ Präsens unregelmäßige Formen haben, den Konjunktiv Präsens unregelmäßig.

## 2. Konjunktiv Imperfekt

a. Avevo paura che foste in ospedale.
b. Dario voleva assolutamente che facessi una festa di compleanno.
c. Non penso che ieri Marisa stesse molto bene.
d. Vorrei che tu mi dessi il tuo numero di cellulare.
e. Mi sembrava che dicessero la verità.
f. Non credevo che Fulvio bevesse vino.
g. Dubitavo che capissi l'italiano.
h. Non credo che Sandro abbia tempo.

G Einige Verben wie essere *sein*, dare *geben*, stare *stehen, bleiben* usw. weisen im Konjunktiv Imperfekt Unregelmäßigkeiten auf. Diese betreffen aber nur den Stamm, nicht die Endungen.

# 10 Der Konditional

B1

*Hallo Sara! Was würdest du davon halten, im Zentrum etwas trinken zu gehen? – Gerne. Ich würde aber lieber zu Fuß gehen.*

Das Italienische verfügt – neben Indikativ, Konjunktiv und Imperativ – über einen weiteren Modus des Verbs: den Konditional. Er hat zwei Formen, den Konditional I (Condizionale semplice) und den Konditional II (Condizionale composto).

## 10.1 Der Konditional I

B1

ℹ Der Konditional I wird im Italienischen sehr häufig verwendet, er dient u. a. dazu, höfliche Bitten und Wünsche zu formulieren, Zweifel zu äußern oder Vorschläge zu machen. Er wird im Deutschen meist mit dem Konjunktiv II der Gegenwart wiedergegeben.

**Vorrei** un caffè. *Ich **möchte** einen Espresso.*

Mi **faresti** un favore? ***Würdest** du mir einen Gefallen tun?*

### Formen

| **parlare** *sprechen* | **prendere** *nehmen* | **partire** *abfahren* |
|---|---|---|
| parler-**ei** | prender-**ei** | partir-**ei** |
| parler-**esti** | prender-**esti** | partir-**esti** |
| parler-**ebbe** | prender-**ebbe** | partir-**ebbe** |
| parler-**emmo** | prender-**emmo** | partir-**emmo** |
| parler-**este** | prender-**este** | partir-**este** |
| parler-**ebbero** | prender-**ebbero** | partir-**ebbero** |

Die Endungen sind für alle Konjugationen gleich, sie werden wie im Futur I an den Infinitiv (ohne den Endvokal -e) angehängt. Bei den Verben auf -are wird das -a- der Infinitivendung zu -e- abgeschwächt.

◐ Ausnahme: Kurze Verben auf -are wie stare *sich befinden*, fare *tun* und dare *geben* behalten jedoch auch beim Konditional den ursprünglichen Vokal bei:

stare: **starei** usw. fare: **farei** usw. dare: **darei** usw.

Mi **faresti** un favore? ***Würdest*** *du mir einen Gefallen* ***tun****?*

ⓘ Bei der Bildung des Konditional I treten grundsätzlich dieselben Besonderheiten wie im Futur I (▷ **8.2**) auf:

- Das Verb essere bildet den Konditional I wie das Futur I vom Stamm sar-, bei avere entfällt der erste Vokal der Infinitivendung:

| **essere** *sein* | | **avere** *haben* | |
|---|---|---|---|
| sar**ei** | saremmo | avr**ei** | avremmo |
| saresti | sareste | avresti | avreste |
| sarebbe | sar**e**bbero | avrebbe | avr**e**bbero |

- Bei den Verben auf -care und -gare wird vor der Konditionalendung ein -h- eingefügt; bei den Verben auf -ciare, -sciare und -giare entfällt das -i- der Infinitivendung:

cercare *suchen:* cerc**h**erei
cominciare *anfangen:* comin**ce**rei
lasciare *lassen:* las**ce**rei
pagare *bezahlen:* pag**h**erei
mangiare *essen:* man**ge**rei

Al posto suo non **mangerei** tanto. *An seiner/ihrer Stelle* ***würde*** *ich nicht so viel* ***essen****.*

- Bei den folgenden Verben entfällt – wie bei avere – der erste Vokal der Infinitivendung:

andare *gehen:* and**r**ei
vivere *leben:* viv**r**ei
dovere *müssen:* dov**r**ei
sapere *wissen:* sap**r**ei
vedere *sehen:* ved**r**ei
potere *können:* pot**r**ei

Neanche Mario **saprebbe** risolvere il problema. *Nicht einmal Mario* ***wüsste*** *das Problem zu beheben.*

- Bei einigen Verben entfällt wie im Futur I nicht nur der erste Vokal der Infinitvendung, sondern es passen sich zusätzlich die Endkonsonanten des Verbstamms an das Endungs -r an. Das Konditional-I-Zeichen ist bei ihnen also ebenfalls -rr-:

venire *kommen:* ve**rr**ei
volere *wollen:* vo**rr**ei
tenere *halten:* te**rr**ei
rimanere *bleiben:* rima**rr**ei
bere *trinken* (Stamm: bev-): be**rr**ei
proporre *vorschlagen* (Stamm: propon-): propo**rr**ei

Oggi **rimarrei** volentieri a casa. *Heute **würde** ich gerne zu Hause **bleiben**.*

**Gebrauch**
Den Konditional I oder Konditional der Gegenwart verwenden Sie zum Ausdruck:

- einer höflichen Frage oder Bitte:
  **Potresti** chiudere la porta, per favore? ***Könntest** du bitte die Tür schließen?*
  Mi **porterebbe** un caffè? ***Würden** Sie mir einen Espresso **bringen**?*
- eines Vorschlags:
  Io **prenderei** queste scarpe, sono più belle. *Ich **würde** diese Schuhe **nehmen**, sie sind schöner.*
  **Dovresti** parlargli direttamente. *Du **solltest** direkt mit ihm reden.*
- einer abgeschwächten Behauptung:
  Secondo me **sarebbe** meglio non andarci. *Meiner Meinung nach **wäre** es besser, nicht hinzugehen.*
- eines Wunsches:
  **Vorrei** una birra piccola. *Ich **möchte** ein kleines Bier.*
  ➡ Oft wird in der Umgangssprache statt des Konditional I das Imperfekt gebraucht:
  **Volevo** sapere se ... *Ich **möchte** wissen, ob ...*
- einer irrealen, aber möglichen Handlung:
  **Verrei** volentieri con voi, ma stasera non posso. *Ich **würde** gerne mit euch **mitkommen**, aber heute Abend kann ich nicht.*
  Oggi Piero non sta bene, altrimenti **lavorerebbe**. *Heute geht es Piero nicht gut, sonst **würde** er **arbeiten**.*

B2

- einer irrealen, aber möglichen Folge der Gegenwart im konditionalen Satzgefüge (Bedingungssatz ▷ 16.2):
  Se potessi, lo **farei**. *Wenn ich könnte, **würde** ich es **tun**.*
  **Verremmo** volentieri, se non avessimo già un impegno.
  *Wir **kämen** gerne, wenn wir nicht schon etwas vorhätten.*
- eines Zweifels:
  Non so se a Marco **piacerebbe** questo libro. *Ich weiß nicht, ob Marco dieses Buch **gefallen würde**.*
- einer Meinung anderer Personen oder eines Berichtes:
  Secondo mia madre l'appartamento di mio cugino **sarebbe** troppo piccolo. *Laut meiner Mutter **soll** die Wohnung meines Cousins zu klein **sein**.*
  Secondo una ricerca i tedeschi **sarebbero** più grassi degli italiani. *Laut einer Studie **sind** die Deutschen dicker als die Italiener.*

B1

## 10.2 Der Konditional II

ℹ Der Konditional II bezieht sich auf die Vergangenheit, er drückt eine Handlung aus, die nicht realisierbar war. Im Deutschen wird er meist mit dem Konjunktiv II der Vergangenheit übersetzt.

### Formen

| **parlare** *sprechen* | **prendere** *nehmen* | **partire** *abfahren* |
|---|---|---|
| avrei parlato | avrei preso | sarei partito, -a |
| avresti parlato | avresti preso | saresti partito, -a |
| avrebbe parlato | avrebbe preso | sarebbe partito, -a |
| avremmo parlato | avremmo preso | saremmo partiti, -e |
| avreste parlato | avreste preso | sareste partiti, -e |
| avrebbero parlato | avrebbero preso | sarebbero partiti, -e |

Der Konditional II wird mit dem Konditional I von essere oder avere (▷ 7.3) und dem Partizip Perfekt (▷ 14.2) gebildet. Bei dem mit avere gebildeten Konditional II bleibt das Partizip unverändert:
Non le avrei rispost**o**. *Ich hätte ihr nicht geantwortet.*
Al posto tuo avrei comprat**o** una macchina nuova. *An deiner Stelle hätte ich ein neues Auto gekauft.*

Ausnahme: Wird im obigen Beispiel statt macchina ein unbetontes direktes Objektpronomen verwendet, passt sich das Partizip in Numerus und Genus an:
**L**'avrei comprat**a**. *Ich hätte* ***es*** *gekauft.*

Das Partizip des mit essere gebildeten Konditional II richtet sich nach dem Subjekt.
Maurizio e Paolo ci sarebbero andat**i**. *Maurizio und Paolo wären hingegangen.*
Chiara sarebbe ancora rimast**a** alla festa. *Chiara wäre noch auf dem Fest geblieben.*

Essere und avere bilden den Konditional II entsprechend:

| **essere** *sein* | **avere** *haben* |
|---|---|
| sarei stato, -a | avrei avuto |
| saresti stato, -a | avresti avuto |
| sarebbe stato, -a | avrebbe avuto |
| saremmo stati, -e | avremmo avuto |
| sareste stati, -e | avreste avuto |
| sarebbero stati, -e | avrebbero avuto |

### Gebrauch

Den Konditional II oder Konditional der Vergangenheit verwendet man zum Ausdruck:

- eines irrealen Wunsches der Vergangenheit:
  **Avrei preso** volentieri un caffè, ma ero molto di fretta. *Ich* ***hätte*** *gerne einen Espresso* ***getrunken****, aber ich war sehr in Eile.*
  I miei genitori **sarebbero rimasti** volentieri a Parigi. *Meine Eltern* ***wären*** *gerne in Paris* ***geblieben****.*
- eines nicht erfüllbaren Wunsches oder einer Absicht in der Zukunft:
  Domani **sarei andato** volentieri al cinema, ma purtroppo non posso. *Morgen* ***wäre*** *ich gerne ins Kino* ***gegangen****, aber leider kann ich nicht.*
  Il fine settimana prossimo Sara **sarebbe andata** in montagna, ma le previsioni del tempo sono brutte. *Nächstes Wochenende* ***wäre*** *Sara in die Berge* ***gefahren****, aber die Wettervorsage ist schlecht.*

- einer irrealen, nicht realisierbaren Handlung der Vergangenheit:
  **Saremmo potuti** andarci anche noi, ma non avevamo voglia.
  *Auch wir **hätten** hingehen **können**, aber wir hatten keine Lust.*
  Vi **avremmo offerto** un cappuccino, ma non lo volevate.
  *Wir **hätten** euch einen Cappuccino **ausgegeben**, aber ihr wolltet ihn nicht.*

B2
- einer irrealen, nicht realisierbaren Folge der Vergangenheit in Bedingungssätzen (▷ **16.2**):
  Se avessi avuto tempo, ti **avrei aiutato**. *Wenn ich Zeit gehabt hätte, **hätte** ich dir **geholfen**.*
  Laura **avrebbe chiamato** sua madre se non si fosse dimenticata del suo telefonino. *Laura **hätte** ihre Mutter **angerufen**, wenn sie nicht ihr Handy vergessen hätte.*
- der Meinung anderer Personen oder eines Berichts:
  Secondo il telegiornale i problemi di salute **sarebbero aumentati**.
  *Den Nachrichten zufolge **sind** die Gesundheitsprobleme **größer geworden**.*
  Secondo mia nonna la città **sarebbe cambiata** molto. *Nach Ansicht meiner Großmutter **hat** sich die Stadt sehr **verändert**.*

B2
- der Nachzeitigkeit in der Vergangenheit (▷ **16.3**):
  Giorgio era convinto che Marina **sarebbe arrivata** la sera.
  *Giorgio war davon überzeugt gewesen, dass Marina abends **ankommen würde**.*
- der Nachzeitigkeit in der indirekten Rede (▷ **18**):
  Luca mi disse che non **sarebbe venuto** alla mia festa di compleanno. *Luca sagte zu mir, dass er nicht zu meinem Geburtstagsfest **kommen würde/werde**.*

# Übungen

## 1 Der Konditional I – regelmäßige Verben B1

**Bilden Sie von den folgenden Verben die in Klammern angegebenen Formen des Konditional I.**

a. portare: ............................ (1. Pers. Sing.)

b. preferire: ............................ (2. Pers. Pl.)

c. mettere: ............................ (1. Pers. Pl.)

d. vendere: ............................ (2. Pers. Sing.)

e. comprare: ............................ (3. Pers. Sing.)

f. dormire: ............................ (3. Pers. Pl.)

g. lavorare: ............................ (2. Pers. Sing.)

## 2 Der Konditional I – besondere Formen B1

**Übersetzen Sie die Sätze ins Italienische.**

a. Ich würde jetzt nach Hause gehen.

..........................................................................................

b. Sie würden es nicht gerne tun.

..........................................................................................

c. Vito würde zum Fest kommen.

..........................................................................................

d. Mit einer Brille würdest du besser sehen.

..........................................................................................

e. Wir würden gerne in Rom bleiben.

..........................................................................................

f. Würdet ihr bitte die Rechnung bezahlen?

..........................................................................................

B1

## 3 Der Konditional I – Gebrauch
**Setzen Sie das passende Verb im Konditional I ein.**

volere / essere / piacere / cominciare / potere

a. Lorenzo, (tu) ............................ aiutarmi domani?

b. Vi ............................ vivere in Australia?

c. (io) ............................ un gelato.

d. Con un giardino questa casa ............................ perfetta!

e. (tu) ............................ già adesso a preparare gli esami?

B1

## 4 Der Konditional II
**Bilden Sie den Konditional II der angegebenen Verben.**

a. Io non ci (andare) ............................ mai ............................ .

b. Ti (accompagnare, noi) ............................ alla stazione, ma purtroppo si è rotta la nostra macchina.

c. Al posto tuo (comprare, io) ............................ le scarpe nere.

d. I miei genitori mi hanno detto che non (venire) ............................ a trovarmi.

e. A Chiara (piacere) ............................ andare al mare.

B2

## 5 Der Konditional im konditionalen Satzgefüge
**Verbinden Sie die Satzteile zu sinnvollen Sätzen.**

| | |
|---|---|
| a. Se lavorassimo di meno | potreste leggere di più. |
| b. Se Marco fosse andato in Germania | andremmo a teatro più spesso. |
| c. Se non guardaste sempre la tv | non ci sarebbe sempre tanto traffico. |
| d. Se più persone prendessero la metropolitana | avrebbe imparato un po' di tedesco. |

### 3. Der Konditional I – Gebrauch

a. Lorenzo, potresti aiutarmi domani?
b. Vi piacerebbe vivere in Australia?
c. Vorrei un gelato.
d. Con un giardino questa casa sarebbe perfetta!
e. Cominceresti già adesso a preparare gli esami?

**G** Der Konditional I wird für höfliche Fragen und Bitten, Wünsche, irreale, aber mögliche Handlungen, abgeschwächte Behauptungen und den Ausdruck eines Zweifels verwendet.

### 4. Der Konditional II

a. Io non ci sarei mai andata/-o.
b. Ti avremmo accompagnato alla stazione, ma purtroppo si è rotta la nostra macchina.
c. Al posto tuo avrei comprato le scarpe nere.
d. I miei genitori mi hanno detto che non sarebbero venuti a trovarmi.
e. A Chiara sarebbe piaciuto andare al mare.

**G** Den Konditional II verwendet man für einen irrealen Wunsch der Vergangenheit, eine nicht realisierbare Absicht der Zukunft und irreale, nicht realisierte Handlungen der Vergangenheit.

### 5. Der Konditional im konditionalen Satzgefüge

a. Se lavorassimo di meno andremmo a teatro più spesso.
b. Se Marco fosse andato in Germania avrebbe imparato un po' di tedesco.
c. Se non guardaste sempre la tv potreste leggere di più.
d. Se più persone prendessero la metropolitana non ci sarebbe sempre tanto traffico.

**G** Mit dem Konditional I kann eine irreale, aber mögliche Folge der Gegenwart, mit dem Konditional II eine irreale, nicht realisierbare Folge der Vergangenheit ausgedrückt werden.

# Lösungen

### 1. Der Konditional I – regelmäßige Verben

a. porterei
b. preferireste
c. metteremmo
d. venderesti
e. comprerebbe
f. dormirebbero
g. lavoreresti

G Der Konditional I wird wie das Futur I vom Infinitiv ohne -e und den Konditionalendungen, die in allen Konjugationen gleich sind, gebildet. Bei den Verben auf -are wird der Stammvokal -a- zu -e- abgeschwächt.

### 2. Der Konditional I – besondere Formen

a. Adesso andrei a casa.
b. Non lo farebbero volentieri.
c. Vito verrebbe alla festa.
d. Con gli occhiali vedresti meglio.
e. Staremmo volentieri a Roma.
f. Paghereste il conto, per favore?

G Bei einigen Verben entfällt der Vokal des Infinitivs, manche verdoppeln das -r-; bei kurzen Verben auf -are wie fare und dare bleibt das -a- erhalten. Verben auf -gare fügen vor den Konditionalendungen ein -h- ein.

# 11 Der Imperativ

B1

*Hören Sie, sagen Sie mir ehrlich – steht mir dieses Kleid gut? – Also … die Farbe ist nicht schlecht …*

Der Imperativ drückt sowohl im Deutschen als auch im Italienischen einen Befehl oder eine Aufforderung aus.

## 11.1 Der bejahte Imperativ

B1

### Formen

| | **comprare** *kaufen* | **prendere** *nehmen* | **aprire** *öffnen* | **finire** *beenden* |
|---|---|---|---|---|
| **tu** | compr**a** | prend**i** | apr**i** | fin**isci** |
| **Lei** | compr**i** | prend**a** | apr**a** | fin**isca** |
| **noi** | compr**iamo** | prend**iamo** | apr**iamo** | fin**iamo** |
| **voi** | compr**ate** | prend**ete** | apr**ite** | fin**ite** |
| **Loro** | compr**ino** | prend**ano** | apr**ano** | fin**iscano** |

Die Formen des Imperativs sind leicht zu bilden: In allen Konjugationen endet die 2. Person Singular auf -i und die 3. Person Singular auf -a.

Eine Ausnahme bilden die Verben auf -are: Hier ist es genau umgekehrt, die 2. Person Singular endet auf -a und die 3. Person Singular auf -i.

Die Verben auf -ire mit Stammerweiterung im Präsens erhalten diese auch im Imperativ (Achtung Aussprache! ▷ 7.1):
Anna, **chiudi** la finestra! *Anna, mach das Fenster zu!*
Per favore, **chiuda** la finestra! ***Machen Sie** bitte das Fenster **zu**!*
**Scusa,** Fabio! ***Verzeih,** Fabio!*
**Scusi**! ***Verzeihen Sie**!*
**Spedisci** la lettera! ***Schick** den Brief **ab**!*

Die 1. und die 2. Person Plural des Imperativs sind identisch mit dem Indikativ Präsens:
**Mangiamo** una bella torta! ***Essen wir** einen schönen Kuchen!*
**Vendete** la casa! ***Verkauft** das Haus!*

Die Höflichkeitsform der 3. Person Plural klingt sehr formal und wird in der Umgangssprache meistens durch die 2. Person Plural ersetzt:
**Finiscano/Finite** il lavoro! ***Beenden** Sie die Arbeit!*
**Entrino/Entrate** pure! ***Kommen** Sie ruhig rein!*

Ausnahme: Alle Verben, die im Indikativ Präsens unregelmäßige Formen haben, bilden auch die Imperativformen unregelmäßig.

Unregelmäßige Imperativformen:

| | **essere**<br>*sein* |
|---|---|
| **tu** | sii |
| **Lei** | sia |
| **noi** | siamo |
| **voi** | siate |
| **Loro** | siano |

| | **avere**<br>*haben* |
|---|---|
| **tu** | abbi |
| **Lei** | abbia |
| **noi** | abbiamo |
| **voi** | abbiate |
| **Loro** | abbiano |

**Siate** prudenti! ***Seid** vorsichtig!*
**Sii** gentile, chiuda la porta! ***Sei** so nett, mach die Tür zu!*
**Abbia** pazienza! ***Haben Sie** Geduld!*
**Abbi** fiducia in lei! ***Hab'** Vertrauen in sie!*

| | andare<br>*gehen* | dare<br>*geben* | fare<br>*machen* | stare<br>*sein, bleiben* |
|---|---|---|---|---|
| **tu** | va'/vai | da'/dai | fa'/fai | sta'/stai |
| **Lei** | vada | dia | faccia | stia |
| **noi** | andiamo | diamo | facciamo | stiamo |
| **voi** | andate | date | fate | state |
| **Loro** | vadano | diano | facciano | stiano |

**Vada** in treno! ***Fahren Sie*** *mit dem Zug!*
**Faccia** attenzione, mi raccomando! ***Passen Sie*** *bitteschön* ***auf****!*

Bei andare, dare, fare, stare wird die 2. Person Singular häufig gekürzt und apostrophiert:
**Da'** il giornale a Giorgio! ***Gib*** *Giorgio die Zeitung!*
**Sta'** attento! ***Pass auf****!*

| | venire<br>*kommen* | sapere<br>*wissen* | dire<br>*sagen* | bere<br>*trinken* |
|---|---|---|---|---|
| **tu** | vieni | sappi | di' | bevi |
| **Lei** | venga | sappia | dica | beva |
| **noi** | veniamo | sappiamo | diciamo | beviamo |
| **voi** | venite | sappiate | dite | bevete |
| **Loro** | vengano | sappiano | dicano | bevano |

Mi **dica**! ***Sie*** *wünschen?*
**Venga** quando vuole! ***Kommen Sie****, wann Sie wollen!*
**Bevi** quello che preferisci! ***Trink*** *das, was du lieber magst!*

## 11.2 Der verneinte Imperativ

B1

### Formen

Der verneinte Imperativ der 2. Person Singular wird durch non + Infinitiv gebildet:
**Non venire** in macchina! ***Komm nicht*** *mit dem Auto!*
**Non essere** triste! ***Sei nicht*** *traurig!*

Bei den anderen Personen wird die entsprechende Imperativform mit non kombiniert:
**Non esca** senza l'ombrello! ***Gehen Sie nicht*** *ohne Schirm aus!*
**Non compriamo** il giornale! ***Kaufen wir keine*** *Zeitung!*
**Non giocate** per terra! ***Spielt nicht*** *auf dem Boden!*

**Gebrauch des Imperativs**
Mit dem Imperativ drückt man Befehle, Aufforderungen, Ratschläge, Wünsche, Anweisungen und auch Verbote aus:
**Vieni** subito qui! ***Komm*** *sofort hierher!*
**Non mangiare** troppo! ***Iss nicht*** *zu viel!*
**Compri** questi pomodori, sono più buoni! ***Kaufen Sie*** *diese Tomaten, sie sind besser!*
**Guarisci** presto! ***Werde*** *bald* ***gesund****!*
**Prendete** l'autobus 33 e **scendete** alla quarta fermata! ***Nehmt*** *den Bus 33 und* ***steigt*** *an der vierten Haltestelle aus.*
**Non fumare** nel mio appartamento! ***Rauch nicht*** *in meiner Wohnung!*

ⓘ Eine Aufforderung oder ein Befehl kann nicht nur durch den Imperativ ausgedrückt werden, sondern – wie im Deutschen auch – durch eine Frage im Indikativ oder im Konditional:
Apri la finestra, per favore! *Mach bitte das Fenster auf!*
Puoi aprire la finestra, per favore? *Kannst du bitte das Fenster aufmachen?*
Apriresti la finestra, per favore? *Würdest du bitte das Fenster aufmachen?*

➡ In der gesprochenen Sprache kann der Imperativ auch durch den Indikativ ersetzt werden, z. B. bei Anweisungen:
Lei prende questa strada, poi gira a destra e va sempre dritto. *Sie nehmen diese Straße, dann biegen Sie rechts ab und fahren immer geradeaus.*

## B1 11.3 Pronomen und Imperativ

ⓘ Für die Stellung der Personalpronomen gelten unterschiedliche Regeln beim bejahten und verneinten Imperativ.

**Stellung der Pronomen beim bejahten Imperativ**
Einfache und zusammengesetzte Pronomen werden bei der 2. Person Singular und bei der 1. und 2. Person Plural an die Verbform angehängt:
Scusa**mi**! *Verzeih* ***mir****!*
Parliamo**ne**! *Sprechen wir* ***darüber****!*
Dite**glielo**! *Sagt* ***es ihm/ihr****!*

⚡ Werden unbetonte Personalpronomen an einsilbige Imperative der 2. Person Singular (wie fa', sta', da', va', di') angehängt, verdoppelt sich der Anfangskonsonant des Pronomens:
**Dimmi** che cosa è sucesso! ***Sag mir****, was passiert ist!*
Non è lontano. **Vacci** a piedi! *Es ist nicht weit.* ***Geh*** *zu Fuß* ***hin****!*
**Falla** riparare! ***Lass sie*** *reparieren!*
Das gilt auch für zusammengesetzte Pronomen:
**Fattelo** mandare per posta! ***Lass es dir*** *mit der Post schicken.*
**Dammelo**! ***Gib es mir****!*
◐ Ausnahme: Beim unbetonten indirekten Objektpronomen gli wird der Konsonant nicht verdoppelt:
**Dagli** il nostro numero di telefono! ***Gib ihm/ihr*** *unsere Telefonnummer!*

ℹ Auch die Reflexivpronomen werden an den Imperativ der 2. Person Singular sowie der 1. und 2. Person Plural der reflexiven Verben angehängt:
Sbriga**ti**! *Beeil* ***dich****!*
Alziamo**ci**! *Stehen wir auf!*

Bei der 3. Person Singular und Plural werden die Personalpronomen dem Imperativ vorangestellt:
**Mi** scusi! *Verzeihen Sie* ***mir****!*
**Me lo** porti! *Bringen Sie* ***es mir****!*
**Glielo** dicano! *Sagen Sie* ***es ihm/ihr****.*

◐ Ausnahmen: Im Gegensatz zu allen anderen Pronomen steht loro immer nach dem bejahten Imperativ:
Manda **loro** una e-mail! *Schick* ***ihnen*** *eine E-Mail!*
Scriva **loro** un fax! *Schreiben Sie* ***ihnen*** *ein Fax!*

**Stellung der Pronomen beim verneinten Imperativ**
Pronomen werden an den Infinitiv ohne Endvokal -e angehängt (▷ 6.1); dies gilt auch für den verneinten Imperativ der 2. Person Singular:

Non telefonar**le**! *Ruf **sie** nicht an!*
Non parlar**mene**! *Sprich **mir** nicht **davon**!*
⚡ Pronomen können in der 2. Person Singular aber auch vor dem Infinitiv stehen:
Non **le** telefonare! *Ruf **sie** nicht an!*
Non **me ne** parlare! *Sprich **mir** nicht **davon**!*

Die Stellung der Pronomen ist beim verneinten Imperativ aller anderen Formen identisch mit der der bejahten Formen:

Il pesce non è fresco. Non **lo** mangi! *Der Fisch ist nicht frisch. Essen Sie **ihn** nicht!*
Non invitiamo**li**! *Laden wir **sie** nicht ein!*
Non raccontate**glielo**! *Erzählt **es ihm** nicht!*

ℹ Reflexivpronomen stehen in der 2. Person Singular sowie der 1. und 2. Person Plural entweder vor dem Imperativ oder werden an diesen angehängt:

Non **ti** sbrigare!/Non sbrigar**ti**! *Beeil **dich** nicht!*
Non **ci** fermiamo qui!/Non fermiamo**ci** qui! *Machen wir hier nicht halt!*
Non **vi** addormentate!/Non addormentate**vi**! *Schlaft nicht ein!*

In der 3. Person Singular steht das Reflexivpronomen immer vor dem Imperativ:

Non **si** arrabbi! *Ärgern Sie **sich** nicht!*
Non **se ne** dimentichi! *Vergessen Sie **es** nicht!*

# Übungen

## ① Bejahter Imperativ

B1

**Benutzen Sie die Du- und Sie-Form des Imperativs, um Ratschläge zu erteilen.**

a. Sandra, (smettere) ............................ di fumare!

b. Signora Anselmi, (pagare) ............................ con la carta di credito!

c. Antonio, (portare) ............................ al più presto la moto dal meccanico!

d. Lisa, (finire) ............................ i compiti prima di andare a giocare!

e. Signor Poli, (prendere) ............................ la metropolitana per venire da noi!

## ② Unregelmäßige Imperativformen

B1

**Ergänzen Sie die Sätze mit der Du-Form des Imperativs der nachfolgend angegebenen Verben. Setzen Sie sie danach in die Sie-Form.**

andare / fare / stare / dire

a. Arrivo subito, *stai/sta'* tranquillo!

*Arrivo subito, stia tranquillo!*

b. ............................ al dentista che gli telefonerò domani!

..................................................................................

c. Per piacere, ............................ in cantina a prendere due bottiglie di vino rosso!

..................................................................................

d. Mi raccomando, ............................ in fretta!

..................................................................................

B1

### 3 Verneinter Imperativ

**Bilden Sie Sätze mit dem verneinten Imperativ der 2. und 3. Person Singular.**

a. bere troppo caffè

........................................................................................................

b. parlare tutta la sera al telefono

........................................................................................................

c. sentire musica ad alto volume

........................................................................................................

B1

### 4 Pronomen beim Imperativ

**Fügen Sie die genannten Pronomen an der richtigen Stelle ein.**

a. lo: ........... mangi ........... !

b. mi: ........... scusi ........... !

c. gli: ........... scrivi ........... !

d. ne: ........... prendi ........... almeno un chilo!

e. le: ........... dica ........... la verità!

f. loro: ........... spedisca ........... la raccomandata!

B1

### 5 Einsilbige Imperative mit Pronomen

**Übersetzen Sie folgende Imperative ins Italienische.**

a. Gib es mir! ............................

b. Sag es! ............................

c. Mach es! ............................

d. Sag es uns! ............................

e. Gib sie ihr! ............................

f. Geh hin! ............................

### 3. Verneinter Imperativ

a. Non bere troppo caffè!
Non beva troppo caffè!
b. Non parlare tutta la sera al telefono!
Non parli tutta la sera al telefono!
c. Non sentire musica ad alto volume!
Non senta musica ad alto volume!

**G** Die Du-Form wird mit non + Infinitiv verneint. Vor alle anderen Formen wird ein non vor die entsprechende bejahte Imperativform gesetzt.

### 4. Pronomen beim Imperativ

a. Lo mangi!
b. Mi scusi!
c. Scrivigli!
d. Prendine almeno un chilo!
e. Le dica la verità!
f. Spedisca loro la raccomandata!

**G** Personalpronomen werden in der Sie-Form vor das Verb gestellt, in allen anderen Formen – mit Ausnahme von loro – werden sie an die Verbform angehängt.

### 5. Einsilbige Imperative mit Pronomen

a. Gib es mir! Dammelo!
b. Sag es! Dillo!
c. Mach es! Fallo!
d. Sag es uns! Diccelo!
e. Gib sie ihr! Dagliela!
f. Geh hin! Vacci!

**G** Bei den einsilbigen, unregelmäßigen Imperativen wie fa' *mach*, sta' *sei/bleib*, da' *gib*, va' *geh*, di' *sag* verdoppelt sich in der Du-Form der Anlautkonsonant des Pronomens. Dies gilt auch für zusammengesetzte Pronomen.

# Lösungen

## 1. Bejahter Imperativ

a. Sandra smetti di fumare!
b. Signora Anselmi, paghi con la carta di credito!
c. Antonio, porta al più presto la moto dal meccanico!
d. Lisa, finisci i compiti prima di andare a giocare!
e. Signor Poli, prenda la metropolitana per venire da noi!

**G** Die 2. Person Singular des Imperativs endet auf -i, die Höflichkeitsform auf -a. Bei Verben auf -are ist es genau umgekehrt: Die 2. Person Singular endet auf -a, die 3. Person Singular auf -i.

## 2. Unregelmäßige Imperativformen

a. Arrivo subito, stai/sta' tranquillo!
Arrivo subito, stia tranquillo!
b. Di' al dentista che gli telefonerò domani!
Dica al dentista che gli telefonerò domani!
c. Per piacere, vai/va' in cantina a prendere due bottiglie di vino rosso!
Per piacere, vada in cantina a prendere due bottiglie di vino rosso!
d. Mi raccomando, fai/fa' in fretta!
Mi raccomando, faccia in fretta!

**G** Verben, die im Indikativ Präsens unregelmäßig sind, haben auch im Imperativ unregelmäßige Formen. Bei einigen kann die 2. Person Singular gekürzt und apostrophiert werden.

# 12 Das Passiv

B2

*Wussten Sie das nicht? Die Hochzeit ist verschoben worden.*

Das Passiv stellt neben dem Aktiv die zweite Zustandsform eines Verbs dar.

Jedes Verb, das ein direktes Objekt hat (transitives Verb), kann neben der aktiven auch eine passive Zustandsform bilden (▷ **7.2** ). Das direkte Objekt des Aktivsatzes wird zum Subjekt des Passivsatzes:

| **Aktiv** | **Passiv** |
|---|---|
| Il medico cura i malati.<br>*Der Arzt behandelt die Kranken.* | I malati sono curati dal medico.<br>*Die Kranken werden vom Arzt behandelt.* |
| I nostri figli hanno preparato la cena.<br>*Unsere Kinder haben das Abendessen zubereitet.* | La cena è stata preparata dai nostri figli.<br>*Das Abendessen ist von unseren Kindern zubereitet worden.* |

Eine Reihe deutscher Verben mit indirektem Objekt hat im Italienischen ein direktes Objekt. Es handelt sich um Verben wie aiutare *helfen*, ringraziare *danken*, ascoltare *zuhören*, seguire *folgen* (▷ **7.3.1** ). Diese Verben können im Unterschied zum Deutschen ein persönliches Passiv bilden. Sie sind meist mit einer unpersönlichen Konstruktion wiederzugeben:

La ragazza **è stata aiutata**. *Dem Mädchen* ***ist geholfen worden***.

Zum Passiv der intransitiven Verben ▷ **12.3**

Urheber oder Ursache einer Handlung werden mit der Präposition da – mit oder ohne bestimmten Artikel – (▷ 1.4) angeschlossen:

| Aktiv | Passiv |
|---|---|
| Marco scrive una lettera.<br>*Marco schreibt einen Brief.* | La lettera è scritta **da** Marco.<br>*Der Brief wird **von** Marco geschrieben.* |
| I romani hanno costruito questo acquedotto.<br>*Die Römer haben dieses Aquädukt gebaut.* | Questo acquedotto è stato costruito **dai** romani.<br>*Dieses Aquädukt ist **von** den Römern gebaut worden.* |

## 12.1 Passivformen im Überblick

Das Passiv gibt es in allen Zeiten und Aussageformen (Modi):

**Präsens**
È fatto/viene fatto in Italia.
*Es wird in Italien gemacht.*

**Imperfekt/Passato remoto**
Era fatto/Veniva fatto in Italia.
Fu fatto/Venne fatto in Italia.
*Es wurde in Italien gemacht.*

**Futur I**
Sarà fatto/Verrà fatto in Italia.
*Es wird in Italien gemacht werden.*

**Konditional I**
Sarebbe fatto/Verrebbe fatto in Italia.
*Es würde in Italien gemacht werden.*

**Konjunktiv Präsens**
Penso che sia fatto/venga fatto in Italia.
*Ich denke, dass es in Italien gemacht wird.*

**Perfekt**
È stato fatto in Italia.
*Es ist in Italien gemacht worden.*

**Plusquamperfekt**
Era stato fatto in Italia.
*Es war in Italien gemacht worden.*

**Futur II**
Sarà stato fatto in Italia.
*Es wird in Italien gemacht worden sein.*

**Konditional II**
Sarebbe stato fatto in Italia.
*Es wäre in Italien gemacht worden.*

**Konjunktiv Perfekt**
Penso che sia stato fatto in Italia.
*Ich denke, dass es in Italien gemacht worden ist/wurde.*

| Konjunktiv Imperfekt | Konjunktiv Plusquamperfekt |
| --- | --- |
| Pensavo che fosse/venisse fatto in Italia. *Ich dachte, dass es in Italien gemacht wurde.* | Pensavo che fosse stato fatto in Italia. *Ich dachte, dass es in Italien gemacht worden war.* |

**Formen der einfachen Zeiten**

Das Passiv wird in den einfachen Zeiten gebildet:

- mit dem Präsens, Imperfekt usw. von essere *sein* + Partizip Perfekt:
  Il ladro **è arrestato** dal poliziotto. *Der Dieb **wird** von dem Polizisten **verhaftet**.*
  La casa **sarà costruita** da un architetto famoso. *Das Haus **wird** von einem berühmten Architekten **gebaut werden**.*
- mit dem Präsens, Imperfekt usw. von venire *kommen* + Partizip Perfekt:
  Il ladro **viene arrestato** dal poliziotto. *Der Dieb **wird** von dem Polizisten **verhaftet**.*
  La casa **verrà costruita** da un architetto famoso. *Das Haus **wird** von einem berühmten Architekten **gebaut werden**.*

**Formen der zusammengesetzten Zeiten**

Das Passiv kann in den zusammengesetzten Zeiten nur mit den entsprechenden Zeitformen von essere (Perfekt, Plusquamperfekt, Futur II, Indikativ oder Konjunktiv usw.) + Partizip Perfekt gebildet werden:

La chiesa **è stata restaurata** nel 1980. *Die Kirche ist 1980 **restauriert worden**.*

Questo romanzo **era** già **stato pubblicato**. *Dieser Roman **war** schon einmal **veröffentlicht worden**.*

Auch in Passivkonstruktionen richtet sich das Partizip Perfekt in Numerus und Genus nach dem Subjekt (▷ **14.2**):

Marco è stat**o** invitat**o**. *Marco ist eingeladen worden.*

Carla non è stat**a** invitat**a**. *Carla ist nicht eingeladen worden.*

Anna e Nora sono stat**e** invitat**e**. *Anna und Nora sind eingeladen worden.*

E voi, siete stat**i** invitat**i**? *Und ihr, seid ihr eingeladen worden?*

Besondere Konstruktionen mit Partizipien gehen die Verben andare *gehen* und rimanere *bleiben* ein:

- Das Verb andare hat in Verbindung mit einigen Partizipien passivische Bedeutung, z. B. mit perso *verloren*, sprecato *verschwendet*, distrutto *zerstört*. Es bleibt in den meisten Fällen dabei unübersetzt:
  L'anello **è andato perso**. *Der Ring **ist verloren gegangen**.*
  Molte case **sono andate distrutte**. *Viele Häuser **sind zerstört worden**.*

- Ebenso wird das Verb rimanere in Verbindung mit anderen Partizipien passivisch verwendet, z. B. mit sorpreso *überrascht*, stupito *erstaunt*, deluso *enttäuscht*, ferito *verletzt*, ucciso *getötet*. Auch hier wird die jeweilige Form von rimanere nicht übersetzt:
  Nell'incidente **sono rimaste ferite** due persone. *Zwei Personen **sind** beim Unfall **verletzt worden**.*

- Essere kann einen Vorgang beschreiben, aber auch einen Zustand ausdrücken:
  Il conto **è pagato**. *Die Rechnung **ist bezahlt**./Die Rechnung **wird bezahlt**.*
  Soll betont werden, dass sich die Aussage auf einen Vorgang bezieht, so verwendet man eher venire:
  Il conto **viene pagato** da mio padre. *Die Rechnung **wird** von meinem Vater **bezahlt**.*

B2

### Das Passiv der Modalverben

Die Modalverben selbst bilden keine passiven Formen. Um das Passiv mit Modalverben auszudrücken, nehmen Sie die entsprechende aktive Zeit des Modalverbs + Infinitiv Perfekt (mit essere) des Hauptverbs.

Il pacco **deve essere spedito** domani. *Das Paket **muss** morgen **gesendet werden**.*

La macchina non **potrà essere riparata**. *Das Auto **wird man** nicht **reparieren können**.*

**Vorrebbero essere avvertiti** in tempo. *Sie **möchten** rechtzeitig **benachrichtigt werden**.*

*Müssen* oder *sollen* im Passiv können – anstelle von dovere – auch mit den Formen von andare + Partizip Perfekt wiedergegeben werden:

Queste medicine **vanno consumate** entro la data di B2 scadenza. *Diese Medikamente **müssen** vor dem Verfallsdatum **verbraucht werden**.*

Il contratto **va firmato** subito. *Der Vertrag **muss** sofort **unterschrieben werden**.*

⚡ Diese Konstruktionen können aber nur in den einfachen Zeiten verwendet werden:

Il pacco **va spedito** domani. *Das Paket **muss** morgen **gesendet werden**.*

La porta di casa **andava chiusa** a chiave. *Die Haustür **musste abgeschlossen werden**.*

Eine weitere Möglichkeit, das Passiv von *müssen/sollen* auszudrücken, haben Sie auch durch den Einsatz der einfachen Zeiten von essere + da + Infinitiv Präsens:

Il pacco **è da spedire** domani. *Das Paket **muss** morgen **gesendet werden**. (Das Paket ist morgen zu versenden.)*

La porta di casa **è da chiudere** a chiave. *Die Haustür **muss abgeschlossen werden**.*

### Gebrauch

- Das Passiv wird in der Regel gebraucht, wenn die handelnde Person nicht erwähnt ist oder nicht genannt werden soll/kann:
  **È stata rapinata** una banca del centro. *Eine Bank im Zentrum **ist ausgeraubt worden**.*
- Das Passiv verwendet man auch, um das Objekt der Handlung besonders hervorzuheben:
  **Tutte le piante** sono state distrutte dalla grandine. ***Alle Pflanzen** sind vom Hagel vernichtet worden.*
- ⇄ Im Italienischen wird das Passiv vor allem in der Schriftsprache verwendet:
  **È stato liberato** dai Carabinieri il bambino che **era stato rapito** la scorsa settimana. *Das Kind, das letzte Woche **entführt worden war, ist** von den Carabinieri **befreit worden**.*

In Zeitungsartikeln – vor allem in Schlagzeilen – wird das Passiv oft verkürzt, anstelle des Passivs wird nur das Partizip Perfekt (▷ 14.2) verwendet:
**Liberato** dai Carabinieri il bambino **rapito.** ***Entführtes*** *Kind von den Carabinieri* ***befreit.***

B2

## 12.2 Die Umschreibung des Passivs

Da von Verben mit indirektem Objekt (intransitive Verben) kein persönliches Passiv gebildet werden kann, muss es in solchen Fällen durch eine andere Konstruktion umschrieben werden.
Passivkonstruktionen können in der Regel ersetzt werden durch:

- die 3. Person Plural (▷ 7.3):
  Gli **hanno risposto** subito. ***Man hat ihm*** *sofort* ***geantwortet.***
- das unpersönliche si:
  Domani non **si lavora.** *Morgen* ***wird*** *nicht* ***gearbeitet.***

Bei diesen Konstruktionen können Urheber oder Ursache der Handlung nicht genannt werden.

⚡ Einige deutsche Verben mit einem direkten Objekt stehen im Italienischen mit einem indirekten Objekt. Darunter fallen Verben wie domandare/chiedere *fragen*, telefonare *anrufen*, ricordare *erinnern* (▷ 7.3.1). Bei diesen Verben müssen Sie das Passiv umschreiben:
Le hanno telefonato diverse volte. *Man hat sie mehrere Male angerufen.*

⚡ Ein persönliches Passiv in einem Relativsatz kann durch ein Partizip Perfekt ersetzt werden (▷ 14.2):
La riunione che **è/viene organizzata** dal nostro ufficio comincia alle 15.00. *Das Treffen, das von unserem Büro* ***organisiert wird,*** *fängt um 15.00 Uhr an.*
La riunione **organizzata** dal nostro ufficio ... *Das von unserem Büro* ***organisierte*** *Treffen ... /Das Treffen, das von unserem Büro* ***organisiert wird,*** *...*

# Übungen

## 1 Das Passiv der einfachen Zeiten B2

**Formen Sie die folgenden Sätze in Passivsätze um, die mit essere gebildet werden.**

a. Molti turisti visitano Roma.

..............................................................................................

b. La scuola di Luca organizza la gita a Cortina.

..............................................................................................

c. Lo zio invita i nipoti in trattoria.

..............................................................................................

d. La banca finanzia il concerto.

..............................................................................................

e. Il medico consiglia queste pastiglie.

..............................................................................................

## 2 Das Passiv mit venire B2

**Setzen Sie im folgenden Text die passenden Präsensformen von venire ein.**

Il primo giorno di scuola i ragazzi (accompagnare) ............................ in classe dove (salutare) ............................ dai loro compagni più grandi. Dopo le lezioni e il pranzo in mensa (organizzare) ............................ diverse attività ricreative per conoscersi e fare amicizia. Durante il pomeriggio (fare) ............................ i compiti con l'aiuto di alcuni insegnanti. Alle 17.00 ogni ragazzo (riaccompagnare) ............................ a casa con lo scuolabus.

B2

## 3 Das Passiv der zusammengesetzten Zeiten

**Formen Sie die folgenden Sätze in Passivsätze im Perfekt um.**

a. Prenotare la camera in albergo.

*La camera in albergo è stata prenotata.*

b. Comprare i biglietti del treno. ............

c. Preparare le valigie. ............

d. Portare il cane dalla nonna. ............

e. Mettere in ordine la casa. ............

B2

## 4 Passivkonstruktion mit andare

**Setzen Sie folgende Sätze ins Passiv mit andare.**

a. Il biglietto si deve pagare all'ingresso.

............

b. Queste lettere si devono scrivere oggi stesso.

............

c. La tua giacca si deve lavare a secco.

............

B2

## 5 Die Umschreibung des Passivs

**Markieren Sie die Sätze, die das Passiv umschreiben (✓).**

a. ☐ Quest'olio viene prodotto in Liguria.
☐ Quest'olio si produce in Liguria.

b. ☐ È stata organizzata una bella festa.
☐ Si è organizzata una bella festa.

c. ☐ Ci hanno restituito i libri.
☐ I libri ci sono stati restituiti.

d. ☐ Si sono fatti degli errori.
☐ Sono stati fatti degli errori.

### 3. Das Passiv der zusammengesetzten Zeiten

a. La camera in albergo è stata prenotata.
b. I biglietti del treno sono stati comprati.
c. Le valigie sono state preparate.
d. Il cane è stato portato dalla nonna.
e. La casa è stata messa in ordine.

G Das Passiv wird in zusammengesetzten Zeiten mit dem Perfekt, Plusquamperfekt usw. von essere + Partizip Perfekt gebildet. Das Partizip richtet sich in Numerus und Genus nach dem Subjekt.

### 4. Passivkonstruktion mit andare

a. Il biglietto va pagato all'ingresso.
b. Queste lettere vanno scritte oggi stesso.
c. La tua giacca va lavata a secco.

G Die Passivkonstruktion mit andare + Partizip Perfekt hat die Bedeutung von *müssen/sollen* und kann nur in den einfachen Zeiten verwendet werden.

### 5. Die Umschreibung des Passivs

a. Quest'olio si produce in Liguria.
b. Si è organizzata una bella festa.
c. Ci hanno restituito i libri.
d. Si sono fatti degli errori.

G Das Passiv kann durch die 3. Person Plural oder durch das unpersönliche si ersetzt werden. Der Urheber der Handlung kann dann jedoch nicht genannt werden.

# Lösungen

## 1. Das Passiv der einfachen Zeiten

**a.** Roma è visitata da molti turisti.
**b.** La gita a Cortina è organizzata dalla scuola di Luca.
**c.** I nipoti sono invitati in trattoria dallo zio.
**d.** Il concerto è finanziato dalla banca.
**e.** Queste pastiglie sono consigliate dal medico.

**G** Das Passiv wird in den einfachen Zeiten mit dem Präsens, Futur I, Imperfekt usw. von essere *sein* + Partizip Perfekt gebildet. Der Urheber der Handlung wird mit der Präposition da angeschlossen.

## 2. Das Passiv mit venire

Il primo giorno di scuola i ragazzi vengono accompagnati in classe dove vengono salutati dai loro compagni più grandi. Dopo le lezioni e il pranzo in mensa vengono organizzate diverse attività ricreative per conoscersi e fare amicizia. Durante il pomeriggio vengono fatti i compiti con l'aiuto di alcuni insegnanti. Alle 17.00 ogni ragazzo viene riaccompagnato a casa con lo scuolabus.

**G** Das Passiv wird in den einfachen Zeiten auch mit venire *kommen* + Partizip Perfekt gebildet, insbesondere wenn man den Vorgang einer Handlung betonen will.

# 13 Der Infinitiv

A1

*Sind das italienische Tomaten? – Wieso, wollen Sie sie essen oder wollen Sie mit ihnen reden?*

## 13.1 Der Infinitiv Präsens

A1

**Formen**

Die regelmäßigen Endungen des Infinitivs Präsens lauten je nach Konjugationsgruppe -are, -ere oder -ire; sie werden an den Verbstamm angehängt:

parl-**are** *sprechen* prend-**ere** *nehmen* part-**ire** *abfahren*

L! Manche Verben auf -ere werden auf der vorletzten, manche auf der drittletzten Silbe betont.

avere *haben* credere *glauben*

Beim Infinitiv Präsens der reflexiven Verben entfällt der Endvokal -e beim Anhängen des Reflexivpronomens an den Infinitiv:

chiam**arsi** *heißen*
vest**irsi** *sich anziehen*
B1 decid**ersi** *sich entscheiden*

Einige wenige Verben haben die unregelmäßigen Infinitivendungen -arre, -orre oder -urre: B1

B2 estrarre *herausziehen*, proporre *vorschlagen*, tradurre *übersetzen.*

Der Endvokal des Infinitivs kann entfallen: A2

- bei zwei aufeinanderfolgenden Infinitiven beim ersten Infinitiv:
  Vi vorrei **far vedere** la casa. *Ich möchte euch das Haus **zeigen**.*

- in bestimmten Wendungen:
  **aver** ragione *recht **haben***  **aver** voglia *Lust **haben***
  **andar** via *weg**gehen***  **far** niente *nichts **tun***
  Penso di **aver ragione**. *Ich denke, dass ich **recht habe**.*
- bei direkt angeschlossenen Pronomen oder Pronominaladverbien:
  Stefano non voleva **chiamarla**. *Stefano wollte sie nicht **anrufen**.*
  Dobbiamo **pensarci** spesso. *Wir müssen oft daran **denken**.*

**Gebrauch des Infinitiv Präsens ohne Präposition**

B1 Der reine Infinitiv – mit Ergänzungen wie Objekten oder Adverbien – kann unabhängig verwendet werden:
- als Subjekt des Satzes:
  **Ascoltare** la musica è bello. *Musik**hören** ist schön.*
- beim verneinten Imperativ der 2. Person Singular (▷ 11.2):
  Non **spegnere** la luce! ***Mach** das Licht nicht **aus**!*
- in allgemeinen Anweisungen:
  **Agitare** prima dell'uso! *Vor Gebrauch **schütteln**!*
- A2 in Ausrufen:
  Che bello **sentire** la tua voce! *Wie schön, deine Stimme **zu hören**!*
- in verkürzten Fragen (auch in abhängigen Fragesätzen), die eine Unsicherheit oder einen Zweifel ausdrücken:
  Che **fare**? *Was **tun**?*
  Non so che **fare**. *Ich weiß nicht, was ich **tun soll**.*
- zusammen mit dem bestimmten Artikel im Maskulin Singular als substantivierter Infinitiv:
  **il** dolce **far** niente ***das** süße Nichts**tun***

Der reine Infinitiv steht zudem abhängig von bestimmten Verben:
- B1 nach den Modalverben potere *können*, dovere *müssen, sollen*, volere *wollen* sowie nach sapere *wissen, können*:
  Domani devo **partire** presto. *Morgen muss ich früh **abreisen**.*
  La nipotina della signora Moro sa già **scrivere** il suo nome. *Die kleine Enkelin von Frau Moro kann schon ihren Namen **schreiben**.*
- B1 nach Verben der Wahrnehmung wie sentire *hören*, vedere *sehen*, guardare *(zu)sehen*, ascoltare *(zu)hören*:
  Sentiamo i bambini **cantare**. *Wir hören die Kinder **singen**.*
  Ti ho visto **uscire**. *Ich habe dich **aus dem Haus gehen** sehen.*

- nach unpersönlichen Verben und Ausdrücken: A2

| | |
|---|---|
| basta *es genügt, es reicht* | bisogna *es ist nötig, man muss* |
| (mi) piace *es gefällt (mir)* | conviene *es ist angebracht, man muss* |
| è permesso *es ist erlaubt* | è vietato *es ist verboten* |
| è facile *es ist leicht* | è difficile *es ist schwierig* |

Ci piace **stare** al mare. *Es gefällt uns, am Meer **zu sein**.*
Basta **chiamar**la. *Es genügt, sie **anzurufen**.*

- nach den Verben fare *tun, lassen*, lasciare *lassen*, desiderare *wünschen* und preferire *vorziehen, lieber wollen*:

Lascia **stare**! *Lass (das) **sein**!*
Claudio preferisce **stare** a casa. *Claudio will lieber zu Hause **bleiben**.*
⚡ Treten in Sätzen mit desiderare und preferire unterschiedliche Subjekte auf, wird ein Nebensatz mit che + Konjunktiv (▷ **16.2**) verwendet:
Claudio preferisce **che** io **stia** a casa. *Claudio will lieber, **dass** ich zu Hause **bleibe**.*

**Gebrauch des Infinitiv Präsens mit Präposition** B1

Der Infinitiv Präsens kann auch mit verschiedenen Präpositionen angeschlossen werden.

Der Infinitiv mit a steht:

- nach bestimmten Verben, z. B.:

| | |
|---|---|
| andare *gehen* | venire *kommen* |
| cominciare *beginnen* | continuare *weitermachen* |
| stare *sein, bleiben* | rimanere *bleiben* |
| aiutare *helfen* | riuscire *gelingen* |
| imparare *lernen* | mettersi *sich daran machen* |
| abituarsi *sich gewöhnen* | decidersi *sich entscheiden* |

I miei fratelli verranno **a trovar**mi. *Meine Brüder werden mich **besuchen** kommen.*
Cominciamo **a ballare**! *Fangen wir an **zu tanzen**!*
Paolo è riuscito **a trovare** un volo economico. *Paolo ist es gelungen, einen günstigen Flug **zu finden**.*

- nach den Adjektiven pronto *bereit, fertig*, B2 disposto *bereit*, adatto *geeignet*:
  Siamo pronti/disposti **ad aiutar**vi. *Wir sind bereit, euch **zu helfen**.*

B1 • als Ersatz von Nebensätzen bei gleichem Subjekt:
  È stata Anna **a chiamar**mi (= che mi ha chiamato). *Es war Anna, **die** mich **angerufen hat**.*
  **A pensar**ci bene (= se ci penso bene) non vorrei andare al cinema stasera. ***Wenn ich** recht darüber **nachdenke**, möchte ich heute Abend nicht ins Kino gehen.*

Der Infinitiv mit di wird angeschlossen:
- nach den folgenden Verben:

| | | |
|---|---|---|
| cercare *versuchen* | aspettare *warten* | dire *sagen* |
| decidere *entscheiden* | ringraziare *danken* | credere *glauben* |
| promettere *versprechen* | ricordare *erinnern* | finire *beenden* |
| dimenticare *vergessen* | smettere *aufhören* | sperare *hoffen* |

  Cerchiamo **di venire**. *Wir versuchen **zu kommen**.*
  Di solito Stefano finisce **di lavorare** alle cinque. *Stefano hört gewöhnlich um fünf Uhr auf **zu arbeiten**.*
  Ho deciso **di partire** per la Francia un giorno prima. *Ich habe beschlossen, einen Tag früher nach Frankreich **zu fahren**.*
- nach den folgenden unpersönlichen Verben:
  sembra *es scheint*, pare *es scheint* und (mi) dispiace *es tut (mir) leid*, capita/succede *es geschieht*, mi va *ich habe Lust, mir ist nach*:
  Mi pare **di parlare** troppo. *Mir scheint, **ich rede** zu viel.*
  Stasera non mi va **di uscire**. *Heute Abend habe ich keine Lust **auszugehen**.*
  ⚡ Ist jedoch das Subjekt des Infinitivs nicht als Objekt im Hauptsatz erwähnt, wird ein Nebensatz mit che (▶ 16.2) verwendet:
  **Mi** pare **che tu** parli troppo poco. ***Mir** scheint, **dass du** zu wenig sprichst.*
- nach avere + Substantiv, z. B. avere voglia *Lust haben*, avere il coraggio *den Mut haben*, avere intenzione *die Absicht haben*:
  Paola ha voglia **di andare** in piscina. *Paola hat Lust, ins Schwimmbad **zu gehen**.*

- nach essere + Adjektiv, z. B. mit stanco *müde*, contento *zufrieden, froh*, curioso *neugierig, gespannt*, certo *sicher*:
  Mia nonna era molto contenta **di vedermi.** *Meine Großmutter war sehr froh mich **zu sehen**.*
  ⚡ Die Infinitivkonstruktion kann nur bei gleichen Subjekten verwendet werden. Ansonsten folgt ein Nebensatz mit che (▷ **16.2**): B1
  Sono contenta **che** venga anche Dora. *Ich bin froh, **dass** auch Dora kommt.*

Der Infinitiv mit da steht zur Angabe des Zwecks oder der Bestimmung: A2
- nach Substantiven:
  Le macchine **da scrivere** non si usano quasi più.
  ***Schreib**maschinen verwendet man fast nicht mehr.*
- nach dem Interrogativpronomen che cosa? *was?* oder nach Indefinitpronomen, z. B. qualcosa *etwas*, niente/nulla *nichts*, poco *wenig*, molto *viel*:
  Che cosa c'è **da mangiare**? *Was gibt es **zu essen**?*
  Vuoi qualcosa **da bere**? *Willst du etwas **zu trinken**?*
- nach B1 avere in der Bedeutung *haben, müssen*:
  Abbiamo **da fare.** *Wir haben **zu tun**.*
- nach essere *sein*:
  Questa casa è **da vendere.** *Dieses Haus ist **zu verkaufen**.*
- nach facile *leicht*, difficile *schwer*:
  L'italiano è facile **da imparare.** *Italienisch ist leicht **zu lernen**.*
  Der Infinitiv mit da kann nach così/tanto/talmente *so* bei gleichen Subjekten in Haupt- und Nebensatz anstelle eines Konsekutivsatzes (▷ **16.2**) stehen, also eine Folge bezeichnen: A2
  Gina era **così** stanca **da** non **sentire** più niente. *Gina war **so** müde, **dass sie** nichts mehr **hörte**.*

## 13.2 Der Infinitiv Perfekt B2

### Formen

Der Infinitiv Perfekt wird mit essere oder avere und dem Partizip Perfekt (▷ **14.2**) gebildet:

| | | |
|---|---|---|
| avere parlato | avere preso | essere partito, -a, -i, -e |
| *gesprochen haben* | *genommen haben* | *abgefahren sein* |

ϟ Das Partizip richtet sich beim Infinitiv Perfekt mit essere nach dem Subjekt des Infinitivs. Auch beim Infinitiv Perfekt – vor allem bei avere und bei reflexiven Verben – kann der Endvokal entfallen:
Ci dispiace di non essere venut**i**. *Es tut uns leid, dass wir nicht gekommen sind.*
Penso di **aver** mangiato troppo. *Ich denke, dass ich zu viel gegessen habe.*

**Gebrauch**
Der Infinitiv Perfekt drückt aus, dass die mit dem Infinitiv beschriebene Handlung vorzeitig ist, also vor der im Hauptsatz geschilderten Handlung geschehen ist. Er steht anstelle eines Nebensatzes und verkürzt so den Satz. Der Infinitiv Perfekt wird am häufigsten mit der Präposition di, seltener auch mit a angeschlossen:
Credo **di aver sbagliato**. *Ich glaube,* ***ich habe einen Fehler gemacht****.*
Ornella è stata l'unica **ad essere venuta** a trovare Marco a Roma.
*Ornella ist die einzige gewesen,* ***die*** *Marco in Rom* ***besucht hatte****.*

## B2 13.3 Die Pronomen beim Infinitiv

*Unbetonte* Objektpronomen – auch die kombinierten Formen – und Pronominaladverbien werden an den Infinitiv Präsens des Vollverbs ohne -e bzw. beim Infinitiv Perfekt an essere oder avere angefügt:
Siamo contenti di veder**ti**. *Wir sind froh,* ***dich*** *zu sehen.*
Non penso di aver**lo** già conosciuto. *Ich denke nicht, dass ich* ***ihn*** *schon (mal) kennengelernt habe.*
◐ Ausnahme: Die Pronomen oder Pronominaladverbien können wahlweise vor dem konjugierten Verb bzw. Infinitiv stehen oder an den Infinitiv Präsens ohne -e direkt angehängt werden:
- beim verneinten Imperativ der 2. Person Singular:
  Non **gli** rispondere!/Non risponder**gli**! *Antworte* ***ihm*** *nicht!*
- bei Modalverben:
  Non vorrei andar**ci**./Non **ci** vorrei andare. *Ich möchte nicht hingehen.*

*Betonte* Objektpronomen stehen nach dem Infinitiv:
Dicono di cercare/aver cercato **voi**. *Sie sagen, dass sie* ***euch*** *suchen/gesucht haben.*

# Übungen

## 1 Der Infinitiv Präsens

A1

Bilden Sie zu den folgenden Verbformen den Infinitiv Präsens. Markieren Sie bei den Verben auf -ere die betonte Silbe.

a. chiedi ............................
b. dorme ............................
c. può ............................
d. vi fermate ............................
e. proviamo ............................
f. conoscono ............................
g. sei ............................
h. abbiamo ............................

## 2 Der Infinitiv ohne Präposition

B1

Ergänzen Sie die Sätze mit den nachfolgend angegebenen Infinitiven.

fumare / mettere / lavorare / prenotare / portare / vedere / fare / andare

a. Che piacere ............................ vi!
b. Non ............................ tanto!
c. Ti vorrei ............................ al mare.
d. ............................ un po' d'olio, un po' d'aglio e un peperoncino.
e. È possibile ............................ un tavolo per tre persone?
f. Luca non sa che ............................ .
g. È vietato ............................ !
h. Mi piace ............................ in montagna.

B1

### ❸ Mit oder ohne Präposition?
**Ergänzen Sie wo nötig die passende Präposition.**

a. Oggi ho cominciato ........... correre.

b. Cosa vi porto ........... bere?

c. Pietro ha dimenticato ........... chiamare sua nonna.

d. Bisogna ........... aspettare.

e. Quando smetti ........... fumare?

f. Preferite ........... stare qui o vorreste ........... andare ........... ballare stasera?

B2

### ❹ Der Infinitiv Perfekt – essere oder avere?
**Wählen Sie die passende Form des Infinitiv Perfekt aus.**

a. Vi ringrazio di essere venuti / avere venuto.

b. Fabrizio crede di essere / avere già visto quel film tanti anni fa.

c. Il signor Tozzi si ricorda di esserci / averci stato.

d. I miei genitori dicono di essere pensati / avere pensato a tutto.

e. Speriamo di essere presi / avere preso la decisione giusta.

B2

### ❺ Der Infinitiv Perfekt
**Bilden Sie den Infinitiv Perfekt der in Klammern angegebenen Verben.**

a. Pensi di (capire) ............................ ?

b. Vi ringraziamo molto di (aiutare, ci) ............................ .

c. Mio nonno si ricorda di (essere) ............................ in guerra.

d. Spero di non (dimenticare) ............................ nulla.

e. Sara crede di (tornare) ............................ verso mezzanotte.

f. Non penso di (conoscere, lo) ............................ .

### 3. Mit oder ohne Präposition?

a. Oggi ho cominciato a correre.
b. Cosa vi porto da bere?
c. Pietro ha dimenticato di chiamare sua nonna.
d. Bisogna aspettare.
e. Quando smetti di fumare?
f. Preferite stare qui o vorreste andare a ballare stasera?

G Zahlreiche Verben schließen den Infinitiv mit a an (cominciare *beginnen*, andare *gehen* usw.), andere mit di (dimenticare *vergessen*, smettere *aufhören* usw.). Auf unpersönliche Verben, Modalverben und preferire *bevorzugen* folgt der reine Infinitiv.

### 4. Der Infinitiv Perfekt – essere oder avere?

a. Vi ringrazio di essere venuti.
b. Fabrizio crede di aver(e) già visto quel film tanti anni fa.
c. Il signor Tozzi si ricorda di esserci stato.
d. I miei genitori dicono di aver(e) pensato a tutto.
e. Speriamo di aver(e) preso la decisione giusta.
f. Non penso di averlo conosciuto.

G Der Infinitiv Perfekt setzt sich aus essere oder avere und dem Partizip Perfekt zusammen. Verben mit direktem Objekt bilden ihn mit avere, solche mit indirektem oder ohne Objekt mit essere. Das Partizip bei dem mit essere gebildeten Infinitiv Perfekt gleicht sich an das Bezugswort an.

### 5. Der Infinitiv Perfekt

a. Pensi di aver(e) capito?
b. Vi ringraziamo molto di averci aiutati.
c. Mio nonno si ricorda di essere stato in guerra.
d. Spero di non aver(e) dimenticato nulla.
e. Sara crede di essere tornata verso mezzanotte.
f. Non penso di averlo conosciuto.

G Der Infinitiv Perfekt wird bei gleichen Subjekten in Haupt- und Nebensatz anstelle eines Nebensatzes verwendet. Der Infinitiv Perfekt drückt eine Vorzeitigkeit aus; er wird meist mit di angeschlossen.

# Lösungen

### 1. Der Infinitiv Präsens

a. chiedere
b. dormire
c. potere
d. fermarsi
e. provare
f. conoscere
g. essere
h. avere

G Der Infinitiv Präsens endet bei den regelmäßigen Verben je nach Konjugationsgruppe auf -are, -ere oder -ire. Bei reflexiven Verben wird das Reflexivpronomen an den Infinitiv ohne -e angehängt.

### 2. Der Infinitiv ohne Präposition

a. Che piacere vedervi!
b. Non lavorare tanto!
c. Ti vorrei portare al mare.
d. Mettere un po' d'olio, un po' d'aglio e un peperoncino.
e. È possibile prenotare un tavolo per tre persone?
f. Luca non sa che fare.
g. È vietato fumare!
h. Mi piace andare in montagna.

G Der reine Infinitiv steht in Ausrufen, beim verneinten Imperativ der 2. Person Singular, bei Modalverben, in allgemeinen Anweisungen und nach unpersönlichen Verben und Ausdrücken.

# 14 Das Partizip

A2

*Hat man dir im Krankenhaus keine Gebrauchsanweisung gegeben?*

Das Partizip ist eine infinite (= nicht konjugierte) Form des Verbs. Man unterscheidet zwischen Partizip Präsens und Partizip Perfekt.

## 14.1 Das Partizip Präsens

B1

Sowohl im Deutschen als auch im Italienischen gibt es ein Partizip Präsens. Seine Verwendung ist jedoch sehr unterschiedlich.

### Formen

| Infinitiv | Partizipendung | | Partizip Präsens |
|---|---|---|---|
| cant-**are** *singen* | -ante | → | cant**ante** |
| rid-**ere** *lachen* | -ente | → | rid**ente** |
| segu-**ire** *folgen* | -ente | → | segu**ente** |

Das Partizip Präsens wird gebildet, indem man die Infinitivendung -are durch -ante bzw. -ere und -ire durch -ente ersetzt.
Die Formen des Partizip Präsens sind veränderlich. Sie verhalten sich wie die Adjektive auf -e. Im Singular und Plural haben sie jeweils eine gemeinsame Form für Maskulinum und Femininum:

| | Maskulinum | Femininum |
|---|---|---|
| **Singular** | il giorno seguent**e** | la mattina seguent**e** |
| **Plural** | i giorni seguent**i** | le mattine seguent**i** |

◐ Ausnahme: Einige Verben der 3. Konjugation wie dormire *schlafen*, venire *kommen*, ubbidire *gehorchen* bilden das Partizip auf -iente:

| | | |
|---|---|---|
| ubbidire *gehorchen* | → | ubbid**iente** |
| venire *kommen* | → | ven**iente** |
| dormire *schlafen* | → | dorm**iente** |

Verben wie dire *sagen*, fare *machen*, bere *trinken* bilden das Partizip mit den Stämmen dic-, fac- und bev-, entsprechend dem Verbstamm in der 1. Person Singular des Indikativ Präsens:

| Infinitiv | 1. Person Singular Indikativ Präsens | | Partizip Präsens |
|---|---|---|---|
| dire *sagen* | dico | → | dic**ente** |
| fare *machen* | faccio | → | fac**ente** |
| bere *trinken* | bevo | → | bev**ente** |

### Gebrauch

Das Partizip Präsens ist im modernen Italienisch relativ selten. Man verwendet es:

- in einigen Formen als Substantiv, Adjektiv oder Präposition:
  Substantiv: il cantante *der Sänger*, l'insegnante *der Lehrer*, il rappresentante *der Vertreter*, la corrente *der Strom*, lo studente *der Schüler/Student*
  Adjektive: affascinante *faszinierend*, corrente *fließend/geläufig*, divertente *lustig*, sorprendente *überraschend*, pesante *schwer*
  Präpositionen: durante *während*, nonostante *trotz*

B2

- ⇆ In der geschriebenen Sprache (meist Amtssprache oder literarische Sprache) anstelle eines Relativsatzes:
  Gli studenti **partecipanti/che partecipano** al seminario devono iscriversi in segreteria entro il 12 ottobre. *Die am Seminar teilnehmenden Studenten müssen sich bis zum 12. Oktober einschreiben./Die Studenten,* ***die*** *am Seminar* ***teilnehmen****, müssen ...*
  Il treno **proveniente/che proviene** da Palermo è in arrivo al binario 7. *Der aus Palermo kommende Zug wird in Kürze auf Gleis 7 eintreffen./Der Zug,* ***der*** *aus Palermo* ***kommt****, wird ...*

### Wiedergabe des deutschen Partizip Präsens

B2

Das deutsche Partizip Präsens wird im Italienischen meistens mit einer anderen Konstruktion wiedergegeben, beispielsweise mit:

- einem Partizip Perfekt:
  una bambina **addormentata** *ein* ***schlafendes*** *Mädchen*
  una pianta **fiorita** *eine* ***blühende*** *Pflanze*
- einem Relativsatz:
  una signora **che piange** *eine* ***weinende*** *Frau*
  un uccello **che canta** *ein* ***singender*** *Vogel*
- einem Gerund:
  Bea guarda la madre **sorridendo**. *Bea sieht die Mutter* ***lächelnd*** *an.*
  Si può imparare **giocando**. *Man kann* ***spielend*** *lernen.*
- einem präpositionalen Ausdruck:
  Previsioni per domani: neve e temperature **in diminuzione**.
  *Die Vorhersage für morgen: Schnee und* ***sinkende*** *Temperaturen.*
  Il treno **in arrivo** al binario 12 … *Der auf Gleis 12* ***einfahrende*** *Zug …*

## 14.2 Das Partizip Perfekt

A2

### Formen

Die *regelmäßigen Formen* des Partizip Perfekts werden gebildet, indem man die Infinitivendung -are durch -ato, -ere durch -uto und -ire durch -ito ersetzt:

| Infinitiv | Partizipendung | | Partizip Perfekt |
|---|---|---|---|
| parl-**are** *sprechen* | -ato | → | parl**ato** |
| cred-**ere** *glauben* | -uto | → | cred**uto** |
| part-**ire** *abfahren* | -ito | → | part**ito** |
| cap-**ire** *verstehen* | -ito | → | cap**ito** |

⚡ Verben auf -ere wie piacere *gefallen*, tacere *schweigen*, conoscere *kennen/kennen lernen* und crescere *wachsen* behalten im Partizip Perfekt die Aussprache des Infinitivs bei und ändern deswegen die Schreibweise:

B2 tacere → ta**ciu**to
piacere → pia**ciu**to
conoscere → cono**sciu**to
B1 crescere → cre**sciu**to

*Unregelmäßige Partizip-Perfekt-Formen* bilden einige Verben auf -ire und zahlreiche Verben auf -ere. Die wichtigsten im Überblick:

| Infinitiv | | Partizip Perfekt |
|---|---|---|
| **essere** *sein* | → | sta**to** |
| **venire** *kommen* | → | venu**to** |
| **nascere** *geboren werden* | → | na**to** |
| **vivere** *leben* | → | vissu**to** |
| **bere** *trinken* | → | bevu**to** |
| **piangere** *weinen* | → | pia**nto** |
| **vincere** *gewinnen* | → | vi**nto** |
| **spegnere** *ausschalten* | → | spe**nto** |
| **aprire** *öffnen* | → | ape**rto** |
| **offrire** *anbieten* | → | offe**rto** |
| **morire** *sterben* | → | mo**rto** |
| **fare** *machen/tun* | → | fa**tto** |
| **dire** *sagen* | → | de**tto** |
| **leggere** *lesen* | → | le**tto** |
| **scrivere** *schreiben* | → | scri**tto** |
| B1 **produrre** *produzieren* | → | prodo**tto** |
| B2 **rompere** *zerbrechen* | → | ro**tto** |
| **chiedere** *fragen* | → | chie**sto** |
| **vedere** *sehen* | → | vi**sto** |
| **rispondere** *antworten* | → | rispo**sto** |
| **rimanere** *bleiben* | → | rima**sto** |
| **perdere** *verlieren/verpassen* | → | per**so** |
| B1 **correre** *laufen* | → | cor**so** |
| **prendere** *nehmen* | → | pre**so** |
| **spendere** *ausgeben* | → | spe**so** |
| **scendere** *aussteigen* | → | sce**so** |
| B1 **ridere** *lachen* | → | ri**so** |
| **chiudere** *schließen* | → | chiu**so** |
| **mettere** *stellen/legen* | → | me**sso** |
| **succedere** *geschehen* | → | succe**sso** |
| B1 **discutere** *diskutieren* | → | discu**sso** |
| B1 **esprimere** *ausdrücken* | | espre**sso** |

Das Hilfsverb avere bildet das Partizip Perfekt regelmäßig: avuto.
Das Hilfsverb essere hat dasselbe Partizip Perfekt wie stare → stato.

**Gebrauch**

Das Partizip Perfekt wird am häufigsten zur Bildung der zusammengesetzten Zeiten und der Passivformen (▷ 12) verwendet:

- Das mit avere verbundene Partizip Perfekt bleibt unverändert:
  Franca ha trovat**o** un nuovo lavoro. *Franca hat eine neue Arbeit gefunden.*
  Carlo e Andrea hanno pers**o** il treno. *Carlo und Andrea haben den Zug verpasst.*
  Ausnahme: Steht das Pronominaladverb ne oder ein direktes unbetontes Objektpronomen vor dem Verb, richtet sich die Partizipendung nach diesem (▷ **6.1**):
  Avete vist**o** i miei occhiali? *Habt ihr meine Brille gesehen?*
  No, non **li** abbiamo visti. *Nein, wir haben sie nicht gesehen.*
  Quante bottiglie di vino hai portat**o**? *Wie viele Weinflaschen hast du mitgebracht?*
  **Ne** ho portat**e** due. *Ich habe zwei mitgebracht.*
- Das mit essere verbundene Partizip Perfekt richtet sich in Numerus und Genus nach dem Subjekt. Das gilt auch für Verben im Passiv und für reflexive Verben:
  **Sono** tornat**i** i vostri amici? *Sind eure Freunde zurückgekommen?*
  B2 La lavatrice **è** stat**a** riparat**a**. *Die Waschmaschine ist repariert worden.*
  Le ragazze **si sono** alzat**e** tardi. *Die Mädchen sind spät aufgestanden.*

Das Partizip Perfekt kann auch verwendet werden:

- als Substantiv oder als Adjektiv: B2
  Substantiv: Conosci **la risposta**? *Kennst du **die Antwort**?*
  Ha telefonato **uno sconosciuto**. *Es hat **ein Unbekannter** angerufen.*
  È **una** buona **offerta**. *Es ist **ein** gutes **Angebot**.*
  Adjektiv: Bruno ha un carattere **chiuso**. *Bruno hat einen **verschlossenen** Charakter.*
  Che macchina **pulita**! *Was für ein **sauberes** Auto!*
  L'anno **scorso** siamo stati in Egitto. ***Letztes** Jahr waren wir in Ägypten.*

B2

- Dabei steht es für Satz verkürzende Konstruktionen ohne Hilfsverb als absolutes Partizip Perfekt. Die Handlung, die mit der Partizipkonstruktion beschrieben wird, ist vorzeitig zur Hauptsatzhandlung, sie ist also vor dieser geschehen. Das Partizip ersetzt:
  - Relativsätze:
    La lettera **che è stata spedita** una settimana fa non è ancora arrivata./La lettera **spedita** una settimana fa non è ancora arrivata. *Der Brief, der vor einer Woche **abgeschickt worden ist**, ist noch nicht angekommen./Der vor einer Woche **abgeschickte** Brief ...*
  - Temporalsätze, die durch dopo che *nachdem*, appena *sobald*, quando *als* eingeleitet werden:
    **Dopo che erano tornati** in albergo, hanno pranzato insieme./**Tornati** in albergo, hanno pranzato insieme. ***Nachdem sie** ins Hotel **zurückgekommen waren**, haben sie zusammen zu Mittag gegessen.*
    **Quando ha compiuto** diciott'anni ha preso subito la patente./**Compiuti** diciott'anni ha preso subito la patente. ***Als er** achtzehn **geworden ist**, hat er sofort den Führerschein gemacht.*
  - Kausalsätze, die durch siccome *da*, perché *weil* eingeleitet werden:
    **Siccome sono stata informata** della sua malattia, le ho telefonato./**Informata** della sua malattia, le ho telefonato. ***Da** ich von ihrer Krankheit **erfahren hatte**, habe ich sie angerufen.*

    Bezieht sich das Partizip auf das Subjekt des Satzes, richtet es sich in Numerus und Genus nach diesem:
    Arrivat**a** a Torino, **Valeria** mi telefonò. *In Turin angekommen, rief **Valeria** mich an.*
    Das Partizip kann jedoch auch ein eigenes Subjekt haben, also anstelle eines Nebensatzes (meist Temporal- oder Kausalsatz) stehen. In diesem Fall richtet es sich nach dem eigenen Subjekt:
    Arrivat**o Franco** a Torino, **Pia** andò a prenderlo. *Nachdem **Franco** in Turin angekommen war, holte **Pia** ihn ab.*
    Finit**o il film**, siamo andati in discoteca. *Als **der Film** zu Ende war, sind wir in die Disko gegangen.*
    Vendut**a la casa**, ci siamo trasferiti. *Nachdem das Haus verkauft war, sind wir umgezogen.*

# Übungen

## 1 Die Formen des Partizip Präsens

B1

Bilden Sie das Partizip Präsens folgender Verben.

| | | | |
|---|---|---|---|
| insegnare | ............................ | andare | ............................ |
| partecipare | ............................ | credere | ............................ |
| fare | ............................ | dormire | ............................ |
| volare | ............................ | amare | ............................ |
| dire | ............................ | vincere | ............................ |

## 2 Der Gebrauch des Partizip Präsens

B2

Ersetzen Sie die Relativsätze durch ein Partizip Präsens.

a. Ecco qualche informazione che concerne il tuo lavoro.

..............................................................................................................

b. È un frutto che contiene molte vitamine.

..............................................................................................................

c. Questo è un esercizio che riguarda il participio.

..............................................................................................................

d. Abbiamo accolto gli atleti che provengono dall'Australia.

..............................................................................................................

## 3 Partizip Präsens als Adjektiv

B1

Ergänzen Sie die fehlenden Partizipendungen.

a. la settimana seguent...........

b. il cavallo perdent...........

c. le signore affascinant...........

d. i bambini ubbidient...........

e. la stella splendent...........

A2

## 4 Die Formen des Partizip Perfekt

**Bilden Sie das Partizip Perfekt der nachfolgend aufgeführten Verben.**

| | | | |
|---|---|---|---|
| mangiare | ........................... | mettere | ........................... |
| stare | ........................... | avere | ........................... |
| andare | ........................... | chiudere | ........................... |
| fare | ........................... | vivere | ........................... |
| potere | ........................... | venire | ........................... |
| vedere | ........................... | aprire | ........................... |
| prendere | ........................... | capire | ........................... |
| vincere | ........................... | dire | ........................... |
| chiedere | ........................... | succedere | ........................... |

B2

## 5 Der Gebrauch des Partizip Perfekt

**Ersetzen Sie die Temporal- und Kausalsätze mithilfe eines Partizip Perfekts.**

a. Dopo che erano finiti gli esami, siamo partiti per le vacanze.

*Finiti gli esami, siamo partiti per le vacanze.*

b. Siccome era preoccupata per il tempo, si informò sulle previsioni.

..........................................................................................

c. Dopo che erano usciti di casa, si sono accorti di aver dimenticato le chiavi.

..........................................................................................

d. Quando ha cominciato l'università è andato a vivere da solo.

..........................................................................................

e. Dopo che aveva preparato la cena, si è addormentata.

..........................................................................................

### 4. Die Formen des Partizip Perfekt

| | | | |
|---|---|---|---|
| mangiare | mangiato | mettere | messo |
| stare | stato | avere | avuto |
| andare | andato | chiudere | chiuso |
| fare | fatto | vivere | vissuto |
| potere | potuto | venire | venuto |
| vedere | visto | aprire | aperto |
| prendere | preso | capire | capito |
| vincere | vinto | dire | detto |
| chiedere | chiesto | succedere | successo |

**G** Das Partizip Perfekt wird gebildet, indem man die Infinitivendung -are mit -ato, -ere mit -uto und -ire mit -ito ersetzt. Viele Verben – vor allem diejenigen auf -ere – bilden das Partizip Perfekt unregelmäßig. Die häufigsten Endungen der unregelmäßigen Partizip-Perfekt-Formen sind dabei -to, -sto und -so.

### 5. Der Gebrauch des Partizip Perfekt

a. Finiti gli esami, siamo partiti per le vacanze.
b. Preoccupata per il tempo, si informò sulle previsioni.
c. Usciti di casa, si sono accorti di aver dimenticato le chiavi.
d. Cominciata l'università è andato a vivere da solo.
e. Preparata la cena, si è addormentata.

**G** Das Partizip Perfekt ohne Hilfsverb kann Kausal- und Temporalsätze, die durch dopo che *nachdem*, quando *als*, siccome *da, weil* usw. eingeleitet werden, ersetzen.

# Lösungen

## 1. Die Formen des Partizip Präsens

| | | | |
|---|---|---|---|
| insegnare | insegnante | andare | andante |
| partecipare | partecipante | credere | credente |
| fare | facente | dormire | dormiente |
| volare | volante | amare | amante |
| dire | dicente | vincere | vincente |

**G** Das Partizip Präsens wird gebildet, indem man die Infinitivendung -are durch -ante, -ere und -ire durch -ente ersetzt. Einige Verben wie z. B. dormire *schlafen* haben die Endung -iente.

## 2. Der Gebrauch des Partizip Präsens

a. Ecco qualche informazione concernente il tuo lavoro.
b. È un frutto contenente molte vitamine.
c. Questo è un esercizio riguardante il participio.
d. Abbiamo accolto gli atleti provenienti dall'Australia.

**G** Das Partizip Präsens wird nicht nur als Substantiv, Adjektiv oder Präposition verwendet, es kann auch – meistens in der geschriebenen Sprache – einen Relativsatz ersetzen. Die mit dem Partizip beschriebene Handlung verläuft gleichzeitig zum Verb.

## 3. Partizip Präsens als Adjektiv

a. la settimana seguente
b. il cavallo perdente
c. le signore affascinanti
d. i bambini ubbidienti
e. la stella splendente

**G** Das Partizip Präsens wird meist als Adjektiv verwendet. Es ist veränderlich und richtet sich im Numerus nach seinem Bezugswort: Im Singular lautet die Endung für Maskulinum und Femininum -e, im Plural -i.

# 15 Das Gerund

B2

*Ciao Marco, ich muss dir etwas erzählen, ... du hast doch nicht schon geschlafen? – Um drei Uhr nachts? Neeein, ich hab' nur auf deinen Anruf gewartet!*

ℹ Das Gerund weist zwei Formen auf: das Gerundio semplice als Gerund der Gegenwart und das Gerundio composto als Gerund der Vergangenheit. Im Deutschen hat das Gerund keine Entsprechung.

## 15.1 Das Gerund der Gegenwart

B2

### Formen

| | **parlare** *sprechen* | **prendere** *nehmen* | **partire** *abreisen* |
|---|---|---|---|
| Gerundio semplice | parl-**ando** | prend-**endo** | part-**endo** |

Beim Gerundio semplice wird an den Verbstamm der Verben auf -are die Endung -ando angehängt. Bei den Verben auf -ere und -ire (auch diejenigen mit Stammerweiterung -isc-) wird die Endung -endo hinzugefügt. Diese Formen sind unveränderlich.
Ebenso bilden die Verben essere *sein* und avere *haben* das Gerundio semplice: essendo, avendo.
⚡ Steht bei essendo ein Adjektiv, richtet sich dieses in Numerus und Genus nach dem Subjekt:
Essendo stanch**i**, Giovanni e Luigi sono tornati a casa. *Da Giovanni und Luigi müde waren, kehrten sie nach Hause zurück.*

⚡ Bei einigen Verben ist der Verbstamm nicht am Infinitiv, sondern an der 1. Person Singular Indikativ Präsens erkennbar. Dazu zählen:

| Infinitiv Präsens | 1. Pers. Sing. Ind. Präs. | Gerundio semplice |
|---|---|---|
| fare *tun* | fac-**cio** | fac-**endo** |
| bere *trinken* | bev-**o** | bev-**endo** |
| dire *sprechen* | dic-**o** | dic-**endo** |
| B1 tradurre *übersetzen* | traduc-**o** | traduc-**endo** |

**Gebrauch**

A2
- stare + Gerundio semplice:
  Die häufigste Verwendung des Gerundio semplice ist die Kombination mit den einfachen Zeiten von stare *bleiben, sein*. Hiermit können Sie den Verlauf einer gerade stattfindenden Handlung beschreiben bzw. den Ablauf eines Vorgangs betonen:
  Che **state facendo**? – **Stiamo guardando** la tv. *Was **macht** ihr **gerade**? – Wir **schauen (gerade) fern**.*
  Quando mi hai chiamato domenica mattina, **stavo** ancora **dormendo**. *Als du mich am Sonntag Morgen angerufen hast, **habe** ich noch **geschlafen**.*
  ⚡ Verwechseln Sie stare + Gerundio semplice nicht mit stare per + Infinitiv, das eine unmittelbar bevorstehende Handlung ausdrückt.
  Sto **per uscire**. *Ich gehe **gleich** aus dem Haus.*
  Sto **uscendo**. *Ich gehe **gerade** aus dem Haus.*

- andare + Gerundio semplice:
  Das Gerundio semplice bezeichnet in Kombination mit den einfachen Zeiten von andare *gehen* die allmähliche Entwicklung oder die ständige Wiederholung eines Vorgangs:
  Da qualche tempo il prezzo della benzina **va** sempre **aumentando**. *Seit einiger Zeit **steigt** der Benzinpreis **ständig**.*
  Nei prossimi giorni il tempo **andrà migliorando**. *In den nächsten Tagen **wird** das Wetter **immer besser werden**.*

- Gerundio semlice zur Verkürzung von Sätzen:
  ⇄ In der Schriftsprache kann das Gerundio semplice einen Nebensatz ersetzen, dessen Subjekt identisch mit dem des Hauptsatzes ist und dessen Handlung gleichzeitig zur Hauptsatzhandlung verläuft. Es kann wie ein Verb auch ein Objekt haben. In der Umgangssprache sind hierbei entsprechende Nebensätze häufiger.

Das gedankliche Verhältnis des Gerunds zum Hauptsatz erschließt sich im Italienischen aus dem Satzzusammenhang. Im Deutschen wird das Gerund in den meisten Fällen mit einem entsprechenden Nebensatz wiedergeben. Das Gerundio semplice kann stehen als Ersatz für:

- *Temporalsätze* mit mentre *während* oder quando *als, wenn*:
  **Mangiando** (= Mentre mangiava), Luca guardava un film.
  ***Während*** *Luca* ***aß****, sah er sich einen Film an.*
  Marisa ha sorriso **vedendo** il suo ragazzo (= quando ha visto il suo ragazzo). *Marisa lächelte,* ***als*** *sie ihren Freund* ***sah****.*

- *Kausalsätze* mit poiché/siccome *weil*:
  **Avendo** sete (= Siccome ha sete), Carlo ordina qualcosa da bere. ***Da*** *Carlo Durst* ***hat****, bestellt er etwas zu trinken.*
  **Parlando** ad alta voce (= Poiché parlava ad alta voce), Paola non ha sentito il telefono. ***Da*** *Paola laut* ***sprach****, hörte sie das Telefon nicht.*

- *Bedingungsätze* mit se *wenn*:
  **Lavorando** meno (= Se lavorassi meno), staresti sicuramente meglio. ***Wenn*** *du weniger* ***arbeiten würdest****, ginge es dir sicher besser.*
  **Uscendo** subito (= Se esci subito), arrivi alla stazione in tempo. ***Wenn*** *du sofort* ***aus dem Haus gehst****, kommst du pünktlich am Bahnhof an.*

- *Modalsätze*, um die Art und Weise oder das Mittel angeben:
  **Sbagliando**, si impara. ***Durch Fehler/Indem man Fehler macht****, lernt man.*
  Lina si rilassa **correndo**. *Lina entspannt sich,* ***indem sie joggt/ beim Joggen****.*

- *Konzessivsätze* in Verbindung mit pur(e); das Gerundio semplice ersetzt dann Sätze mit benché/sebbene/anche se *obwohl*:
  **Pur essendo** malata (= Benché fosse malata), Paola è andata a lavorare. ***Obwohl*** *Paola krank* ***war****, ist sie arbeiten gegangen.*
  Pur non **facendo** niente (= Sebbene non faccia niente), Marco si lamenta sempre. ***Obwohl*** *er nichts* ***tut****, beklagt sich Marco immer.*

B2

## 15.2 Das Gerund der Vergangenheit

### Formen

| Infinitiv | parlare *sprechen* | prendere *nehmen* | partire *abreisen* |
|---|---|---|---|
| Gerundio composto | avendo parlato | avendo preso | essendo partito, -a, -i, -e |

Das Gerundio composto wird aus dem Gerundio semplice von essere oder avere (▷ 7.3) und dem Partizip Perfekt des entsprechenden Verbs gebildet. Das Partizip des mit essere gebildeten Gerunds richtet sich nach dem Subjekt:
**Essendo** partit**a** prestissimo, Rita non ha salutato nessuno. *Da Rita sehr früh losgefahren ist, hat sie sich von niemandem verabschiedet.*
Das mit avere gebildete Gerund ist unveränderlich:
**Avendo** lavorat**o** a lungo, Rita è tornata solo verso le 8. *Da Rita lange gearbeitet hatte, ist sie erst gegen 8 Uhr zurückgekommen.*

◐ Ausnahmen treten im Zusammenhang mit unbetonten direkten Objektpronomen (▷ 15.3) auf:
Avendo**li** chiamat**i**, Rita è tornata a casa. *Nachdem Rita sie angerufen hatte, kehrte sie nach Hause zurück.*

### Gebrauch

Das Gerundio composto wird fast ausschließlich in der Schriftsprache verwendet; es beschreibt eine Handlung, die vor der Hauptsatzhandlung geschehen ist. Wie das Gerundio semplice verkürzt es Sätze und ersetzt bei Subjektgleichheit:

- Kausalsätze:
  **Avendo dormito** male (= Siccome hanno dormito male), sono stanchi. ***Da** sie schlecht **geschlafen haben**, sind sie müde.*
  **Essendo arrivato** in ritardo (= Poiché è arrivato in ritardo), Paolo si è scusato con la sua ragazza. ***Da** Paolo zu spät **gekommen war**, entschuldigte er sich bei seiner Freundin.*
- Konditionalsätze (selten):
  **Essendo partito** prima (= Se tu fossi partito prima), saresti arrivato in tempo. ***Wenn** du früher **losgefahren wärest**, wärest du pünktlich angekommen.*

- Konzessivsätze in Verbindung mit pur(e):
  **Pur avendo avuto** poco tempo (= Sebbene avesse avuto poco tempo), Sara è venuta. ***Obwohl*** *Sara wenig Zeit* ***gehabt hatte****, ist sie gekommen.*
  **Pur essendo partito** prestissimo (= Benché io fossi partito prestissimo), non ce l'ho fatta. ***Obwohl*** *ich sehr früh* ***losgefahren bin****, habe ich es nicht geschafft.*
- Temporalsätze:
  **Essendo andato** in vacanza (= Dopo che era andato in vacanza), Piero si è sentito molto riposato. ***Nachdem*** *Piero in Urlaub* ***gegangen war****, fühlte er sich sehr erholt.*
  **Avendo chiamato** suo padre (= Dopo che aveva chiamato suo padre), Andrea è uscito. ***Nachdem*** *Andrea seinen Vater* ***angerufen hatte****, ist er aus dem Haus gegangen.*

## 15.3 Pronomen und Gerund

### Pronomen beim Gerundio semplice

*Unbetonte* Objektpronomen und die Pronominaladverbien ci und ne werden unmittelbar an das Gerundio semplice angehängt. Auch reflexive Verben fügen im Gerundio semplice das Reflexivpronomen direkt an:

Conoscendo**la** bene, so che cosa ne pensa. *Da ich* ***sie*** *gut kenne, weiß ich, was sie davon hält.*

Parlando**ne**, abbiamo trovato una soluzione. *Während/Indem wir* ***darüber*** *sprachen, haben wir eine Lösung gefunden.*

Vestendo**si**, Valeria canticchiava una canzone. *Als Valeria* ***sich*** *anzog, trällerte sie ein Lied.*

◐ Ausnahmen:
- Bei stare + Gerundio semplice geht das Pronomen voraus:
  **Ti** sto parlando! *Ich spreche gerade* ***mit dir****!*
  Di che cosa **si** sta preoccupando? *Worüber macht er/sie* ***sich*** *gerade Sorgen?*
  ⚡ Aber: Das unbetonte indirekte Objektpronomen loro folgt auf **stare** + Gerundio semplice:
  Sto scrivendo **loro**. *Ich schreibe* ***ihnen*** *gerade.*

- Beim Gerundio semplice der Modalverben können unbetonte Pronomen an dieses oder an den Infinitiv angehängt werden: Dovendo**si** sbrigare/Dovendo sbrigar**si**, Giorgio è uscito di corsa. *Da Giorgio **sich** beeilen musste, rannte er aus dem Haus.*

*Betonte* Objektpronomen stehen nach dem Gerundio semplice: Solo vedendo **lei**, Paolo era felice. *Nur wenn Paolo **sie** sah, war er glücklich.*
Sehr viel häufiger werden jedoch unbetonte Objektpronomen mit dem Gerundio semplice verwendet.

**Pronomen beim Gerundio composto**
Unbetonte Objektpronomen, die Pronominaladverbien ci und ne und Reflexivpronomen werden an avendo bzw. essendo angehängt. Das Partizip richtet sich beim Gerundio composto mit avendo in Numerus und Genus nach dem Pronomen:
Avendo**la** vist**a** ieri, so già tutte le novità. *Da ich **sie** gestern gesehen habe, weiß ich schon alle Neuigkeiten.*
Non essendo**ci** andata, Carla non ha visto Lisa. *Da Carla nicht **dorthin** gegangen war, hat sie Lisa nicht gesehen.*
Essendo**si** divertiti molto alla nostra festa, gli ospiti se ne sono andati solo verso le 2. *Da **sich** die Gäste auf unserem Fest sehr amüsiert hatten, sind sie erst gegen 2 Uhr gegangen.*

◖ Ausnahmen: Das unbetonte indirekte Objektpronomen loro sowie alle betonten Objektpronomen folgen auf das Gerundio composto:
Avendo già scritto **loro**, non li dobbiamo chiamare. *Da wir **ihnen** schon geschrieben haben, müssen wir sie nicht anrufen.*
Avendo parlato **a lui**, Luciana era più tranquilla. *Nachdem Luciana **mit ihm** gesprochen hatte, war sie ruhiger.*
Avendo visto anche **me**, mio nonno stava meglio. *Da/Nachdem mein Großvater auch **mich** gesehen hatte, fühlte er sich besser.*

# Übungen

## 1 Das Gerundio semplice A2

Bilden Sie das Gerundio semplice von den folgenden Verben.

a. scrivere ............................ f. avere ............................
b. finire ............................ g. essere ............................
c. parlare ............................ h. fare ............................
d. dormire ............................ i. dire ............................
e. bere ............................ j. sentirsi ............................

## 2 Stare + Gerundio semplice A2

Setzen Sie die passende Präsensform von stare und das Gerundio semplice des angegebenen Verbs ein.

a. (prendere, noi) ............................ il sole.
b. Carla (leggere) ............................ un testo russo molto difficile.
c. I bambini (giocare) ............................ in giardino.
d. Cosa (fare, tu) ............................ ? – (leggere, io) ............................ .
e. (mangiare, voi) ............................ ancora ............................ ?
f. Gianni (parlare) ............................ al telefono.

## 3 Das Gerund als Ersatz für Nebensätze B2

Setzen Sie das passende Verb im Gerundio semplice ein.

guardare / andare / avere / seguire / fare

a. ............................ la doccia, Giorgio canta sempre.
b. ............................ al lavoro, prendiamo un caffè al bar.
c. ............................ fame, Rita mangia un panino.
d. Non mangiate ............................ la tv!
e. ............................ i consigli del medico, guarirai presto.

B2

## 4 Das Gerundio composto – Formen

**Wandeln Sie das Gerundio semplice in das Gerundio composto um.**

| | | | |
|---|---|---|---|
| a. comprando | ............................ | i. lavorando | ............................ |
| b. passando | ............................ | j. vedendo | ............................ |
| c. andando | ............................ | k. guardando | ............................ |
| d. dicendo | ............................ | l. essendo | ............................ |
| e. credendo | ............................ | m. partendo | ............................ |
| f. rimanendo | ............................ | n. scrivendo | ............................ |
| g. sentendosi | ............................ | o. bevendo | ............................ |
| h. venendo | ............................ | p. vestendosi | ............................ |

B2

## 5 Das Pronomen beim Gerund

**Setzen Sie das angegebene Pronomen an der richtigen Stelle im Satz ein.**

a. ci: ........... essendo ........... andata ........... Claudia era molto contenta.

b. mi: ........... vestendo ........... ho visto che non avevo più una maglietta pulita.

c. gliene: Pur avendo ........... parlato ........... a lungo litighiamo ancora con lui.

d. lui: ........... vedendo ........... si spaventò.

e. ci: ........... passando ........... potresti comprare delle albicocche.

f. lo: Non ........... avendo ........... sentito ........... da molto tempo Marisa lo chiamò.

g. ci: ........... andando ..........., abbiamo incontrato Paolo.

h. li: Non ........... avendo ........... invitati ........... alla festa, si sono offesi.

### 4. Das Gerundio composto – Formen

a. avendo comprato
b. avendo passato/essendo passato/-a/-i/-e
c. essendo andato/-a/-i/-e
d. avendo detto
e. avendo creduto
f. essendo rimasto/-a/-i/-e
g. essendosi sentito/-a/-i/-e
h. essendo venuto/-a/-i/-e
i. avendo lavorato
j. avendo visto
k. avendo guardato
l. essendo stato/-a/-i/-e
m. essendo partito/-a/-i/-e
n. avendo scritto
o. avendo bevuto
p. essendosi vestito/-a/-i/-e

G Transitive Verben bilden das Gerundio composto mit avendo + Partizip Perfekt (das unveränderlich bleibt). Intransitive Verben bilden das Gerundio composto mit essendo + Partizip Perfekt, das sich in Numerus und Genus an sein Bezugswort anpasst.

### 5. Das Pronomen beim Gerund

a. Essendoci andata, Claudia era molto contenta.
b. Vestendomi, ho visto che non avevo più una maglietta pulita.
c. Pur avendogliene parlato a lungo, litighiamo ancora con lui.
d. Vedendo lui, si spaventò.
e. Passandoci, potresti comprare delle albicocche.
f. Non avendolo sentito da molto tempo, Marisa lo chiamò.
g. Andandoci, abbiamo incontrato Paolo.
h. Non avendoli invitati alla festa, si sono offesi.

G Unbetonte Objektpronomen und Pronominaladverbien werden direkt an das Gerundio semplice bzw. an avendo/essendo beim Gerundio composto angehängt. Betonte Objektpronomen stehen immer nach dem Gerund.

# Lösungen

## 1. Das Gerundio semplice

a. scrivendo
b. finendo
c. parlando
d. dormendo
e. bevendo
f. avendo
g. essendo
h. facendo
i. dicendo
j. sentendosi

G Das Gerundio semplice bilden Sie bei den Verben auf -are durch Anhängen der Endung -ando an den Stamm des Verbs, bei den Verben auf -ere und -ire wird -endo angefügt. Das Gerund ist unveränderlich.

## 2. Stare + Gerundio semplice

a. Stiamo prendendo il sole.
b. Carla sta leggendo un testo russo molto difficile.
c. I bambini stanno giocando in giardino.
d. Cosa stai facendo? – Sto leggendo.
e. State ancora mangiando?
f. Gianni sta parlando al telefono.

G Die Kombination von stare + Gerundio semplice drückt aus, dass eine Handlung zum Zeitpunkt des Erzählens gerade stattfindet. Damit wird der Verlauf einer Handlung betont.

## 3. Das Gerundio semplice als Ersatz für Nebensätze

a. Facendo la doccia, Giorgio canta sempre.
b. Andando al lavoro, prendiamo un caffè al bar.
c. Avendo fame, Rita mangia un panino.
d. Non mangiate guardando la tv!
e. Seguendo i consigli del medico, guarirai presto.

G Das Gerundio semplice kann bei Subjektgleichheit einen Nebensatz ersetzen, der entweder temporal, kausal oder konditional ist. Die mit dem Gerundio semplice ausgedrückte Handlung verläuft gleichzeitig zur Handlung im Hauptsatz.

# 16 Die Konjunktion

A2

*Mama, ich habe jetzt keine Zeit. Aber sobald ich mit der Arbeit fertig bin, rufe ich dich an.*

ⓘ Konjunktionen dienen dazu, Satzteile oder ganze Sätze miteinander zu verbinden. Man unterscheidet zwischen beiordnenden und unterordnenden Konjunktionen.

## 16.1 Die beiordnende Konjunktion

A2

Beiordnende Konjunktionen verbinden Wörter sowie gleichartige Sätze oder Satzteile miteinander.

Konjunktionen, die Wörter oder Satzteile aneinanderreihen:

- e/ed *und*:
  Ho preso i piatti **ed** i bicchieri. *Ich nahm Teller **und** Gläser.*
- anche *auch*:
  Vengono **anche** i signori Garro. *Herr und Frau Garro kommen **auch**.*
- B2 inoltre *außerdem:*
  È già tardi e **inoltre** piove. *Es ist schon spät und **außerdem** regnet es.*
- B1 e … e, B1 sia … sia, B1 sia … che *sowohl … als auch*:
  Mi piacciono **sia** la musica classica **sia** la musica leggera.
  *Ich mag **sowohl** klassische Musik **als auch** Schlagermusik.*
  Valentina parla **sia** l'italiano **che** il tedesco. *Valentina spricht **sowohl** Italienisch **als auch** Deutsch.*

- non solo … ma anche *nicht nur … sondern auch*:
  **Non** suona **solo** la chitarra **ma anche** il pianoforte. *Er spielt **nicht nur** Gitarre, **sondern auch** Klavier.*
- né *und auch nicht*:
  Ester non fuma **né** beve. *Ester raucht nicht **und** trinkt **auch nicht**.*
- B1 neanche, B1 neppure B1 nemmeno *auch nicht*:
  **Neppure** loro hanno dormito. ***Auch** sie haben **nicht** geschlafen.*
- B2 né … né *weder ... noch*:
  Silvio non mangia **né** carne **né** pesce. *Silvio isst **weder** Fleisch **noch** Fisch.*

Konjunktionen, die zwei zur Auswahl stehende Elemente verbinden:
- o/B1 oppure *oder*:
  Prendi un caffè **o** un tè? *Nimmst du einen Kaffee **oder** einen Tee?*
  Vieni con me **oppure** resti qui? *Kommst du mit mir **oder** bleibst du hier?*
- o … o *entweder … oder*:
  **O** prendi l'autobus **o** vieni a piedi. ***Entweder** nimmst du den Bus **oder** du kommst zu Fuß.*

Konjunktionen, die einen Gegensatz oder eine Einschränkung ausdrücken:
- ma *aber*:
  Sandra arriva oggi, **ma** non so a che ora. *Sandra kommt heute an, **aber** ich weiß nicht um wie viel Uhr.*
- però *aber, jedoch*:
  Non ho fame, **però** prendo volentieri un caffè. *Ich habe keinen Hunger, nehme **aber** gerne einen Kaffee.*
- B2 anzi/al contrario *im Gegenteil*:
  Non è facile, **anzi** piuttosto difficile. *Es ist nicht einfach, **im Gegenteil** ziemlich schwer.*
- B1 invece *jedoch, stattdessen*:
  Io preferisco andare in treno, Cinzia **invece** in aereo. *Ich fahre lieber Zug, Cinzia nimmt **jedoch** lieber das Flugzeug.*
- B2 eppure/tuttavia *dennoch, trotzdem*:
  Ho dormito poco, **eppure** non sono stanca. *Ich habe wenig geschlafen, **dennoch** bin ich nicht müde.*

Ho molto lavoro, **tuttavia** andrò a trovarla. *Ich habe viel Arbeit, **trotzdem** werde ich sie besuchen.*

Konjunktionen, die einen Grund angeben oder eine Schlussfolgerung einleiten:

- allora, dunque, quindi *also, folglich*:
  Oggi fa freddo **allora** vengo in macchina. *Heute ist es kalt, **also** komme ich mit dem Auto.*
  Devo andare all'ospedale **quindi** non posso venire con voi. *Ich muss ins Krankenhaus, **also** kann ich nicht mit euch mitkommen.*
- per questo/ B1 perciò *deshalb, daher*:
  Pioveva, **perciò** non siamo andati in spiaggia. *Es hat geregnet, **deshalb** sind wir nicht zum Strand gegangen.*
  Roberto sta dormendo, **per questo** non ha risposto al telefono. *Roberto schläft gerade, **deshalb** ist er nicht ans Telefon gegangen.*

Konjunktionen, die eine erklärende Funktion haben:

- B1 cioè *das heißt*:
  Torno fra due settimane, **cioè** alla fine del mese. *Ich komme in zwei Wochen zurück, **das heißt** am Ende des Monats.*
- B1 infatti *in der Tat, tatsächlich*:
  Fabio è in vacanza. Quando ho telefonato **infatti** non c'era. *Fabio ist in Urlaub. Als ich angerufen habe, war er **tatsächlich** nicht da.*
- B2 ossia/ovvero *oder auch, besser gesagt*:
  Questa è mia zia Mirella, **ossia** la mia B2 madrina! *Diese ist meine Tante Mirella **oder besser gesagt** meine Patentante.*

## 16.2 Die unterordnende Konjunktion B1

ℹ Unterordnende Konjunktionen verbinden Haupt- und Nebensätze, in denen das Verb im Indikativ oder Konjunktiv steht.

**Temporale Konjunktionen** B1

Temporale Konjunktionen leiten Temporalsätze ein und drücken ein zeitliches Verhältnis aus:

- quando *als, wenn*:
  **Quando** siete arrivati chiamatemi! ***Wenn** ihr angekommen seid, ruft mich an!*

- da quando *seit*, *seitdem*:
  **Da quando** l'ha conosciuto, è cambiata. ***Seitdem** sie ihn kennen gelernt hat, hat sie sich verändert.*
- (non) appena *sobald*:
  Vengo **appena** smette di piovere. *Ich komme, **sobald** es aufhört zu regnen.*
- dopo che *nachdem*:
  **Dopo che** i vostri amici se ne sono andati, siamo andati al cinema. ***Nachdem** eure Freunde weggegangen waren, sind wir ins Kino gegangen.*
- mentre *während*:
  **Mentre** facevo la doccia, è arrivata Silvia. ***Während** ich duschte, kam Silvia.*
- finché (non) *solange*, *bis*:
  Puoi restare **finché** vuoi. *Du kannst bleiben, **solange** du willst.*
  Aspetto **finché** torni. *Ich warte, **bis** du zurückkommst.*
- prima che *bevor*, *ehe*:
  È meglio che tu parta **prima che** sia troppo tardi. *Es ist besser, dass du gehst, **bevor** es zu spät ist.*

⚡ Bei appena *sobald* und finché in der Bedeutung *bis* kann auch non stehen, ohne die Bedeutung der Konjunktionen zu verändern:
L'ho riconosciuto (**non**) appena l'ho visto. *Ich habe ihn wiedererkannt, sobald ich ihn gesehen habe.*
Aspetterò finché (**non**) arrivi. *Ich werde warten, bis du kommst.*

⚡ Temporalsätze, die mit quando *wenn*, *als*, dopo che *nachdem*, appena *sobald* eingeleitet werden, können bei gleichem Subjekt durch eine Infinitivkonstruktion (dopo + Infinitiv Perfekt), durch das Gerundio composto oder durch eine Partizipialkonstruktion ersetzt werden:
**Quando/Dopo che/Appena** ebbe finito il lavoro, Federico andò da sua sorella.
**Dopo aver finito** il lavoro, Federico andò da sua sorella.
**Avendo finito** il lavoro Federico andò da sua sorella.
**Finito** il lavoro, Federico andò da sua sorella.
*Nachdem er die Arbeit beendet hatte, ging Federico zu seiner Schwester.*

Temporalsätze, die mit quando *wenn, als* oder mentre *während* eingeleitet werden (die man zum Ausdruck der Gleichzeitigkeit von Handlungen verwendet), können bei Subjektgleichheit durch das Gerundio semplice ersetzt werden:
**Quando vado** allo stadio incontro spesso tuo padre.
**Andando** allo stadio incontro spesso tuo padre.
*Wenn ich zum Stadion gehe, treffe ich oft deinen Vater.*

⚡ Nach prima che *bevor* steht der Konjunktiv. Ist das Subjekt von Haupt- und Nebensatz gleich, bevorzugt man eine Infinitivkonstruktion mit prima di + Infinitiv:
Devo pulire l'appartamento **prima** che **arrivino**. *Ich muss die Wohnung putzen, **bevor** sie **kommen**.*
Andrea doveva portarmi la macchina **prima di andare** a casa. *Andrea sollte mir das Auto bringen, **bevor** er nach Hause ging.*

**Kausale Konjunktionen** B1
Kausale Konjunktionen leiten Kausalsätze ein. Sie bezeichnen einen Grund:

- perché *weil*:
  Non mi sono preoccupata **perché** sapevo dov'eri. *Ich habe mir keine Sorgen gemacht, **weil** ich wusste, wo du warst.*
- B2 poiché *da, weil*:
  **Poiché** ti conosco, non mi stupisco. ***Da** ich dich kenne, wundere ich mich nicht.*
- siccome *da, weil*:
  **Siccome** non vi abbiamo visti, ce ne siamo andati. ***Da** wir euch nicht gesehen haben, sind wir weggegangen.*
- B2 dal momento che *da, weil*:
  **Dal momento che** non la conosco, potresti presentarmela. ***Da** ich sie nicht kenne, könntest du sie mir vorstellen.*
- B2 dato che *da, weil*:
  **Dato che** è già molto tardi, volevo salutarvi. ***Da** es schon sehr spät ist, wollte ich mich von euch verabschieden.*
- B2 visto che *da, weil*:
  **Visto che** oggi non è possibile, lo farò la prossima settimana. ***Da** es heute nicht möglich ist, werde ich es nächste Woche machen.*

- che *weil*:
  Correte **che** sta cominciando lo spettacolo. *Rennt,* ***weil*** *die Vorstellung gerade anfängt.*
- B2 non che *nicht dass, nicht weil*:
  **Non che** la carne non mi piaccia, ma non ho proprio fame. ***Nicht dass*** *ich Fleisch nicht mag/mögen würde, aber ich habe wirklich keinen Hunger.*

B2 Bei poiché, siccome, dal momento che, dato che, visto che, *da* geht der kausale Nebensatz grundsätzlich immer dem Hauptsatz voran. Perché *weil* ist dagegen am Satzanfang nicht üblich:
**Siccome** ero già in ritardo, non sono potuto venire a prenderti.
***Da*** *ich schon zu spät dran war, konnte ich dich nicht abholen.*
Non sono potuto venire a prenderti **perché** ero già in ritardo.
*Ich konnte dich nicht abholen,* ***weil*** *ich schon zu spät dran war.*
Bei Subjektgleichheit können Kausalsätze durch das Gerund ersetzt werden:
**Siccome abbiamo già mangiato**, non abbiamo fame.
**Avendo già mangiato**, non abbiamo fame. *Da wir schon gegessen haben, haben wir keinen Hunger.*
**Visto che è malata**, non viene alla festa.
**Essendo malata**, non viene alla festa. *Da sie krank ist, kommt sie nicht zum Fest.*

Nach non che *nicht, dass* steht immer der Konjunktiv:
**Non che** questo quadro sia bello, ma me l'ha regalato mio fratello.
***Nicht dass*** *dieses Bild schön wäre, aber mein Bruder hat es mir geschenkt.*

In der gesprochenen Sprache wird perché *weil* häufig durch che ersetzt (selten ché):
Sbrigatevi **perché** siamo già in ritardo.
Sbrigatevi **ché/che** siamo già in ritardo. *Beeilt euch,* ***weil*** *wir schon zu spät dran sind.*
Vestiti **perché** fa freddo!
Vestiti **ché/che** fa freddo! *Zieh dich an,* ***weil*** *es kalt ist.*

# Übungen

## 1 Die beiordnende Konjunktion – Funktion

A2

**Verbinden Sie die Satzteile und markieren Sie die beiordnenden Konjunktionen.**

| | |
|---|---|
| a. O partiamo subito | anche i loro amici tedeschi. |
| b. Filippo ha sette anni e | dovete già partire? |
| c. Vengono | né bevuto. |
| d. Restate ancora un giorno o | Anna cinque. |
| e. Assunta non è solo bella | o restiamo fino a stasera. |
| f. Graziella non ha mangiato | ma anche molto simpatica. |

## 2 Beiordnende Konjunktionen

B1

**Ergänzen Sie die folgenden Sätze mit einer passenden beiordnenden Konjunktion.**

tuttavia / ma / invece / cioè / quindi

a. Il treno dovrebbe partire alle 18.30, ........... fra mezz'ora.

b. Non è più giovane, ........... è sempre in forma.

c. Adesso non possiamo far niente, ........... è meglio tornare domani.

d. Cerchiamo un appartamento in centro, ........... non troppo caro.

e. I bambini sono andati in piscina, noi ........... in montagna.

## 3 Temporale Konjunktionen

B1

**Wählen Sie die richtige Konjunktion aus.**

a. Scrivimi quando / finché hai un po' di tempo.

b. Aspettiamo qui dopo che / finché non arrivano i nonni.

c. Mentre / Appena Clara studia, Simone ascolta musica.

d. La conosciamo da quando / mentre è arrivata a Parma.

B2

## ❹ Temporale Konjunktionen – Infinitiv oder konjugiertes Verb? Markieren Sie die richtige Verbform.

a. Ti vorrei parlare prima di partire / parti / parta

b. Dopo ha fatto / avere fatto / fare i compiti, i bambini sono andati a giocare in giardino.

c. Prima che andate / andare / andiate a teatro vorrei invitarvi a cena.

d. Dopo che aveva lavato / lavare / avere lavato la macchina, è cominciato a piovere.

e. Spegni la luce prima di uscire / esca / essere uscito.

f. È partito solo dopo che tornare / era tornata / essere tornata sua figlia.

g. Dopo aveva fatto / aver fatto / abbia fatto i compiti Alessandro è andato dal suo amico Claudio.

B2

## ❺ Kausale Konjunktionen
**Vervollständigen Sie die Sätze mit einer der gegebenen Konjunktionen.**

visto che / perché (3x) / siccome / dato che / non che (2x)

a. Non andiamo a scuola ........... stiamo male.

b. ........... non ti ho riconosciuto, non ti ho salutato.

c. ........... stiamo male non andiamo a scuola.

d. ........... non ti abbia riconosciuto, ma stavo parlando con Anna.

e. Non ti ho salutato ........... non ti ho riconosciuto.

f. ........... stia male ma preferisco non andare a scuola.

g. ........... piove, preferirei di stare a casa.

h. Oggi preferisco non uscire ........... piove a dirotto.

### 4. Temporale Konjunktionen – Infinitiv oder konjugiertes Verb?

a. Ti vorrei parlare prima di partire.
b. Dopo avere fatto i compiti, i bambini sono andati a giocare in giardino.
c. Prima che andiate a teatro vorrei invitarvi a cena.
d. Dopo che aveva lavato la macchina, è cominciato a piovere.
e. Spegni la luce prima di uscire.
f. È partito solo dopo che era tornata sua figlia.
g. Dopo aver fatto i compiti Alessandro è andato dal suo amico Claudio.

**G** Dopo che *nachdem* kann bei gleichem Subjekt durch eine Infinitivkonstruktion ersetzt werden. Nach prima che *bevor* steht der Konjunktiv; bei gleichem Subjekt bevorzugt man hier auch eine Infinitivkonstruktion (prima di + Infinitiv).

### 5. Kausale Konjunktionen

a. Non andiamo a scuola perché stiamo male.
b. Siccome/Dato che/Visto che non ti ho riconosciuto, non ti ho salutato.
c. Siccome/Dato che/Visto che stiamo male non andiamo a scuola.
d. Non che non ti avessi riconosciuto, ma stavo parlando con Anna.
e. Non ti ho salutato perché non ti ho riconosciuto.
f. Non che stia male, ma preferisco non andare a scuola.
g. Siccome/Dato che/Visto che piove, preferirei di stare a casa.
h. Oggi preferisco non uscire perché piove a dirotto.

**G** Kausale Konjunktion leiten einen Kausalsatz ein und bezeichnen einen Grund. Anders als bei perché *da, weil* geht bei siccome *da, weil* und dato che *da, weil* der Nebensatz dem Hauptsatz voran. Nach non che *nicht dass* steht immer der Konjunktiv!

# Lösungen

### 1. Die beiordnende Konjunktion – Funktion

a. O partiamo subito o restiamo fino a stasera.
b. Filippo ha sette anni e Anna cinque.
c. Vengono anche i loro amici tedeschi.
d. Restate ancora un giorno o dovete già partire?
e. Assunta non è solo bella, ma anche molto simpatica.
f. Graziella non ha mangiato né bevuto.

**G** Einige beiordnende Konjunktionen wie e *und*, anche *auch*, o *oder*, né *und auch nicht* usw. reihen Wörter, gleichartige Sätze oder Satzteile aneinander. Andere wie o … o *entweder … oder* verbinden zwei Elemente, die zur Wahl stehen.

### 2. Beiordnende Konjunktionen

a. Il treno dovrebbe partire alle 18.30, cioè fra mezz'ora.
b. Non è più giovane, tuttavia è sempre in forma.
c. Adesso non possiamo far niente, quindi è meglio tornare domani.
d. Cerchiamo un appartamento in centro, ma non troppo caro.
e. I bambini sono andati in piscina, noi invece in montagna.

**G** Beiordnende Konjunktionen werden nach ihrer Funktion unterschieden. Ma *aber*, tuttavia *trotzdem*, invece *jedoch* drücken einen Gegensatz oder eine Einschränkung aus; cioè *das heißt* hat eine erklärende Funktion. Quindi *folglich* leitet eine Schlussfolgerung ein.

### 3. Temporale Konjunktionen

a. Scrivimi quando hai un po' di tempo.
b. Aspettiamo qui finché non arrivano i nonni.
c. Mentre Clara studia, Simone ascolta musica.
d. La conosciamo da quando è arrivata a Parma.

**G** Temporale Konjunktionen wie quando *wenn*, mentre *während*, finché *solange, bis*, appena *sobald* usw. sind unterordnende Konjunktionen, die einen Temporalsatz einleiten. Sie drücken ein zeitliches Verhältnis aus.

## Finale Konjunktionen

B1

Finale Konjunktionen kennzeichnen Finalsätze; sie geben einen Zweck oder ein Ziel an und stehen immer mit Konjunktiv:

- affinché, perché, ché *damit*:
  Non te l'avevo raccontato **affinché** tu lo dicessi a tutti.
  *Ich hatte es dir nicht erzählt, **damit** du es allen sagst.*
  L'insegnante lo spiega ancora una volta **perché** capiscano tutti. *Der Lehrer/Die Lehrerin erklärt es noch einmal, **damit** alle verstehen.*
  ⚡ Anhand des Verbs im Konjunktiv können Sie ein kausales perché von einem finalen unterscheiden:
  Non ti abbiamo dato i soldi **perché** tu li **spendessi** solo per comprarti dei vestiti. *Wir haben dir das Geld nicht gegeben, **damit** du es nur für Kleider **ausgibst**.*
  Non ti diamo i soldi **perché** tu li **spendi** solo per comprarti dei vestiti. *Wir geben dir kein Geld, **weil** du es nur für Kleidung **ausgibst**.*
  💡 Ein Finalsatz kann durch einen Infinitiv mit per *um zu* ersetzt werden:
  Non te l'avevo detto **per** farti arrabbiare. *Ich hatte es dir nicht gesagt, **um** dich zu ärgern.*

## Konsekutive Konjunktionen

B1

Konsekutivsätze werden von konsekutiven Konjunktionen eingeleitet, sie bezeichnen eine Folge und stehen mit dem Indikativ:

- così … che *so … dass*:
  Faceva **così** freddo **che** abbiamo acceso il riscaldamento.
  *Es war **so** kalt, **dass** wir die Heizung angemacht haben.*
- tanto/talmente … che *so (sehr) … dass*:
  Luigi è **talmente** stanco **che** non sente più niente. *Luigi ist **so** müde, **dass** er nichts mehr hört.*
- B2 cosicché, B2 di/in modo che, B2 in maniera che *sodass*:
  Li ho accompagnati alla stazione **cosicché** ci sono arrivati in tempo. *Ich habe sie zum Bahnhof gebracht, **sodass** sie dort rechtzeitig angekommen sind.*
  State zitti **in modo che** il bambino non si svegli. *Seid still, **sodass** das Kind nicht aufwacht.*

◐ Ausnahme: Cosicché, in maniera che und di/in modo che erfordern den Konjunktiv, wenn die Handlung des Nebensatzes noch nicht eingetreten ist:
Ti vengo a prendere alla stazione cosicché tu non **debba** prendere l'autobus. *Ich hole dich am Bahnhof ab, sodass du nicht den Bus nehmen **musst**.*

🛈 Bei Subjektgleichheit können Konsekutivsätze auch durch eine Infinitivkonstruktion ersetzt werden, die mit così/tanto/talmente ... da angeschlossen wird:
Luigi è **talmente** stanco **da** non sentire più niente. *Luigi war **so** müde, **dass** er nichts mehr hörte.*

B1 **Konditionale Konjunktionen**
Konditionale Konjunktionen drücken eine Bedingung aus, sie leiten Konditionalsätze ein und stehen mit dem Konjunktiv.
◐ Eine Ausnahme macht hierbei se *wenn*, das konditionale Satzgefüge einleitet (und nachfolgend behandelt wird).

- A2 se/B2 qualora *wenn, falls*:
  **Se** chiama Paola, dille che sono uscita. ***Falls** Paola anruft, sag ihr, dass ich weggegangen bin.*
  **Qualora** venga Alberto, ditegli che sono dovuta partire. ***Falls** Alberto kommt, sagt ihm, dass ich losfahren musste.*
- B2 nel caso (che/in cui) *falls, im Fall dass*:
  **Nel caso che** tu decida di venire, chiamami. ***Falls** du dich entscheidest zu kommen, ruf mich an.*
- B2 purché, B2 a condizione che, B2 a patto che *nur wenn, unter der Bedingung, dass*:
  Ci verrò anch'io **purché** non andiate in discoteca. *Ich werde auch mitkommen, **unter der Bedingung, dass** ihr nicht in die Disko geht.*

B2 **Das konditionale Satzgefüge mit se**
Die konditionale Konjunktion se *wenn* kann sowohl mit dem Indikativ als auch mit dem Konjunktiv verwendet werden:

- Wird mit dem se-Satz eine reale, erfüllbare Bedingung ausgedrückt, steht darin der Indikativ. Im Hauptsatz, in dem eine erfüllbare, sehr wahrscheinliche Folge beschrieben wird, steht ebenfalls der Indikativ oder der Imperativ:

Se Andrea **ha/avrà** tempo, **viene/verrà** alla nostra festa. *Wenn Andrea Zeit **hat/haben wird, kommt** er zu unserem Fest/**wird** … **kommen**.*
Se **vuoi** venire, **chiama**ci! *Wenn du mitkommen **willst**, **ruf** uns **an**!*

- Zum Ausdruck einer nicht sehr wahrscheinlichen, aber theoretisch möglichen Bedingung bzw. Folge steht im se-Satz der Konjunktiv Imperfekt, im Hauptsatz jedoch der Konditional I:
  Se Andrea **avesse** tempo, **verrebbe** alla nostra festa.
  *Wenn Andrea Zeit **hätte, käme** er zu unserem Fest.*
  Se **avessi** soldi, **farei** un lungo viaggio. *Wenn ich Geld **hätte, würde** ich eine lange Reise machen.*
- Liegt eine irreale Bedingung bzw. Folge in der Vergangenheit, wird im se-Satz der Konjunktiv Plusquamperfekt, im Hauptsatz jedoch der Konditional II verwendet:
  Se Andrea **avesse avuto** tempo, **sarebbe venuto** alla nostra festa. *Wenn Andrea Zeit **gehabt hätte, wäre** er zu unserem Fest **gekommen**.*
  Se non mi **avessi chiamato**, mi **sarei dimenticata** del nostro appuntamento. *Wenn du mich nicht **angerufen hättest, hätte** ich unsere Verabredung **vergessen**.*

ℹ Wie im Deutschen gibt es auch Mischformen dieser Typen:
Se Luca **fosse partito** subito, ora **sarebbe** già a Monaco.
*Wenn Luca sofort **losgefahren wäre, wäre** er schon in München.*
Se tu non **fossi** così testardo, ieri non **avresti litigato** con il tuo migliore amico. *Wenn du nicht so dickköpfig **wärest, hättest** du gestern nicht mit deinem besten Freund **gestritten**.*

### Konzessive Konjunktionen B1

Konzessive Konjunktionen leiten Konzessivsätze ein, sie zeigen eine Einschränkung an:

- B2 benché, sebbene, B2 nonostante (che), malgrado (che) *obwohl*:
  **Benché** studi poco, Luigi supera sempre gli esami. ***Obwohl** Luigi wenig lernt, besteht er immer die Prüfungen.*
  **Malgrado (che)** fossimo partiti troppo tardi, siamo stati puntuali.
  ***Obwohl** wir zu spät losgefahren waren, sind wir pünktlich gewesen.*
- A2 anche se *auch wenn*:
  Usciamo **anche se** piove. *Wir gehen raus, **auch wenn** es regnet.*

- B2 tranne che, B2 a meno che non, B2 salvo che *es sei denn dass, außer wenn*:
  Verrò volentieri **a meno che non** venga anche Alberto. *Ich werde gerne kommen,* ***außer wenn*** *auch Alberto kommt.*
  Domani andiamo al mare **salvo che** piova. *Wir fahren morgen ans Meer,* ***es sei denn****, es regnet.*

Konzessive Konjunktionen stehen mit dem Konjunktiv. ◐ Ausnahme: Sowohl mit dem Indikativ als auch mit dem Konjunktiv steht anche se. Es gelten dieselben Regeln wie für das konditionale Satzgefüge mit se (▷ 16.2):
Anche se **avessi** tempo, non andrei al cinema. *Auch wenn ich Zeit* ***hätte****, würde ich nicht ins Kino gehen.*
Anche se **avesse avuto** poco tempo, Carla **sarebbe andata** a trovare sua sorella. *Auch wenn Carla wenig Zeit* ***gehabt hätte, hätte*** *sie ihre Schwester* ***besucht****.*

B1 **Modale Konjunktionen**
Ein Modalsatz wird durch eine modale Konjunktion eingeleitet; er enthält Angaben über die Art und Weise oder Begleitumstände der Hauptsatzhandlung.
Eine Untergruppe der modalen Konjunktionen stellen Konjunktionen dar, die einen Komparativsatz einleiten. Dieser drückt einen Vergleich zu dem im Hauptsatz geschilderten Geschehen aus:

- senza che *ohne dass*:
  Paolo se n'è andato **senza che** io lo salutassi. *Paolo ist weggegangen,* ***ohne dass*** *ich mich von ihm verabschiedet habe.*
- di quel che/di quanto (non) *als*:
  Il libro è più interessante **di quel che** pensavo. *Das Buch ist interessanter,* ***als*** *ich dachte.*
  L'appartamento era più grande **di quanto (non)** pensassi. *Die Wohnung war größer,* ***als*** *ich dachte.*
- (così ...) come/tanto ... quanto *(so) ... wie*:
  Ho fatto **come** volevi tu. *Ich habe es* ***so*** *gemacht,* ***wie*** *du es wolltest.*
- B2 come se/quasi (che) *als ob*:
  Si comportò **quasi** fosse il padrone di casa. *Er verhielt sich so,* ***als ob*** *er der Hausherr wäre.*

⚡ Die Konjunktion senza che steht mit dem Konjunktiv. Bei gleichem Subjekt steht stattdessen in der Regel eine Infinitivkonstruktion mit senza:
Paolo se n'è andato **senza** salutare nessuno. *Paolo ist gegangen,* ***ohne*** *sich von irgendjemandem zu verabschieden.*
Die vergleichenden Konjuntionen che, così … come, tanto … quanto stehen mit dem Indikativ. Mit dem Konjunktiv Imperfekt stehen jedoch come se, quasi (che) und di quanto (non), das ohne Bedeutungsveränderung mit oder ohne non verwendet wird:
Fai come se **fossi** a casa tua. ***Fühl*** *dich ganz wie zu Hause* (wörtlich *Tu, als ob du zu Hause* ***wärest.***).
Il film è più bello di quel che **pensavo**/di quanto **(non) pensassi.** *Der Film ist schöner, als ich* ***dachte.***

ℹ Um Begleitumstände oder die Art und Weise einer Handlung auszudrücken, wird im Italienischen vor allem das Gerund (▷ 15) verwendet:
**Parlando**ne abbiamo risolto il problema. ***Dadurch dass*** *wir darüber* ***geredet haben,*** *haben wir das Problem gelöst.*

**Die Konjunktion che** B1

Die Konjunktion wird nicht nur in Zusammensetzungen (cosí … che usw.), sondern häufig auch alleine verwendet. Che hat viele Bedeutungen. Am häufigsten leitet es Aussagesätze in der Bedeutung *dass* ein. Es kann aber auch Temporal-, Kausal- oder Konzessivsätze beginnen:

- che (+ *Ind./Konj.*) *dass*:
  È sicuro **che** vengono? *Ist es sicher,* ***dass*** *sie kommen?*
  Ho paura **che** lui non mi chiami. *Ich habe Angst,* ***dass*** *er mich nicht anruft.*
- che (+ *Ind.*) *als, wenn; wo; weil*:
  Sono arrivato **che** era ancora presto. *Ich kam an, als es noch früh war.*
  Ogni volta **che** lo vedo mi sembra più magro. *Jedes Mal,* ***wenn*** *ich ihn sehe, scheint er mir dünner zu sein.*
- che (+ *Konj.*) *bis, soweit*:
  **Che** io sappia non viene. ***Soweit*** *ich weiß, kommt er/sie nicht.*

⚡ Verwechseln Sie die Konjunktion che nicht mit dem Relativpronomen (▷ 6.4):
Compriamo questa macchina **che** è a buon prezzo. *Kaufen wir dieses Auto,* ***da*** *es günstig ist.*
Questa è la macchina **che** abbiamo comprato l'anno scorso. *Das ist das Auto,* ***das*** *wir letztes Jahr gekauft haben.*

B1

## 16.3 Die Zeitenfolge

Indikativische und konjunktivische Nebensätze haben unterschiedliche Zeitenfolge-Regeln. Für beide ist jedoch das Zeitverhältnis zwischen Nebensatz- und Hauptsatzhandlung entscheidend.

Für Nebensätze mit dem *Indikativ* gilt:

| Hauptsatz | Nebensatz |
|---|---|
| **Gegenwartzeit**<br>Sono sicuro<br>*Ich bin sicher,* | • Vorzeitigkeit → **Indikativ Perfekt**<br>che è arrivato sabato.<br>*dass er Samstag angekommen ist.*<br>• Gleichzeitigkeit → **Indikativ Präsens**<br>che arriva oggi.<br>*dass er heute ankommt.*<br>• Nachzeitigkeit → **Indikativ Präsens, Futur I**<br>che arriva/arriverà domani.<br>*dass er morgen ankommt/ankommen wird.* |
| **Vergangenheitszeit**<br>Sapevo/Ho saputo/<br>Avevo saputo/Seppi<br>*Ich wusste/habe erfahren/hatte erfahren* | • Vorzeitigkeit → **Indikativ Plusquamperfekt**<br>che era arrivato ieri.<br>*dass er gestern angekommen war.*<br>• Gleichzeitigkeit → **Indikativ Imperfekt**<br>che arrivava in quel momento.<br>*dass er in diesem Moment ankam.*<br>• Nachzeitigkeit → **Konditional II, Indikativ Imperfekt**<br>che sarebbe arrivato/arrivava la settimana prossima.<br>*dass er nächste Woche ankommen würde.* |

Zur Zeitenfolge in Nebensätzen mit *Konjunktiv* ▷ 9.7

# Übungen

## 1 Perché – final oder kausal? B1

**Indikativ oder Konjunktiv? Entscheiden Sie nach der Bedeutung der Konjunktion, welche Verbform die richtige ist.**

a. Enzo è stanco perché non ha dormito / abbia dormito bene.

b. Daniele mi racconta tutta la sua storia perché io lo capisco / capisca meglio.

c. Carlo non è andato in vacanza perché non aveva / avesse soldi.

d. Luciana gli ha scritto una lista perché non dimentichi / dimentica nulla.

e. Studio l'italiano perché mi piace / piaccia molto.

f. Il nostro insegnante d'italiano oggi non viene perché sta / stia male.

## 2 Das konditionale Satzgefüge B2

**Formulieren Sie unwahrscheinliche, aber mögliche Bedingungen bzw. Folgen. Setzen Sie die richtige Form der angegebenen Verben ein.**

a. Se non (parlare) ............................ sempre di sé, lo (vedere, io) ............................ più spesso.

b. Marco (venire) ............................ al mare con noi, se non (dovere) ............................ lavorare.

c. Se Chiara (fare) ............................ un po' di sport, (sentirsi) ............................ meglio.

d. Se (bere, voi) ............................ di meno, non (avere, voi) ............................ mal di testa.

e. Se (vincere, io) ............................ alla lotteria, (smettere, io) ............................ di lavorare.

B2

## ③ Irreale Bedingungssätze der Vergangenheit

Formulieren Sie die Sätze aus Übung 2 so um, dass irreale Konditionalsätze der Vergangenheit entstehen.

a. ..............................................................................................

..............................................................................................

b. ..............................................................................................

..............................................................................................

c. ..............................................................................................

..............................................................................................

d. ..............................................................................................

..............................................................................................

e. ..............................................................................................

..............................................................................................

B2

## ④ Weitere Konjunktionen

Ergänzen Sie die Sätze mit den nachfolgend aufgeführten Konjunktionen.

sebbene / qualora / che / di quel che / a meno che non (2x) / come

a. Domani andiamo in montagna ............................ piova.

b. ............................ Sara lavori molto, è sempre di buon umore.

c. Sergio non fa mai ............................ vuole sua madre.

d. ............................ chiami il signor Cardelli, gli dica che torno verso le 11.

e. Sei sicura ............................ non vuoi venire?

f. La mostra era più bella ............................ pensavo.

g. Verrò con piacere ............................ debba lavorare.

### 3. Irreale Bedingungssätze der Vergangenheit

a. Se non avesse parlato sempre di sé, l'avrei visto più spesso.
b. Marco sarebbe venuto al mare con noi, se non avesse dovuto lavorare.
c. Se Chiara avesse fatto un po' di sport, si sarebbe sentita meglio.
d. Se aveste bevuto di meno, non avreste avuto mal di testa.
e. Se avessi vinto alla lotteria, avrei smesso di lavorare.

G Zum Ausdruck einer nicht sehr wahrscheinlichen, aber möglichen Bedingung/Folge wird im se-Satz der Konjunktiv Imperfekt, im Hauptsatz der Konditional I verwendet.

### 4. Weitere Konjunktionen

a. Domani andiamo in montagna a meno che non piova.
b. Sebbene Sara lavori molto, è sempre di buon umore.
c. Sergio non fa mai come vuole sua madre.
d. Qualora chiami il signor Cardelli, gli dica che torno verso le 11.
e. Sei sicura che non vuoi venire?
f. La mostra era più bella di quel che pensavo.
g. Verrò con piacere a meno che non debba lavorare.

G Konzessive Konjunktionen leiten Konzessivsätze ein, sie stehen bis auf anche se *auch wenn* alle ausschließlich mit dem Konjunktiv. Vergleichende Konjunktionen, eine Unterart von modalen Konjunktionen, leiten Komparativsätze ein (z. B. così … come *so ... wie* + Indikativ). Konditionalsätze können auch durch qualora *wenn, falls* + Konjunktiv eingeleitet werden; mit der Konjunktion che *dass* (+ Indikativ/Konjunktiv) werden am häufigsten Aussagesätze begonnen.

# Lösungen

### 1. Perché – final oder kausal?

a. Enzo è stanco perché non ha dormito bene.
b. Daniele mi racconta tutta la sua storia perché io lo capisca meglio.
c. Carlo non è andato in vacanza perché non aveva soldi.
d. Luciana gli ha scritto una lista perché non dimentichi nulla.
e. Studio l'italiano perché mi piace molto.
f. Il nostro insegnante d'italiano oggi non viene perché sta male.

G Hat die Konjunktion perché finale Bedeutung (*damit*), steht der Konjunktiv, hat sie kausale Bedeutung (*weil*) der Indikativ. Die Zeitenfolge ist bei beiden Nebensatzarten zu beachten.

### 2. Das konditionale Satzgefüge

a. Se non parlasse sempre di sé, lo vedrei più spesso.
b. Marco verrebbe al mare con noi, se non dovesse lavorare.
c. Se Chiara facesse un po' di sport, si sentirebbe meglio.
d. Se beveste di meno, non avreste mal di testa.
e. Se vincessi alla lotteria, smetterei di lavorare.

G Zum Ausdruck einer nicht sehr wahrscheinlichen, aber möglichen Bedingung/Folge wird im se-Satz der Konjunktiv Imperfekt, im Hauptsatz der Konditional I verwendet.

# 17 Die Wortstellung

A1

*Nein, … ich habe wirklich nichts gehört und ich habe niemanden gesehen.*

ℹ Wie im Deutschen kann man durch die Wortstellung Satzteile betonen.

## 17.1 Der Aussagesatz

A1

**Die unbetonte Wortstellung**

Der einfache Satz besteht aus einem *Subjekt* (wer oder was?), dem ein *Prädikat* (Satzaussage) folgt. Anders als im Deutschen werden Subjektpronomen (▷ 6.1) nur bei besonderer Betonung gebraucht. Im unbetonten Fall stehen sie also nicht, das Subjekt wird aus der Verbalendung bzw. aus dem Zusammenhang erschlossen.

| **Subjekt** | **Prädikat** | **Subjekt** | **Prädikat** |
|---|---|---|---|
| Sandro | scrive. | | Scrive. |
| *Sandro* | *schreibt.* | *Er* | *schreibt.* |
| Aber: | | | |
| Lui | scrive. | | |
| *Er* | *schreibt (und nicht ein anderer).* | | |

Ausnahme: Das Subjekt steht nach dem Prädikat

- bei c'è/ci sono:
  Ci sono **pomodori e formaggio**. *Es sind **Tomaten und Käse** da.*
- bei der direkten Rede, wenn der Hauptsatz eingeschoben oder nachgestellt ist: B2
  «Va bene», dice **Anna**. *„Ist gut", sagt **Anna**.*

Tritt ein direktes *Objekt* (wen oder was?) zum Verb hinzu, ist die normale Wortstellung: (Subjekt –) Prädikat – Objekt.

| **Subjekt** | **Prädikat** | **direktes Objekt** |
|---|---|---|
| Sandro | scrive | una lettera. |
| *Sandro* | *schreibt* | *einen Brief.* |

⚡ In den zusammengesetzten Zeiten werden Hilfsverb und Partizip nicht voneinander getrennt.
Sandro **ha scritto** una lettera. *Sandro **hat** einen Brief **geschrieben**.*
Carla ci **ha mandato** una cartolina. *Carla **hat** uns eine Postkarte **geschickt**.*

Hat das Verb sowohl ein *direktes* als auch ein *indirektes Objekt* (wem?), so steht – anders als im Deutschen – das direkte vor dem indirekten Objekt. Das gilt auch für betonte Objektpronomen (▷ 6.1).

| **Subjekt** | **Prädikat** | **direktes Objekt** | **indirektes Objekt** |
|---|---|---|---|
| Sandro | scrive | una lettera | a Marco. |
| *Sandro schreibt Marco einen Brief.* | | | |
| Carla | manda | una cartolina | a noi. |
| *Carla schickt uns eine Postkarte.* | | | |

◐ Ausnahmen:

B1
- Das direkte Objekt steht nach dem indirekten, wenn es durch einen Relativsatz näher beschrieben wird.
  Sandro scrive a Marco una lettera che voleva già scrivergli da qualche settimana. *Sandro schreibt Marco einen Brief, den er ihm schon seit einigen Wochen schreiben wollte.*

A2
- Ersetzt ein unbetontes Pronomen (▷ 6.1) das oder die Objekte, steht es vor dem Verb.
  Sandro **gli** scrive una lettera. *Sandro schreibt **ihm** einen Brief.*
  Sandro **gliela** scrive. *Sandro schreibt **ihn ihm**.*

*Adverbiale Bestimmungen* (wo?, wann?, womit? usw.) stehen entweder am Satzanfang oder -ende. Treffen Orts- und Zeitangaben aufeinander, steht die Zeitangabe am Satzanfang und die Ortsangabe am Satzende. Es können aber auch beide am Satzende verwendet werden, dann steht Ort vor Zeit.
(Zur Stellung von Adverbien ▷ 4)

| adv. Best. | Subjekt | Prädikat | Objekt | adv. Best. |
|---|---|---|---|---|
| **Sabato** | Luca | prepara | la cena. | |
| *Am Samstag bereitet Luca das Abendessen zu.* | | | | |
| **Ieri** | ho visto | Paolo | **al cinema.** | |
| ***Gestern** habe ich Paolo **im Kino** gesehen.* | | | | |
| | Ines | ha incontrato | Carlo | **a teatro alle 19.** |
| *Ines hat Carlo **um 19 Uhr im Theater** getroffen.* | | | | |

⚡ Die normale Wortstellung, Subjekt vor Prädikat, wird auch dann beibehalten, wenn am Satzanfang eine adverbiale Bestimmung steht. Das Italienische kennt keine Inversion:
Domani **i signori Neri partono** per Parigi. *Morgen **fahren Herr und Frau Neri** nach Paris.*

ℹ Die Wortstellungsregeln gelten auch für Nebensätze, das Verb steht nicht wie im Deutschen am Satzende:
Sara non ha chiamato Mario perché **aveva dimenticato** il suo numero di telefono. *Sara hat Mario nicht angerufen, weil sie seine Telefonnummer **vergessen hatte**.*

**Die betonte Wortstellung** B1

💡 Jeder Satzteil kann hervorgehoben werden, indem er an einer anderen als der üblichen Stelle im Satz verwendet wird:

- Das Subjekt wird zur Betonung an das Satzende bzw. hinter das Verb gesetzt:
  Sono venuti anche **i miei zii**. *Auch **mein Onkel und meine Tante** sind gekommen.*
  È stato **Franco** che ci ha aiutato. *Es war **Franco**, der uns geholfen hat.*
- Objekte können zur Betonung an den Satzanfang gestellt werden. Direkte Objekte müssen in diesem Fall mit einem unbetonten Objektpronomen wieder aufgegriffen werden. Bei zusammengesetzten Zeiten ist das Partizip Perfekt daran anzupassen:
  **La signora Pago la** chiamo oggi. ***Frau Pago** rufe ich heute an.*
  **Questa borsa l'**ho portat**a** dalla Francia. ***Diese Tasche** habe ich aus Frankreich mitgebracht.*
  **A mia madre** regalerò dei fiori. ***Meiner Mutter** werde ich Blumen schenken.*

- Adverbiale Bestimmungen können ebenfalls am Satzanfang in betonter Stellung stehen. Sie werden durch ci noch einmal aufgegriffen:
  **A Roma ci** siamo stati più volte. ***In Rom*** *sind wir mehrere Male gewesen.*
  **In Sicilia** non **ci** sono mai andati. ***Nach Sizilien*** *sind sie nie gefahren.*

A1

## 17.2 Der Fragesatz

### Die unbetonte Wortstellung

In Fragesätzen steht das Subjekt meist nach dem Prädikat:

| | Prädikat | Subjekt |
|---|---|---|
| Quando | arriva | **Francesca**? |
| *Wann* | *kommt* | ***Francesca*** *an?* |
| | Sono arrivati | **i tuoi genitori**? |
| | *Sind* | ***deine Eltern*** *gekommen?* |

⚡ In Satzfragen – Fragesätzen ohne Fragewort – kann die Wortstellung auch wie im Aussagesatz sein. Der Unterschied liegt in der Satzmelodie – die Stimme hebt sich am Ende der Frage:
Marco sta bene? *Geht es Marco gut?*
Paolo ha portato il vino? *Hat Paolo den Wein mitgebracht?*

B1

### Die betonte Wortstellung

- Subjekte können zur Betonung an den Satzanfang gestellt werden. Meist wird der Satz dann durch eine Konjunktion wie e *und* oder ma *aber* eingeleitet:
  E **Lei**, cosa prende? *Und was nehmen* ***Sie****?*
  Ma **la signora Magnelli**, quando viene? *Aber wann kommt* ***Frau Magnelli****?*
- Objekte können betont am Satzanfang stehen; direkte Objekte müssen jedoch durch ein unbetontes Pronomen wieder aufgegriffen werden:
  **La chiave della macchina l'**hai presa? *Hast du den* ***Autoschlüssel*** *mitgenommen?*
  **Questi libri li** hai letti tutti? *Hast du all* ***diese Bücher*** *gelesen?*
  **A Marco** avete telefonato? ***Marco*** *habt ihr angerufen?*

## 17.3 Die Verneinung im Satz

A1

### Die einfache Verneinung

A1

- Der Gebrauch von non
  Im Italienischen wird die Verneinung meist mit non ausgedrückt, was dem Deutschen *nicht* entspricht. Es steht vor dem konjugierten Verb, auch in den zusammengesetzten Zeiten:
  Oggi Marco **non** viene a casa per pranzo. *Heute kommt Marco **nicht** zum Mittagessen nach Hause.*
  Quest'anno **non** siamo andati in vacanza. *Dieses Jahr sind wir **nicht** im Urlaub gewesen.*
  Ausnahme: Bei unbetonten Personalpronomen steht non vor diesem:
  Massimo **non gli** scrive da molto tempo. *Mario schreibt **ihm** seit langer Zeit **nicht**.*
  Das deutsche *kein* wird meist auch mit non wiedergegeben:
  Stasera **non** abbiamo tempo. *Heute Abend haben wir **keine** Zeit.*
- Der Gebrauch von no
  Als Antwort auf eine Frage hat no die Bedeutung *nein*:
  Vuoi una birra? **No**, grazie. *Willst du ein Bier? **Nein**, danke.*
  Steht no am Satzende, dann hat es die Bedeutung von *nicht*:
  Vieni anche tu o **no**? *Kommst du auch, oder **nicht**?*
  Perché **no**? *Warum **nicht**?*
  Das Deutsche *ich glaube nicht* usw. wird im Italienischen mit credo di no usw. wiedergegeben: A2
  Frank è già stato in Italia? **Credo di no**. *Ist Frank schon in Italien gewesen? **Ich glaube nicht**.*
  Bruno fuma? **Spero di no**. *Raucht Bruno? **Ich hoffe nicht**.*

### Die mehrteilige Verneinung

A2

Die mehrteilige Verneinung ist eine Besonderheit des Italienischen. Einige Pronomen und Adverbien verbinden sich mit non zu einer doppelten Verneinung. Dabei bleibt der verneinte Sinn erhalten.

- non … nessuno *niemand*
  Qui **non** conosciamo **nessuno**. *Hier kennen wir **niemanden**.*
- non … niente/nulla *nichts*
  **Non** capiscono proprio **niente**! *Sie verstehen wirklich **nichts**!*

- non … neanche, non … neppure, B1 non … nemmeno *auch nicht, nicht einmal*
  **Non** viene **neanche** Laura. *Laura kommt **auch nicht**.*
- non … affatto *überhaupt nicht*
  **Non** è **affatto** simpatica. *Sie ist **überhaupt nicht** sympathisch.*
- non … mai *nie*
  **Non** vanno **mai** in chiesa. *Sie gehen **nie** in die Kirche.*
- non … più *nicht mehr*
  Laura e Carolina **non** fumano **più**. *Laura und Carolina rauchen **nicht mehr**.*
- non … mai più *nie mehr*
  **Non** voglio **mai più** vederlo. *Ich will ihn **nie mehr** sehen.*
- non … ancora *noch nicht*
  Entra, **non** dormiamo **ancora**. *Komm rein, wir schlafen **noch nicht**.*
- B1 non … né …né *weder … noch*
  **Non** accettiamo **né** assegni **né** carte di credito. *Wir akzeptieren **weder** Schecks **noch** Kreditkarten.*
- B1 **non** … **mica** *doch nicht, gar nicht*
  **Non** è **mica** possibile! *Es ist **gar nicht** möglich!*

⚡ Nessuno, niente, mai können auch ohne die Negation non verwendet werden, dann aber in der Bedeutung *jemand*, *etwas*, *jemals*:
Siete **mai** stati in Africa? *Seit ihr **jemals** in Afrika gewesen?*

Bei der mehrteiligen Verneinung steht non immer vor dem Verb, das zweite Verneinungselement in der Regel direkt dahinter:
**Non** voglio vedere **nessuno**. *Ich will **niemanden** sehen.*
In zusammengesetzen Zeiten stehen:
- niente/nulla *nichts*, nessuno *niemand* nach dem Partizip:
  **Non** mi hanno detto **niente**. *Sie haben mir **nichts** gesagt.*
- mai *nie*, mai più *nie mehr*, ancora *noch nicht*, neanche/neppure *auch nicht*, nemmeno *nicht einmal* in der Regel vor dem Partizip:
  **Non** siamo **mai** stati in Calabria. *Wir sind **nie** in Kalabrien gewesen.*

⚡ Stehen nessuno *niemand*, niente *nichts*, neanche *auch nicht*, mai *nie* oder mica *gar nicht* betont am Satzanfang, entfällt die doppelte Verneinung:
**Nessuno** mi ha aiutato! ***Niemand** hat mir geholfen!*

# Übungen

## 1 Aussagesätze – unbetonte Wortstellung A1

Bilden Sie aus den Wörtern Aussagesätze mit unbetonter Wortstellung. Setzen Sie das Verb ins Präsens.

a. per Roma / partire / Andrea

..........................................................................................

b. offrire / Luca / a Marco / una birra

..........................................................................................

c. una gonna / Francesca / comprare

..........................................................................................

d. al cinema / andare (noi) / stasera

..........................................................................................

e. in montagna / il fine settimana / andare / Lisa e Fabrizio

..........................................................................................

## 2 Aussagesätze – betonte Wortstellung A2

Formulieren Sie die Sätze so um, dass die blau hervorgehobenen Satzteile an betonter Stelle stehen. Achten Sie besonders auf die direkten Objekte.

a. Valeria porta il vino.

..........................................................................................

b. Do le chiavi alla mia vicina domani.

..........................................................................................

c. Ieri ho visto Marina.

..........................................................................................

d. Paolo mi ha chiamato.

..........................................................................................

A2

## ③ Der Fragesatz – betonte oder unbetonte Wortstellung

**Sind die hervorgehobenen Satzteile betont oder unbetont? Kreuzen Sie an (✓).**

| | betont | unbetont |
|---|---|---|
| a. Le uova le hai comprate? | ☐ | ☐ |
| b. Avete telefonato a Dario? | ☐ | ☐ |
| c. E voi, cosa volete da bere? | ☐ | ☐ |
| d. Che ne dice Luca? | ☐ | ☐ |
| e. A me non regalano mai dei fiori. | ☐ | ☐ |

A1

## ④ Die Verneinung – no oder non?

**Setzen Sie no oder non ein.**

a. Vieni anche tu in montagna con noi? ..........., oggi ........... ho tempo.

b. ........... avete un computer in ufficio?

c. Volete qualcosa da mangiare, o ...........?

d. La nostra casa ........... è lontana.

e. Perché ........... prendi la bicicletta di Gaia? ..........., grazie prendo la mia.

A2

## ⑤ Die mehrteilige Verneinung

**Verneinen Sie die Sätze.**

a. Anna ha telefonato a tutti.

...........................................................................................

b. Ho capito tutto.

...........................................................................................

c. Sono sempre andata al mare.

...........................................................................................

### 3. Der Fragesatz

| | Betont | Unbetont |
|---|---|---|
| a. Le uova le hai comprate? | ✓ | |
| b. Avete telefonato a Dario? | | ✓ |
| c. E voi, cosa volete da bere? | ✓ | |
| d. Che ne dice Luca? | | ✓ |
| e. A me non regalano mai dei fiori. | ✓ | |

**G** In Fragesätzen ist die unbetonte Wortstellung Prädikat – Subjekt – Objekt; Satzfragen können dieselbe Wortstellung wie Aussagesätze haben. Betonte Subjekte und Objekte stehen am Satzanfang, direkte Objekte werden durch unbetonte direkte Objektpronomen wieder aufgegriffen.

### 4. Die Verneinung – no oder non?

a. Vieni anche tu in montagna con noi? No, oggi non ho tempo.
b. Non avete un computer in ufficio?
c. Volete qualcosa da mangiare, o no?
d. La nostra casa non è lontana.
e. Perché non prendi la bicicletta di Gaia? No, grazie prendo la mia.

**G** No bedeutet *nein*, am Satzende hat es jedoch die Bedeutung *nicht*. Sonst entspricht non dem deutschen *nicht*, kann aber auch *kein* bedeuten.

### 5. Die mehrteilige Verneinung

a. Anna non ha telefonato a nessuno.
b. Non ho capito niente.
c. Non sono mai andata al mare.

**G** Einige Pronomen und Adverbien wie nessuno *niemand*, niente *nichts*, mai *nie*, neanche *auch nicht*, usw. verbinden sich mit non zu einer doppelten Verneinung. Non steht immer vor dem Verb, das zweite Verneinungselement in der Regel direkt dahinter.

# Lösungen

## 1. Aussagesätze – unbetonte Wortstellung

a. Andrea parte per Roma.
b. Luca offre una birra a Marco.
c. Francesca compra una gonna.
d. Stasera andiamo al cinema./ Andiamo al cinema stasera.
e. Il fine settimana Lisa e Fabrizio vanno in montagna./Lisa e Fabrizio vanno in montagna il fine settimana.

G Die unbetonte Wortstellung im Satz ist Subjekt – Prädikat – Objekt. Adverbiale Bestimmungen können am Satzanfang oder -ende stehen. Werden Orts- und Zeitangaben zusammen verwendet, stehen Zeitangaben am Satzanfang, Ortsangaben am Satzende oder beide am Satzende in der Reihenfolge Ort vor Zeit.

## 2. Aussagesätze – betonte Wortstellung

a. Il vino lo porta Valeria.
b. Alla mia vicina do le chiavi domani.
c. Marina l'ho vista ieri.
d. Mi ha chiamato Paolo.

G Objekte stehen am Satzanfang in betonter Stellung, direkte Objekte müssen durch unbetonte direkte Objektpronomen aufgegriffen und Partizipien an diese angepasst werden. Das Subjekt steht betont am Satzende.

# 18 Die indirekte Rede

B2

*Aber du hast mir gesagt, dass du dich um Fido kümmern würdest! – Ich dachte, es sei ein Hund, nicht ein Pferd!*

## Änderung der Personen-, Orts- und Zeitangaben

B2

ℹ Wie im Deutschen passen alle Satzarten beim Wechsel zur indirekten Rede die Personal- und Possessivpronomen sowie die Verwendung an die veränderte Sprechsituation an:
1. und 2. Person Singular/Plural → 3. Person Singular/Plural

◐ Ausnahme: Ist der Inhalt der indirekten Rede auf den Sprecher bezogen, werden Personal- und Possessivpronomen der 1. Person Singular verwendet.

| Direkte Rede | Indirekte Rede |
|---|---|
| Paolo gli dice: «**Ti do** la **mia** macchina.»<br>*Paolo sagt zu ihm: „**Ich** gebe **dir** **mein** Auto."* | Paolo gli dice che **gli dà** la **sua** macchina.<br>*Paolo sagt zu ihm, dass **er ihm sein** Auto gebe.* |
| Chiara **mi** dice: «Mi **devi** aiutare.»<br>*Chiara sagt **zu mir**: „Du musst **mir** helfen."* | Chiara **mi** dice che **la devo** aiutare.<br>*Chiara sagt **zu mir**, dass **ich ihr** helfen müsse/solle.* |

⚡ Steht das Verb des Hauptsatzes in einer Vergangenheitszeit wird das Demonstrativpronomen questo *dieser* durch quello *jener* ersetzt:
Rita disse: «**Questo** libro **mi** è piaciuto molto.» Rita sagte: *„Dieses Buch hat **mir** sehr gefallen."*
Rita disse che **quel** libro **le** era piaciuto molto. *Rita sagte, dass **ihr** **jenes** Buch sehr gefallen habe.*

Es verändern sich ebenfalls Orts- und Zeitangaben:

| Direkte Rede | → | Indirekte Rede |
|---|---|---|
| qui/qua *hier* | → | lì/là *dort* |
| oggi *heute* | → | quel giorno *an jenem Tag* |
| domani *morgen* | → | il giorno dopo *am Tag darauf* |
| ieri *gestern* | → | il giorno prima *am Tag zuvor* |
| adesso *jetzt* | → | allora *damals* |
| poco fa *vor Kurzem* | → | poco prima *kurz zuvor* |
| fra poco *in Kürze* | → | poco dopo *kurz danach* |

Marco disse: «Le parlerò **domani.**» *Marco sagte: „Ich werde* ***morgen*** *mit ihr sprechen."*
Marco disse che le avrebbe parlato **il giorno dopo**. *Marco sagte, dass er* ***am Tag darauf*** *mit ihr sprechen werde.*

## B2 18.1 Der Aussagesatz

Aussagesätze in der indirekten Rede hängen von einem Verb des Sagens und Meinens wie dire *sagen*, raccontare *erzählen*, sostenere *behaupten*, *versichern*, rispondere *antworten* im Hauptsatz ab und werden durch die Konjunktion che *dass* eingeleitet. Für die Zeitengebung im abhängigen Aussagesatz ist es entscheidend, in welcher Zeit das Verb des Hauptsatzes steht. Im Unterschied zum Deutschen steht in der italienischen indirekten Rede in der Regel der Indikativ.

### B2 Einleitungssatz: Gegenwart, Zukunft oder unmittelbare Vergangenheit

Steht das Verb des Einleitungssatzes im Präsens, Futur oder Perfekt (wenn es die unmittelbare Vergangenheit betrifft), verändern sich die Zeiten beim Wechsel zur indirekten Rede nicht:

| Direkte Rede | | Indirekte Rede |
|---|---|---|
| Carlo dice/dirà/ha appena detto:<br>*Carlo sagt/wird sagen/hat gerade gesagt:* | | Carlo dice/dirà/ha appena detto …<br>*Carlo sagt/wird sagen/hat gerade gesagt, …* |
| Präsens | → | Präsens |
| «**Viene** anche Marco.»<br>*„Auch Marco* ***kommt****."* | | … che **viene** anche Marco.<br>*… dass auch Marco* ***komme****.* |

| | | |
|---|---|---|
| Futur I | ➞ | Futur I |
| «Domani **farà** bello.» | | … che domani **farà** bello. |
| *„Morgen **wird** es schön."* | | *… dass es morgen schön **werde**.* |
| Perfekt | ➞ | Perfekt |
| «Marisa non **ha** ancora **chiamato**.» | | … che Marisa non **ha** ancora **chiamato**. |
| *„Marisa **hat** noch nicht **angerufen**."* | | *… dass Marisa noch nicht **angerufen habe**.* |
| Konditional | ➞ | Konditional |
| «**Verrei** volentieri.» | | … che **verrebbe** volentieri. |
| *„**Ich würde** gerne **kommen**."* | | *… dass **er** gerne **kommen würde**.* |
| «**Sarei venuto** volentieri.» | | … che **sarebbe venuto** volentieri. |
| *„**Ich wäre** gerne **gekommen**."* | | *… dass **er** gerne **gekommen wäre**.* |

## Einleitungssatz: Vergangenheit

B2

Steht das Verb des Einleitungssatzes in einem Vergangenheitstempus, verändern sich die Zeiten nach folgendem Schema:

| Direkte Rede | | Indirekte Rede |
|---|---|---|
| Carlo ha detto/disse: | | Carlo ha detto/disse … |
| *Carlo sagte:* | | *Carlo sagte, …* |
| Präsens/Imperfekt | ➞ | Imperfekt |
| «Sandro **viene** verso le due.» | | … che Sandro **veniva** verso le due. |
| *„Sandro **kommt** gegen zwei Uhr."* | | *… dass Sandro gegen zwei Uhr **komme**.* |
| «Da bambino non **mangiavo** i pomodori.» | | … che da bambino non **mangiava** i pomodori. |
| *„Als Kind **habe ich** keine Tomaten **gegessen**."* | | *… dass **er** als Kind keine Tomaten **gegessen habe**.* |
| Perfekt/Plusquamperfekt/ | ➞ | Plusquamperfekt |
| «**Sono arrivato** in tempo.» | | … che **era arrivato** in tempo. |
| *„**Ich bin** pünktlich **angekommen**."* | | *… dass **er** pünktlich **angekommen sei**.* |
| Futur I/Konditional I | ➞ | Konditional II |
| «**Tornerò** subito.» | | … che **sarebbe tornato** subito. |
| *„**Ich werde** gleich **zurückkommen**."* | | *… dass **er** gleich **zurückkommen werde**.* |
| «Non lo **farei**.» | | … che non lo **avrebbe fatto**. |
| *„Das **würde ich** nicht **tun**."* | | *… dass **er** das nicht **tun würde**.* |

B2

## 18.2 Der Imperativ

Ein Imperativ der direkten Rede wird in der indirekten Rede meist mit di + Infinitiv Präsens wiedergegeben:

| Direkte Rede | Indirekte Rede |
|---|---|
| Luca dice: «**Smetti**la!»<br>*Luca sagt: „**Hör auf** damit!“* | Luca gli dice **di smetter**la.<br>*Luca sagt zu ihm, dass er damit **aufhören solle**.* |
| Il medico ha detto: «**Si riposi** un po'!»<br>*Der Arzt sagte: „**Erholen Sie sich** ein bisschen!“* | Il medico mi ha detto di **riposarmi** un po'.<br>*Der Arzt sagte zu mir, dass **ich mich** ein bisschen **erholen solle**.* |

⚡ Statt di + Infinitiv kann auch che + Konjunktiv stehen:
Luca gli dice **che** la **smetta**.
Il medico mi ha detto **che** mi **riposassi** un po'.
Nach einem Verb der Gegenwart, Zukunft oder unmittelbaren Vergangenheit verwendet man den Konjunktiv Präsens, nach einem Verb der Vergangenheit den Konjunktiv Imperfekt.

B2

## 18.3 Die indirekte Frage

Indirekte Fragen hängen von einem Verb des Fragens wie chiedere/domandare *fragen* ab. Satzfragen werden mit se *ob*, Wortfragen mit einem Interrogativpronomen eingeleitet. Steht das Verb des Hauptsatzes im Präsens, Futur oder Perfekt (unmittelbare Vergangenheit), bleiben wie bei den Aussagesätzen die Zeiten erhalten:

| Direkte Rede | Indirekte Rede |
|---|---|
| Chiedo/Chiederò/Ho appena chiesto a Lina:<br>*Ich frage Lina/werde Lina fragen/habe Lina gerade gefragt:* | Chiedo/Chiederò/Ho appena chiesto a Lina …<br>*Ich frage Lina/werde Lina fragen/habe Lina gerade gefragt, …* |
| «Dove **vai/sei andata**?»<br>*„Wohin **gehst du/bist du gegangen**?“* | … dove **va/è andata**.<br>*… wohin **sie gehe/gegangen sei**.* |
| «Non **verrai** con noi?»<br>*„**Wirst du** nicht mit uns **mitkommen**?“* | … se non **verrà** con noi.<br>*… ob **sie** nicht mit uns **mitkommen werde**.* |

Steht der Einleitungssatz jedoch in einem Vergangenheitstempus, ändern sich Tempus und Modus nach folgendem Schema:

| Direkte Rede | | Indirekte Rede |
|---|---|---|
| Carlo mi ha chiesto/chiese:<br>*Carlo fragte mich:* | | Carlo mi ha chiesto/chiese …<br>*Carlo fragte mich, …* |
| Indikativ Präsens<br>«**Dove vai**?»<br>*„Wohin **gehst du**?“* | → | Konjunktiv/Indikativ Imperfekt<br>… dove **andassi/andavo**.<br>*… wohin **ich ginge**.* |
| Indikativ Perfekt<br>«**Hai dormito** bene?»<br>*„**Hast du** gut **geschlafen**?“* | → | Konjunktiv/Indikativ Plusquamperfekt<br>… se **avessi/avevo dormito** bene.<br>*… ob **ich** gut **geschlafen habe**.* |
| Futur I<br>«Cosa **faremo** domani?»<br>*„Was **werden wir** morgen **tun**?“* | → | Konditional II<br>… che cosa **avremmo fatto** il giorno dopo.<br>*… was **wir** am darauffolgenden Tag **tun würden**.* |

## 18.4 Der Nebensatz

B2

Bei einem Einleitungssatz im Präsens, Futur oder Perfekt (unmittelbare Vergangenheit) verändert sich im Unterschied zum Deutschen im Nebensatz der indirekten Rede nur die Person. Zeit und Modus bleiben unverändert:

| Direkte Rede | Indirekte Rede |
|---|---|
| Dora dice: «Sono sicura che Gabriella **è/è stata** in Francia.»<br>*Dora sagt: „Ich bin sicher, dass Gabriella in Frankreich **ist/gewesen ist**.“* | Dora dice che è sicura che Gabriella **è/è stata** in Francia.<br>*Dora sagt, dass sie sicher sei, dass Gabriella in Frankreich **sei/gewesen sei**.* |
| Marco dice: «Penso invece che Gabriella **sia/sia stata** in Germania.»<br>*Marco sagt: „Ich denke jedoch, dass Gabriella in Deutschland **ist/ gewesen ist**.“* | Marco dice che pensa che Gabriella **sia/sia stata** in Germania.<br>*Marco sagt, dass er jedoch denke, dass Gabriella in Deutschland **sei/ gewesen sei**.* |

Mit einem Einleitungssatz in einem Vergangenheitstempus gelten für indikativische Nebensätze dieselben Regeln wie für Aussagesätze:

| Direkte Rede | Indirekte Rede |
|---|---|
| Dora ha detto/disse: «Sono sicura che Gabriella **è/è stata** in Francia.» *Dora sagte: „Ich bin sicher, dass Gabriella in Frankreich **ist/gewesen ist**."* | Dora ha detto/disse che era sicura che Gabriella **era/era stata** in Francia. *Dora sagte, dass sie sicher sei, dass Gabriella in Frankreich **sei/gewesen sei**.* |

Steht in den Nebensätzen der Konjunktiv, gilt Folgendes:

| Direkte Rede | | Indirekte Rede |
|---|---|---|
| Konjunktiv Präsens | → | Konjunktiv Imperfekt |
| Konjunktiv Perfekt | → | Konjunktiv Plusquamperfekt |
| Marco ha detto/disse: «Penso invece che Gabriella **rimanga/sia rimasta** in Germania.» *Marco sagte: „Ich denke jedoch, dass Gabriella in Deutschland **bleibt/ geblieben ist**."* | | Marco ha detto/disse che pensava che Gabriella **rimanesse/fosse rimasta** in Germania. *Marco sagte, dass er jedoch denke, dass Gabriella in Deutschland **bleibe/ geblieben sei**.* |

⚡ Egal, um welche Art von konditionalem Satzgefüge es sich in der direkten Rede handelt – in der indirekten Rede steht im se-Satz immer Konjunktiv Plusquamperfekt, im Hauptsatz Konditional II:

| Direkte Rede | Indirekte Rede |
|---|---|
| Gabriella ha detto/disse: «Se **ho/avessi/ avessi avuto** soldi, **vado/andrei/ sarei andata** in Inghilterra.» *Gabriella sagte: „Wenn ich Geld **habe/ hätte/gehabt hätte**, **fahre** ich nach England/**würde** ich … **fahren/wäre** ich … **gefahren**."* | Gabriella ha detto/disse che se **avesse avuto** soldi, **sarebbe andata** in Inghilterra. *Gabriella sagte, dass sie, wenn sie Geld **hätte/gehabt hätte**, nach England fahren **würde/gefahren wäre**.* |

# Übungen

## 1 Aussagesätze in der indirekten Rede B2

**Wandeln Sie die folgenden Aussagesätze von der direkten in die indirekte Rede um.**

a. « Paolo arriverà lunedì. »

Lisa dice che ..........................................................................

b. « Sono andato tre settimane in Australia. »

Mario racconta che ..........................................................................

c. « Cerchiamo un appartamento. »

Luigi e Sara dicono che ..........................................................................

d. « Non ho tempo, perché devo lavorare. »

Ugo dirà di sicuro che ..........................................................................

e. « Ho conosciuto Rita poco fa. »

Giorgio dice che ..........................................................................

f. « Domani pioverà. »

Maria dice che ..........................................................................

## 2 Aussagesätze – indirekte Rede in der Vergangenheit B2

**Wie müssen die Sätze aus Übung 1 verändert werden, wenn im Einleitungssatz ein Vergangenheitstempus steht?**

a. Lisa ha detto che ..........................................................................

b. Marco raccontò che ..........................................................................

c. Luigi e Sara dissero che ..........................................................................

d. Ugo ha detto che ..........................................................................

e. Giorgio disse che ..........................................................................

f. Maria ha detto che ..........................................................................

B2 **3 Aufforderungen in der indirekten Rede**
**Setzen Sie die Imperative in die indirekte Rede.**

a. «Entri pure!»

Paolo ha detto alla signora ..........................................................

b. «Andate sempre dritto per arrivare alla stazione.»

La signora ci ha detto ..........................................................

c. «Non fumate nel mio appartamento!»

Chiara dice agli amici ..........................................................

B2 **4 Die indirekte Frage**
**Markieren Sie die richtige Verbform.**

a. Paolo chiede a Marco che cosa vuole / voglia / volesse mangiare.

b. Mi hanno domandato se volevo / volessi / ho voluto bere qualcosa.

c. Gabriella mi ha chiesto quando andremo / saremo andati / saremmo andati a teatro.

d. Fabrizio vuole sapere perché non l'ho chiamato / avevo chiamato / avessi chiamato.

B2 **5 Nebensätze in der indirekten Rede**
**Setzen Sie Verben im angegebenen Zeitverhältnis ein: Vorzeitigkeit (VZ), Gleichzeitigkeit (GZ) oder Nachzeitigkeit (NZ): piacere, avere, partire.**

a. (GZ) Luca ha detto che pensava che Giorgio ............................ ragione.

b. (VZ, tu) I tuoi vicini dissero che credevano che ............................ per le vacanze.

c. (NZ) Hanno detto che erano sicuri che quel film a Luca non ............................ .

### 3. Aufforderungen in der indirekten Rede

a. Paolo ha detto alla signora di entrare/che entrasse pure.
b. La signora ci ha detto di andare/che andassimo sempre dritto per arrivare alla stazione.
c. Chiara dice agli amici di non fumare/che non fumino nel suo appartamento.

G Imperative der direkten Rede werden in der indirekten Rede mit di + Infinitiv oder che + Konjunktiv wiedergegeben. Je nach Tempus des Einleitungssatzes steht Konjunktiv Präsens oder Imperfekt. Bei Wiedergabe im Präsens muss nur die Personenangabe angepasst werden, bei Wiedergabe in der Vergangenheit müssen auch Orts- und Zeitangaben geändert werden.

### 4. Die indirekte Frage

a. Paolo chiede a Marco che cosa vuole mangiare.
b. Mi hanno domandato se volevo/volessi bere qualcosa.
c. Gabriella mi ha chiesto quando saremmo andati a teatro.
d. Fabrizio vuole sapere perché non l'ho chiamato.

G Steht der Einleitungssatz im Präsens, Futur oder Perfekt (unmittelbare Vergangenheit), folgt im indirekten Fragesatz der Indikativ derselben Zeit wie in der direkten Frage. Bei einem Einleitungssatz in der Vergangenheit steht in der indirekten Frage statt Indikativ Präsens Konjunktiv Imperfekt, statt Indikativ Perfekt Konjunktiv Plusquamperfekt und statt Futur I Konditional II.

### 5. Nebensätze in der indirekten Rede

a. Luca ha detto che pensava che Giorgio avesse ragione.
b. I tuoi vicini dissero che credevano che (tu) fossi partito/-a per le vacanze.
c. Hanno detto che erano sicuri che quel film a Luca non sarebbe piaciuto.

G Bei einem Einleitungssatz in der Vergangenheit verändern indikativische Nebensätze die Zeitformen wie Aussagesätze, in konjunktivischen Nebensätzen wird der Konjunktiv Präsens zu Konjunktiv Imperfekt, Konjunktiv Perfekt zu Konjunktiv Plusquamperfekt.

# Lösungen

### 1. Aussagesätze in der indirekten Rede

a. Lisa dice che Paolo arriverà lunedì.
b. Marco racconta che è andato tre settimane in Australia.
c. Luigi e Sara dicono che cercano un appartamento.
d. Ugo dirà di sicuro che non ha tempo, perché deve lavorare.
e. Giorgio dice che ha conosciuto Rita poco fa.
f. Maria dice che domani pioverà.

G Steht der Einleitungssatz im Präsens, Futur oder Perfekt (unmittelbare Vergangenheit), verändern sich die Zeiten beim Wechsel zur indirekten Rede nicht. Die Personen werden angepasst: 1. Person Singular/Plural → 3. Person Singular/Plural, 2. Person Singular/Plural → 1. Person Singular/Plural (mit Bezug auf Sprecher) oder ebenfalls 3. Person Singular/Plural.

### 2. Aussagesätze – indirekte Rede in der Vergangenheit

a. Lisa ha detto che Paolo sarebbe arrivato lunedì.
b. Marco raccontò che era andato tre settimane in Australia.
c. Luigi e Sara dissero che cercavano un appartamento.
d. Ugo ha detto che non aveva tempo, perché doveva lavorare.
e. Giorgio disse che aveva conosciuto Rita poco prima.
f. Maria ha detto che il giorno dopo sarebbe piovuto.

G Steht der Einleitungssatz in einem Vergangenheitstempus, verändern sich die Zeiten: Präsens → Imperfekt, Perfekt → Plusquamperfekt, Futur I → Konditional II. Auch Personen-, Orts- und Zeitangaben müssen angepasst werden.

# 19 Die Präposition

A1

*Wo wird denn nur meine Brille sein? Auf dem Schreibtisch ist sie nicht, im Schrank auch nicht, vielleicht unter dem Sessel ...*

Präpositionen verbinden Wörter und Wortgruppen. Sie geben an, in welcher Beziehung diese zueinander stehen und fordern von Substantiven und Pronomen einen bestimmten Kasus.
Da ein und dieselbe Präposition unterschiedliche Bedeutungen und Funktionen haben kann, ist ihre richtige Anwendung oft schwierig. Eine perfekte Übereinstimmung zwischen deutschen und italienischen Präpositionen gibt es nicht.

Wie im Deutschen können Präpositionen mit oder ohne Artikel verwendet werden. Einige Präpositionen verschmelzen mit dem bestimmten Artikel (▷ **1.4**).

L! Am besten lernen Sie die Präpositionen direkt im Kontext anhand verschiedener Beispiele für unterschiedliche Verwendungen.

**Die Präposition a** A1

Die Präposition a wird verwendet:

- bei Städten und kleinen Inseln sowie einer Reihe anderer Orts- und Richtungsangaben:
  Abitiamo **a** Milano. *Wir wohnen **in** Mailand.*
  Vanno in vacanza **a** Capri. *Sie fahren **nach** Capri in Urlaub.*
  Pranzano **al** ristorante. *Sie essen **im** Restaurant zu Mittag.*
  Venite **al** mercato? *Kommt ihr mit **zum** Markt?*
  Siamo stati **al** mare. *Wir sind **am** Meer gewesen.*

**Vado al** supermercato e poi **alla** posta. *Ich gehe **zum** Supermarkt und dann **zur** Post.*
**a** casa ***zu/nach*** *Hause*, **a** teatro ***im/ins*** *Theater*, **a** scuola ***zur/in die/in der*** Schule, **a** letto ***im/ins*** *Bett*
**a** destra ***nach*** *rechts*, **a** sinistra ***nach*** *links*
**a** nord ***nach/im*** *Norden*, **a** ovest ***nach/im*** *Westen*
Ausnahme: Bei näher bestimmten Ortsangaben verwendet man statt a die Präposition in.
Pranzano **in** un buon ristorante. *Sie essen **in** einem guten Restaurant zu Mittag.*

- zur Angabe der Fortbewegungsart:
  Caterina va **a** cavallo. *Caterina reitet.*
  Vengo **a** piedi. *Ich komme **zu** Fuß.*

A2
- bei der Angabe von Entfernungen:
  L'albergo è **a** dieci chilometri. *Das Hotel ist zehn Kilometer **entfernt**.*
  Siamo **a** cinque minuti da casa. *Wir sind fünf Minuten von zu Hause **entfernt**.*
- bei Zeitangaben wie Feiertagen, Uhrzeit und Alter:
  **A** Natale vado da Anna. ***Zu*** *Weihnachten fahre ich zu Anna.*
  Arrivano **alle** tre e mezza. *Sie kommen **um** halb vier an.*
  **A** che ora comincia il film? ***Um*** *wie viel Uhr fängt der Film an?*
  Ha imparato l'italiano **a** settant'anni. *Er hat **mit** siebzig Jahren Italienisch gelernt.*
  **A** presto! ***Bis*** *bald!*
  **A** domani! ***Bis*** *Morgen!*
- zur Angabe der Art und Weise oder bestimmter Merkmale bei Sachen:
  Prendo gli spaghetti **alla** napoletana. *Ich nehme Spaghetti **nach** Neapolitanischer Art.*
  È fatto **a** mano! *Es ist handgemacht.*
  Ho comprato un vestito **a** righe. *Ich habe ein gestreiftes Kleid gekauft.*

A2
- in der Bedeutung *je, pro*:
  Lava la macchina una volta **al** mese. *Er wäscht das Auto einmal **pro** Monat.*
  Costano due euro **al** chilo. *Sie kosten zwei Euro **pro** Kilo.*

- zum Anschluss von Objekten im Dativ:
  Abbiamo mandato un invito **a** tutti gli amici. *Wir haben allen Freunden eine Einladung geschickt.*
  **A** lei non piace questo colore. *Ihr gefällt diese Farbe nicht.*
- zum Anschluss des Infinitivs (▷ 13.1):
  È andato **a** mangiare. *Er ist essen gegangen.*
  Dove hai imparato **a** ballare? *Wo hast du tanzen gelernt?*
  Chi mi aiuta **a** lavare la macchina? *Wer hilft mir das Auto **zu** waschen?*

## Die Präposition in

A1

Die Präposition in wird verwendet:

- bei Ländern, Regionen, großen Inseln sowie einer Reihe anderer Orts- und Richtungsangaben:
  Vivo **in** Germania. *Ich lebe **in** Deutschland.*
  Sono andati **in** Toscana. *Sie sind **in die** Toscana gefahren.*
  Alma abita **in** Corsica. *Alma wohnt **auf** Korsika.*
  Dario va spesso **in** montagna. *Dario geht oft **ins** Gebirge.*
  Abitate in città o **in** campagna? *Wohnt ihr **in der** Stadt oder **auf dem** Land?*
  Siamo **in** giardino. *Wir sind **im** Garten.*
  **in** centro ***im/ins** Zentrum*, **in** piscina ***im/ins** Schwimmbad*,
  **in** ufficio ***im/ins** Büro*, **in** discoteca ***in der/in** die Disko*
- bei Zeitangaben in Verbindung mit Jahren, Jahrhunderten, Jahreszeiten, Monaten: A2
  Ho conosciuto Antonio **nel** 2003. *Ich habe Antonio 2003 kennengelernt.*
  È partita **in** primavera. *Sie ist **im** Frühling abgefahren.*
  Viene **in** febbraio. *Sie kommt **im** Februar.*
  Ci vediamo **in** settimana. *Wir sehen uns **unter der** Woche.*
  ⚡ Die Präposition in kann auch die Bedeutung von *innerhalb* haben:
  Devo finire il lavoro **in** due giorni. *Ich muss die Arbeit in (innerhalb von) zwei Tagen erledigen.*
- bei der Art der Fortbewegung:
  **in** macchina ***mit dem** Auto*, **in** treno ***mit dem** Zug*, **in** autobus ***mit dem** Autobus*

◐ Ausnahme: Bei näherer Bestimmung verwendet man die Präposition con:
Vengono **con** la macchina di mia madre. *Sie kommen **mit** dem Auto meiner Mutter.*

A2
- bei weiteren Wendungen wie:
Siamo **in** sei. *Wir sind **zu** sechst.*
Ho un cucchiaio **in** più/meno. *Ich habe einen Löffel mehr/weniger.*
**in** anticipo *zu früh*, **in** ritardo *verspätet*
**in** fretta *in Eile*, **in** tempo *rechtzeitig*
**in** italiano ***auf*** *Italienisch*, **in** tedesco ***auf*** *Deutsch*
**in** piedi *im Stehen*

A1
## Die Präposition da

Die Präposition da wird verwendet:
- zur Angabe der Herkunft oder eines Ausgangspunkts:
Martina è ritornata **dalla** Campania. *Martina ist **aus** Kampanien zurückgekommen.*
Quando è partito **da** Sassari? *Wann ist er **aus** Sassari abgefahren?*
Ti chiamo **dall'**ufficio. *Ich rufe dich **aus dem** Büro an.*
A che ora siete usciti **da** scuola? *Um wie viel Uhr seid ihr **aus der** Schule gekommen?*
Tanti saluti **da** Silvia! *Liebe Grüße **von** Silvia!*
💡 Nur bei Personen wird da in der Bedeutung *bei, zu* verwendet.
Stasera vado **da** Paola. *Heute Abend gehe ich **zu** Paola.*
Devi andare **dal** dentista! *Du musst **zum** Zahnarzt gehen!*
Abita ancora **dai** suoi genitori. *Sie wohnt noch **bei** ihren Eltern.*
- bei Zeitangaben in der Bedeutung von *seit, ab*:
Lavoro in banca **da** tre anni. *Ich arbeite **seit** drei Jahren bei der Bank.*
**Da** lunedì siamo in vacanza. ***Ab*** *Montag sind wir im Urlaub.*
- zur Bezeichnung eines Zwecks, einer Bestimmung oder eines Merkmals bei Personen:
Questa è la camera **da** letto. *Das ist das Schlafzimmer.*
Non ho delle tazzine **da** caffè. *Ich habe keine Kaffeetassen.*
Conosci il ragazzo **dagli** occhi azzurri? *Kennst du den Jungen **mit den** blauen Augen?*

- im indirekten Vergleich in der Bedeutung *als, wie*: B1
  Gli ha parlato **da** amico. *Er hat **als** Freund zu ihm gesprochen.*
  Si sono comportati **da** stupidi. *Sie haben sich **wie** Dummköpfe benommen.*
- zusammen mit der Präposition a, um eine Entfernung auszudrücken oder in der Bedeutung *von … bis* oder *von … nach*: A2
  Francesca abita **a** due chilometri **dal** centro. *Francesca wohnt zwei Kilometer **vom** Zentrum **entfernt**.*
  È in ufficio **dalle** otto **all'**una. *Er ist **von** acht **bis** eins im Büro.*
  **Da** Palermo **a** Catania ci vogliono tre ore. ***Von** Palermo **nach** Catania braucht man drei Stunden.*
- bei verschiedenen anderen Wendungen wie z. B.: A2
  **Da una parte** c'è la chiesa e **dall'altra** l'albergo. ***Auf der einen Seite** ist die Kirche und **auf der anderen Seite** das Hotel.*
  Faccio **da solo**. *Ich mache es **allein**.*
- bei Passivkonstruktionen (▶ 12): B2
  Questo lavoro è stato fatto **da** Carlo. *Diese Arbeit ist **von** Carlo gemacht worden.*
- zum Anschluss des Infinitivs (▶ **13.1**): A2
  Cerco un bel libro **da** leggere in vacanza. *Ich suche ein schönes Buch, **um** es in den Ferien **zu** lesen.*
  Non avete niente **da** fare? *Habt ihr nichts **zu** tun?*

**Die Präposition di** A1

Die Präposition di wird verwendet:

- um die Herkunft anzugeben (in Verbindung mit essere):
  Siete **di** Berlino? *Seid Ihr **aus** Berlin?*
  Sandra è **di** Bologna. *Sandra ist **aus** Bologna.*
  ◐ Ausnahme: Um die Herkunft aus einem Land auszudrücken verwendet man anstelle der Präposition ein Adjektiv.
  Sono tedesca. *Ich bin Deutsche/aus Deutschland.*
  Massimo è italiano. *Massimo ist Italiener/aus Italien.*
- zur Angabe des Materials: A2
  È una camicia **di** cotone. *Es ist ein Baumwollhemd.*
  Ho comprato un tavolo **di** legno per il giardino. *Ich habe einen Holztisch für den Garten gekauft.*
  Vorrei un anello **d'**oro. *Ich hätte gerne einen goldenen Ring.*

A2 • zur Zeitangabe mit einigen Substantiven wie:
**estate** *Sommer*, **inverno** *Winter*, **giorno** *Tag*, **notte** *Nacht*, **mattina** *Vormittag*, **sera** *Abend*:
**D'inverno va sempre in montagna.** *Im Winter fährt er immer ins Gebirge.*
Piero lavora **di** notte. *Piero arbeitet nachts.*

• bei Mengen- und Altersangaben (vgl. auch die Altersangabe mit a):
Vorrei un chilo **di** arance. *Ich möchte ein Kilo Orangen.*
È un bambino **di** sette anni. *Er ist ein siebenjähriges Kind.*

B1 • zum Anschluss des Infinitivs (▷ 13.1):
Non hanno voglia **di** uscire. *Sie haben keine Lust auszugehen.*
Ho deciso **di** imparare il francese. *Ich habe mich entschieden, Französisch zu lernen.*

• zur Bildung des Genitivs:
Questa è la zia **di** Arturo. *Dies ist Arturos Tante.*
Conosci i musei **della** tua città? *Kennst du die Museen deiner Stadt?*

A2 • als Teilungsartikel (▷ 1.3):
Vuoi **della** frutta? *Willst du Obst?*
Ci sono ancora **delle** banane. *Es gibt noch Bananen.*

A2 • bei Indefinitpronomen wie:
qualcosa *etwas*, niente *nichts*, poco *wenig*, molto *viel*
usw. zum Anschluss des folgenden Adjektivs:
Non è niente **di** importante. *Es ist nichts Wichtiges.*
C'è qualcosa **di** bello alla tv? *Gibt es etwas Schönes im Fernsehen?*

B1 • bei Vergleichen:
Sara è più giovane **di** Chiara. *Sara ist jünger* ***als*** *Chiara.*
La tua casa è più grande **della** nostra. *Dein Haus ist größer* ***als*** *unseres.*

B1 • mit einigen Verben als feste Fügung:
Non si fida **di** te. *Er traut dir nicht.*
Si è innamorato **di** Alessandra. *Er hat sich in Alessandra verliebt.*

B1 • in vielen Wendungen wie:
pieno **di** *voll von*, contento **di** *zufrieden mit*, avere paura **di** *Angst haben vor*, dire **di** sì/**di** no *ja/nein sagen*, darsi **del** tu *sich duzen*

# Übungen

## 1 Die Präposition a — A1

**Verbinden Sie die Satzteile mit a (wo nötig mit Artikel).**

| | |
|---|---|
| a. La lezione finisce | piedi o in autobus. |
| b. Preferisco andare | pomodoro. |
| c. Non sono mai andata | mezzanotte. |
| d. Ai bambini piace la pasta | cavallo. |
| e. È andata a letto | otto e mezza. |

## 2 Die Präpositionen a und in — A1

**Ergänzen Sie a oder in.**

a. Giulia e Federico abitano ........... Umbria.

b. I signori Gatti vanno ogni anno in vacanza ........... mare.

c. Siete stati ........... America?

d. Matteo e Caterina vivono ........... Milano.

e. I signori Castro vanno sempre in vacanza ........... Francia.

## 3 Die Präposition di — A2

**Welche Verwendung hat di? Kreuzen Sie an.**

a. Mi hanno regalato un orologio d'oro.
b. Avete dello zucchero, per favore?
c. Puoi comprarmi della verdura e del pane?
d. Mariangela ha una nuova gonna di lana rossa.
e. Ci sono ancora dieci litri di vino rosso in cantina.

| | Material | Menge | Teilungsartikel |
|---|---|---|---|
| a. | ☐ | ☐ | ☐ |
| b. | ☐ | ☐ | ☐ |
| c. | ☐ | ☐ | ☐ |
| d. | ☐ | ☐ | ☐ |
| e. | ☐ | ☐ | ☐ |

A2

## 4 Die Präpositionen di und in

**Di oder in? Ergänzen Sie, wenn nötig mit Artikel.**

a. ........... giorno lavoro, ma poi sono libera.

b. Ho conosciuto mio marito ........... 2000.

c. Non andiamo mai in vacanza ........... agosto.

d. ........... primavera andiamo a Venezia.

e. Non uscire da sola ........... notte!

f. ........... estate vanno volentieri al mare.

A1

## 5 Die Präposition da

**Ergänzen Sie die Präposition da, wenn nötig mit Artikel.**

a. Domani devo andare ........... medico.

b. Sono partiti ........... Pesaro due ore fa.

c. Abita ........... suoi genitori.

d. Silvia è ritornata ieri ........... Puglia.

e. Non lo vediamo ........... dieci anni.

A2

## 6 Die Präpositionen a und da

**Ergänzen Sie die Sätze mit a oder da. Wählen Sie die passende Präposition und Form aus.**

da (3x) / a (3x) / dalle / alle (2x) / dal / al / dall'

a. ........... cinque ........... sei non c'è nessuno in ufficio.

b. Salvatore lavora ........... cinquanta chilometri ........... casa.

c. ........... primo ........... venti luglio lo studio medico è chiuso.

d. ........... oggi ........... domenica è prevista pioggia.

e. L'università è ........... dieci minuti ........... casa di Bruno.

f. ........... una ........... tre il negozio è chiuso.

### 4. Die Präpositionen di und in

a. Di giorno lavoro ma poi sono libera.
b. Ho conosciuto mio marito nel 2000.
c. Non andiamo mai in vacanza in agosto.
d. In primavera andiamo a Venezia.
e. Non uscire da sola di notte!
f. D'estate vanno volentieri al mare.

**G** Als Zeitangabe wird die Präposition in mit Jahreszeiten, Monaten und Jahreszahlen verwendet. Die Präposition di wird mit einigen Substantiven wie giorno *Tag*, notte *Nacht* oder estate *Sommer*, inverno *Winter* gebraucht.

### 5. Die Präposition da

a. Domani devo andare dal medico.
b. Sono partiti da Pesaro due ore fa.
c. Abita dai suoi genitori.
d. Silvia è ritornata ieri dalla Puglia.
e. Non lo vediamo da dieci anni.

**G** Die Präposition da wird zur Angabe der Herkunft oder eines Ausgangspunktes und bei Zeitangaben in der Bedeutung *seit, ab* verwendet. Bei Personen wird da in der Bedeutung *bei, zu* verwendet.

### 6. Die Präpositionen a und da

a. Dalle cinque alle sei non c'è nessuno in ufficio.
b. Salvatore lavora a cinquanta chilometri da casa.
c. Dal primo al venti luglio lo studio medico è chiuso.
d. Da oggi a domenica è prevista pioggia.
e. L'università è a dieci minuti da casa di Bruno.
f. Dall'una alle tre il negozio è chiuso.

**G** Die Präpositionen a und da treten zusammen in Konstruktionen auf, die die Bedeutung *von … nach* oder *von … bis* haben, und um Entfernungen auszudrücken.

# Lösungen

## 1. Die Präposition a

a. La lezione finisce alle otto e mezza.
b. Preferisco andare a piedi o in autobus.
c. Non sono mai andata a cavallo.
d. Ai bambini piace la pasta al pomodoro.
e. È andata a letto a mezzanotte.

G Die Präposition a wird neben Orts- und Richtungsangaben bei der Art der Fortbewegung, zur Angabe der Uhrzeit und der Art und Weise sowie zum Ausdruck der Merkmale einer Sache verwendet.

## 2. Die Präpositionen a und in

a. Giulia e Federico abitano in Umbria.
b. I signori Gatti vanno ogni anno in vacanza al mare.
c. Siete stati in America?
d. Matteo e Caterina vivono a Milano.
e. I signori Castro vanno sempre in vacanza in Francia.

G Als Ortsangabe wird die Präposition a mit Städten, kleinen Inseln und in einigen festen Wendungen verwendet. Die Präposition in dagegen steht bei Ländern, Regionen, Kontinenten und großen Inseln sowie bei einigen festen Verbindungen.

## 3. Die Präposition di

| | Material | Menge | Teilungsartikel |
|---|---|---|---|
| a. | ✓ | | |
| b. | | | ✓ |
| c. | | | ✓ |
| d. | ✓ | | |
| e. | | ✓ | |

G Die Präposition di wird unter anderem verwendet bei Mengenangaben, als Teilungsartikel und zur Angabe eines Materials. Darüber hinaus steht sie auch bei Herkunftsangaben, beim Infinitivanschluss und beim Genitiv.

## Die Präposition per

A1

Die Präposition per wird verwendet:

- bei Ortsangaben in der Bedeutung *durch*, *über*, *nach*. Häufig in Verbindung mit Verkehrsmitteln und mit Verben wie partire *abfahren*:
  Dovete passare **per** Verona. *Ihr müsst* ***über*** *Verona fahren.*
  Passeggiano **per** le strade del centro. *Sie gehen* ***durch*** *die Straßen des Zentrums spazieren.*
  Giovanni è partito ieri **per** la Sicilia. *Giovanni ist gestern* ***nach*** *Sizilien gefahren.*
  Dante ha preso l'aereo **per** Torino. *Dante hat das Flugzeug* ***nach*** *Turin genommen.*
  Sono partiti **per** il mare stamattina presto. *Sie sind heute früh am Morgen* ***zum*** *Meer gefahren.*
- bei Zeitangaben in der Bedeutung *-lang*: A2
  Dopo la festa ha dormito **per** ore. *Nach der Feier hat er stunden****lang*** *geschlafen.*
  **Per** molti mesi Ester non è venuta a trovarci. *Ester hat uns monate****lang*** *nicht besucht.*
- um einen Grund, eine Bestimmung bzw. einen Adressaten zu nennen: A2
  Da oggi il ristorante è chiuso **per** ferie. *Ab heute hat das Restaurant Betriebsferien.*
  L'ha fatto **per** amore. *Er hat es* ***aus*** *Liebe getan.*
  Questi fiori sono **per** te. *Diese Blumen sind* ***für*** *dich.*
  Ti ho portato i libri **per** tua sorella. *Ich habe dir die Bücher* ***für*** *deine Schwester mitgebracht.*
- zur Angabe von (Hilfs-)Mitteln:
  Ti mando subito le nostre foto **per** e-mail. *Ich schicke dir sofort unsere Fotos* ***per*** *E-Mail.*
  La risposta arriva **per** fax. *Die Antwort kommt* ***per*** *Fax.*
- in Wendungen wie: A2
  **per** fortuna ***zum*** *Glück*, **per** favore *bitte*, **per** esempio ***zum*** *Beispiel*, **per** sbaglio ***aus*** *Versehen*
- mit dem Infinitiv (▷ 13.1):
  Vado in centro **per** fare una commissione. *Ich gehe ins Zentrum,* ***um*** *etwas* ***zu*** *besorgen.*

A1 **Die Präposition con**

Die Präposition con verwendet man:

- in der Bedeutung *mit*:

  Chi viene **con** noi al cinema stasera? *Wer kommt heute Abend* ***mit*** *uns ins Kino?*

  Enzo va in pizzeria **con** la sua ragazza. *Enzo geht* ***mit*** *seiner Freundin in eine Pizzeria.*

  **Con** chi parli? ***Mit*** *wem redest du?*

A2
- in der Bedeutung *bei*, beispielsweise bei der Beschreibung eines Zustandes:

  **Con** questo freddo preferisco non uscire. ***Bei*** *dieser Kälte gehe ich lieber nicht aus.*

  Non mi piace dormire **con** la finestra chiusa. *Ich mag es nicht,* ***bei*** *geschlossenem Fenster zu schlafen.*

A1 **Die Präposition su**

Die Präposition su wird verwendet:

- bei Ortsangaben unterschiedlicher Art:

  I piatti e i bicchieri sono già **sul** tavolo. *Teller und Gläser sind schon* ***auf dem*** *Tisch.*

  Siete saliti **sull**'Etna? *Seid ihr* ***auf den*** *Ätna gestiegen?*

  Anche la camera di Roberto dà **sul** giardino. *Auch Robertos Zimmer zeigt* ***zum*** *Garten.*

  Fuori città non c'è un ponte **sul** fiume. *Außerhalb der Stadt gibt es keine Brücke* ***über den*** *Fluss.*

  Hanno una nuova casa **sul** lago Maggiore. *Sie haben ein neues Haus* ***am*** *Lago Maggiore.*

A2 auch im übertragenen Sinn:

  L'ho letto ieri **sul** giornale. *Ich habe es gestern* ***in der*** *Zeitung gelesen.*

  Abbiamo cercato delle informazioni **su** internet. *Wir haben Informationen* ***im*** *Internet gesucht.*

- zur Angaben eines Themas:

  Mi hanno regalato un libro **su** Napoleone. *Man hat mir ein Buch* ***über*** *Napoleon geschenkt.*

  Valerio è stato ad una conferenza **sull**'Africa. *Valerio ist bei einem Vortrag* ***über*** *Afrika gewesen.*

- zur ungefähren Alters- oder Mengenangabe: B1
  Il mio collega è un uomo **sui** quarant'anni. *Mein Kollege ist ein Mann **von etwa** vierzig Jahren.*
  Costa **sui** cento euro. *Es kostet **um die** hundert Euro.*

## Die Präposition tra/fra A1

Die Präpositionen fra und tra haben die gleiche Bedeutung und werden verwendet:

- temporal in der Bedeutung *in* auf Zukünftiges bezogen:
  **Fra** tre anni Laura finirà l'università. *Laura wird **in** drei Jahren die Universität beenden.*
  Ti telefono **tra** cinque minuti. *Ich rufe dich **in** fünf Minuten an.*
- lokal in der Bedeutung *zwischen*:
  La farmacia è **fra** la banca e il cinema. *Die Apotheke ist **zwischen** der Bank und dem Kino.*
  Ci siamo fermati **tra** Genova e Savona. *Wir haben **zwischen** Genua und Savona angehalten.*
- im übertragenen Sinne: B1
  Detto **fra** noi, Nadia non è molto simpatica. ***Unter** uns gesagt, ist Nadia nicht sehr sympatisch.*
  **Fra** i tuoi amici, Francesco è il più gentile. ***Unter** deinen Freunden ist Francesco der Netteste.*

## Weitere temporale Präpositionen A2

- fa *vor*; die Präposition fa wird immer nachgestellt:
  Ho conosciuto Anna un anno **fa**. *Ich habe Anna **vor** einem Jahr kennengelernt.*
  È arrivato poco **fa**. *Er ist **vor** Kurzem angekommen.*
- prima (di) *(da)vor*; die nachgestellte Präposition prima bedeutet *davor, vorher*, prima di vorangestellt bedeutet *vor*:
  Noi partiamo due giorni **prima**. *Wir fahren zwei Tage **vorher** los.*
  **Prima di** agosto non vengono. ***Vor** August kommen sie nicht.*
- dopo *(da)nach*; die Präposition dopo nachgestellt bedeutet *danach*, vorangestellt bedeutet sie *nach*:
  Ha telefonato cinque minuti **dopo**. *Er hat fünf Minuten **danach** angerufen.*
  Tiziana arriva **dopo** le nove. *Tiziana kommt **nach** neun Uhr an.*

- B2 entro *innerhalb/bis*:
  La lettera arriverà **entro** tre giorni. *Der Brief wird* ***innerhalb von*** *drei Tagen ankommen.*
  Torna **entro** le dieci! *Komm* ***bis*** *zehn zurück!*
- durante *während*:
  **Durante** il giorno faceva caldo. ***Während*** *des Tages war es warm.*
  Cosa fate **durante** le feste? *Was macht ihr* ***während*** *der Feiertage?*

A2 **Weitere lokale Präpositionen**

- sopra *auf, über*:
  La lampada è **sopra** la scrivania. *Die Lampe ist* ***auf*** *dem Schreibtisch.*
  L'aereo vola **sopra** le Alpi. *Das Flugzeug fliegt* ***über*** *die Alpen.*
- sotto *unter*:
  Le scarpe sono **sotto** il letto. *Die Schuhe sind* ***unter*** *dem Bett.*
  Ci sono 3 gradi **sotto** zero. *Es sind drei Grad* ***unter*** *null.*
- B1 attraverso *durch*:
  Puoi passare **attraverso** il giardino. *Du kannst* ***durch*** *den Garten gehen.*
  Passando **attraverso** il centro si arriva prima. *Wenn man* ***durch*** *das Zentrum fährt, kommt man früher an.*
- B1 lungo *entlang*:
  Camminiamo **lungo** il fiume. *Wir laufen am Fluss* ***entlang****.*
  I parcheggi sono **lungo** la strada. *Die Parkplätze befinden sich* ***entlang*** *der Straße.*
- dentro (a) *in*:
  Cosa c'è **dentro** all'/l'armadio? *Was ist* ***in*** *dem Schrank?*
  Il regalo è **dentro** la scatola. *Das Geschenk ist* ***in*** *der Schachtel.*
- fuori (di/da) *außerhalb*:
  Barbara abita **fuori** città. *Barbara wohnt* ***außerhalb*** *der Stadt.*
  La macchina è **fuori** dal garage. *Das Auto ist nicht in der Garage.*
- presso *bei/in der Nähe*:
  Lavora **presso** un famoso avvocato. *Er arbeitet* ***bei*** *einem berühmten Anwalt.*
  Vivono **presso** l'aeroporto. *Sie wohnen* ***in der Nähe*** *des Flughafens.*

- B1 verso *gegen*:
  Ci vediamo in piazza **verso** le nove. *Wir sehen uns **gegen** neun Uhr auf dem Platz.*
  **Verso** sera fa già freddo. ***Gegen** Abend ist es schon kühl.*

### Weitere Präpositionen mit unterschiedlicher Funktion A2

- contro *gegen*:
  Hanno deciso **contro** la sua volontà. *Sie haben **gegen** seinen Willen entschieden.*
  Ha battuto la testa **contro** la porta. *Er ist mit dem Kopf **gegen** die Tür gestoßen.*
- B1 meno, tranne *außer*:
  Sono venuti tutti **meno** Enrico. *Sie sind alle gekommen **außer** Enrico.*
  Prendi pure tutti i libri **tranne** questo. *Nimm ruhig alle Bücher **außer** diesem.*
- B1 nonostante, malgrado *trotz*:
  Gioca a tennis **nonostante** la pioggia. ***Trotz** des Regens spielt er Tennis.*
  **Malgrado** il dolore non è andato dal medico. ***Trotz** der Schmerzen ist er nicht zum Arzt gegangen.*
- senza *ohne*:
  Sono rimasta **senza** benzina. *Ich habe kein Benzin mehr. („Ich bin **ohne** Benzin geblieben.")*
  **Senza** di te non andiamo. ***Ohne** dich fahren wir nicht.*
- B1 secondo *nach (Meinungen von)*:
  **Secondo** me non hanno ragione. *Meiner Meinung **nach** haben sie unrecht.*
  **Secondo** le ultime notizie c'è stato un terremoto. ***Nach** den letzten Nachrichten hat es ein Erdbeben gegeben.*

### Doppelpräpositionen A2

Eine Reihe von Präpositionen wird zusammen mit einer anderen Präposition verwendet:

- davanti a *vor*:
  La posta è **davanti alla** fermata dell'autobus. *Die Post ist **vor** der Bushaltestelle.*
  Non stare **davanti a** me! *Bleib nicht **vor** mir stehen!*

- dietro (a/di) *hinter*:
  La tua bicicletta è **dietro al**/il garage. *Dein Fahrrad ist* ***hinter*** *der Garage.*
  Sono **dietro di** noi. *Sie sind* ***hinter*** *uns.*
- vicino a *in der Nähe/neben*:
  Il parco è **vicino alla** stazione. *Der Park ist* ***in der Nähe*** *des Bahnhofs.*
  Anna è seduta **vicino a** sua madre. *Anna sitzt* ***neben*** *ihrer Mutter.*
- lontano da *fern/weit von*:
  L'ufficio non è molto **lontano dal** mio appartamento. *Das Büro ist nicht sehr* ***weit von*** *meiner Wohnung.*
  Giuliana abita **lontano dalla** sua famiglia. *Giuliana wohnt* ***weit (weg) von*** *ihrer Familie.*
- fino a *bis*:
  Sono andati **fino al** porto in bicicletta. *Sie sind mit dem Fahrrad* ***bis zum*** *Hafen gefahren.*
  Sono rimasta da loro **fino a** mezzanotte. *Ich bin* ***bis*** *Mitternacht bei ihnen geblieben.*
- B1 insieme a *(zusammen) mit*:
  È andato in vacanza **insieme ai** suoi amici. *Er ist* ***zusammen mit*** *seinen Freunden in Urlaub gefahren.*
  Vai **insieme a** loro. *Geh'* ***mit*** *ihnen (****zusammen****).*
- B1 a causa di *wegen*:
  Non sono venuti **a causa del** brutto tempo. *Sie sind nicht gekommen* ***wegen*** *des schlechten Wetters.*
  **A causa della** sua malattia sono rimasti a casa. ***Wegen*** *seiner Krankheit sind sie zu Hause geblieben.*
- B1 invece di *statt*:
  Mi hanno portato un caffè **invece di** un tè. *Sie haben mir einen Kaffee* ***statt*** *eines Tees gebracht.*
  **Invece di** Lina è venuto suo fratello. ***Statt*** *Lina ist ihr Bruder gekommen.*
- B1 oltre (a) *außer, über*:
  **Oltre ai** bambini non c'era nessuno. ***Außer den*** *Kindern war niemand da.*
  Ti ho aspettato per **oltre un**'ora. *Ich habe* ***über*** *eine Stunde auf dich gewartet.*

# Übungen

## 1 Die Präpositionen su und per

A1

Ergänzen Sie die Sätze mit den passenden Präpositionen:
per, sulla, su, per l'.

a. La tua borsa è in cucina ........... una sedia.

b. Le camere sono tutte con vista ........... piazza.

c. Il treno ........... Parigi parte alle diciannove e quaranta.

d. La settimana prossima partono ........... India.

## 2 Tra/Fra oder fa?

A2

Beantworten Sie folgende Fragen mit der richtigen Präposition.

a. ● Quando ricominciate a lavorare?
■ ........... due giorni purtroppo!

b. ● Quando hai fatto un corso di italiano?
■ Tre mesi ........... a Firenze.

c. ● Dove si trova Brindisi?
■ In Puglia, ........... Bari e Lecce.

d. ● Quando sei stata in Inghilterra come ragazza alla pari?
■ Ci sono stata dodici anni ........... .

## 3 Die Präposition per

B1

Vervollständigen Sie die Sätze mit den folgenden Ausdrücken.

per malattia / per guadagnare / per fortuna / per sbaglio

a. ............................ non ho dimenticato niente!

b. Il negozio è chiuso ............................ .

c. Dopo la scuola lavora in un bar ............................ un po' di soldi.

d. L'ho comprato ............................ . Posso cambiarlo?

A2

## ④ Weitere Präpositionen

**Verbinden Sie die Satzteile zu sinnvollen Sätzen.**

| | |
|---|---|
| a. Ho messo le chiavi | prima di uscire. |
| b. Saranno di ritorno solo | dentro il vaso vicino alla porta. |
| c. Quando uscite aspettatemi | dopo le dieci. |
| d. Chiudete la finestra | fuori dal cinema. |

B1

## ⑤ Die Doppelpräposition

**Setzen Sie die jeweils passende Präposition ein, gegebenenfalls mit Artikel.**

vicino a / invece di / lontano da / fino a

a. ............................ casa nostra costruiscono un supermercato.

b. ............................ Natale non possiamo vederci.

c. ............................ pasta prenderei un risotto.

d. Per fortuna l'albergo non è ............................ spiaggia.

B1

## ⑥ Die Präpositionen – Zusammenfassung

**Ergänzen Sie den Urlaubsgruß mit passenden Präpositionen und fügen Sie wo erforderlich Artikel hinzu.**

Caro Michele,

siamo ........... vacanza ........... Napoli ........... Paolo e Marta.

Il nostro albergo è bellissimo; è ........... centro, ........... Duomo.

Naturalmente abbiamo già mangiato la migliore pizza ........... città

e domani andremo ........... Vesuvio e poi ........... Pompei.

Forse ........... lavorare saresti potuto venire ........... noi!

Un abbraccio e ........... presto. Angelo e Fulvia

### 4. Weitere Präpositionen

a. Ho messo le chiavi dentro il vaso vicino alla porta.
b. Saranno di ritorno solo dopo le dieci.
c. Quando uscite aspettatemi fuori dal cinema.
d. Chiudete la finestra prima di uscire.
e. Mi dispiace ma durante la settimana non ho tempo.

G Präpositionen wie dopo *(da)nach*, prima (di) *(da)vor* und durante *während* werden bei Zeitangaben verwendet. Dopo und prima stehen vorangestellt in der Bedeutung *nach* bzw. *vor*, nachgestellt in der Bedeutung *danach* bzw. *davor*. Dentro *in* und fuori *außerhalb* werden bei Ortsbezeichnungen gebraucht.

### 5. Die Doppelpräpositionen

a. Vicino a casa nostra costruiscono un supermercato.
b. Fino a Natale non possiamo vederci.
c. Invece della pasta prenderei un risotto.
d. Per fortuna l'albergo non è lontano dalla spiaggia.

G Eine Reihe von Präpositionen wie lontano da *fern, weit von*, vicino a *in der Nähe von, neben*, fino a *bis*, invece di *statt*, insieme a *zusammen mit* usw. wird in Verbindung mit anderen Präpositionen verwendet. Die Verwendung der zweiten Präposition ist bei einigen Präpositionen nicht obligatorisch oder aber kontextabhängig.

### 6. Die Präpositionen – Zusammenfassung

Caro Michele,
siamo in vacanza a Napoli con Paolo e Marta. Il nostro albergo è bellissimo; è in centro, vicino al Duomo. Naturalmente abbiamo già mangiato la migliore pizza della città e domani andremo sul Vesuvio e poi a Pompei. Forse invece di lavorare saresti potuto venire con noi!
Un abbraccio e a presto.
Angelo e Fulvia

# Lösungen

### 1. Die Präpositionen su und per

a. La tua borsa è in cucina su una sedia.
b. Le camere sono tutte con vista sulla piazza.
c. Il treno per Parigi parte alle diciannove e quaranta.
d. La settimana prossima partono per l'India.

G Bei Ortsangaben wird die Präposition su in der Bedeutung *auf*, *zu*, *am* verwendet; die Präposition per hingegen in der Bedeutung *nach*, *über*, *durch* in Verbindung mit Verkehrsmitteln und mit Verben wie partire *weggehen*, *abreisen*.

### 2. Tra/Fra oder fa?

a. ● Quando ricominciate a lavorare?
■ Tra/Fra due giorni purtroppo!
b. ● Quando hai fatto un corso di italiano?
■ Tre mesi fa a Firenze.
c. ● Dove si trova Brindisi?
■ In Puglia, tra/fra Bari e Lecce.
d. ● Quando sei stata in Inghilterra come ragazza alla pari?
■ Ci sono stata dodici anni fa.

G Die Präposition fa wird immer nachgestellt. Die Präposition tra/fra wird zeitlich auf die Zukunft bezogen in der Bedeutung *in* und örtlich in der Bedeutung *zwischen* verwendet.

### 3. Die Präposition per

a. Per fortuna non ho dimenticato niente!
b. Il negozio è chiuso per malattia.
c. Dopo la scuola lavora in un bar per guadagnare un po' di soldi.
d. L'ho comprato per sbaglio. Posso cambiarlo?

G Die Präposition per wird nicht nur bei Orts- und Zeitangaben und für die Bezeichnung eines Mittels verwendet, sondern auch um einen Grund anzugeben. Sie kommt darüber hinaus in feststehenden Wendungen wie beispielsweise per sbaglio *aus Versehen* oder per fortuna *zum Glück* vor.

# 20 Die Zahl

A1

*Wenn ich 20 Äpfel in einer Hand habe und in den anderen 15, was habe ich dann? – Sehr große Hände!*

## 20.1 Die Grundzahlen

A1

### Formen

| | | | |
|---|---|---|---|
| 0 | zero | 20 | venti |
| 1 | uno | 21 | ventuno |
| 2 | due | 22 | ventidue |
| 3 | tre | 23 | ventitré |
| 4 | quattro | 24 | ventiquattro |
| 5 | cinque | 25 | venticinque |
| 6 | sei | 26 | ventisei |
| 7 | sette | 27 | ventisette |
| 8 | otto | 28 | ventotto |
| 9 | nove | 29 | ventinove |
| 10 | dieci | 30 | trenta |
| 11 | undici | 40 | quaranta |
| 12 | dodici | 50 | cinquanta |
| 13 | tredici | 60 | sessanta |
| 14 | quattordici | 70 | settanta |
| 15 | quindici | 80 | ottanta |
| 16 | sedici | 90 | novanta |
| 17 | diciassette | 100 | cento |
| 18 | diciotto | 101 | centouno/cento e uno |
| 19 | diciannove | 103 | centotré/cento e tré |

| | | | |
|---|---|---|---|
| 199 | centonovantanove | 10.000 | diecimila |
| 200 | duecento | 20.000 | ventimila |
| 300 | trecento | 100.000 | centomila |
| 1000 | mille | 1.000.000 | un milione |
| 1001 | milleuno/mille e uno | 3.600.000 | tre milioni seicentomila |
| 2000 | duemila | 1.000.000.000 | un miliardo |

Zusammengesetzte Zahlen mit uno bzw. otto verlieren den Endvokal der Zehnerstelle:

trenta + uno → tren**tu**no *einunddreißig*
sessanta + otto → sessan**to**tto *achtundsechzig*
Zusammengesetzte Zahlen mit tre erhalten einen Akzent auf dem -e:
quarantatr**é** *dreiundvierzig*
centoventitr**é** *hundertdreiundzwanzig*
Zusammengesetzte Zahlen mit cento und mille können zusammengeschrieben werden; sie können aber auch durch e getrennt stehen:
centocinque oder cento e cinque *hundertfünf*
millenove oder mille e nove *tausendneun*

**Gebrauch**
Die Grundzahlen sind maskulin und unveränderlich:
il tre *die Drei*
il cinque *die Fünf*
Ausnahme: Veränderlich sind aber folgende Zahlen:
- zero bildet den Plural auf -i:
  uno zero *eine Null* — tre zer**i** *drei Nullen*
- mille lautet im Plural mila:
  mille *Tausend* — sette**mila** *siebentausend*
- milione und miliardo sind maskuline Substantive. Sie bilden den Plural auf -i. Auf milione und miliardo folgende Substantive werden mit di angeschlossen:
  un miliardo **di** persone *eine Milliarde Menschen*
  sette milion**i** **di** A2 abitanti *sieben Millionen Einwohner*

Uno verhält sich wie der unbestimmte Artikel (▷ 1.2):
**un** giorno *ein Tag*
**una** settimana *eine Woche*
**uno** spagnolo *ein Spanier*

## 20.2 Die Ordnungszahlen

A2

### Formen

| | | | |
|---|---|---|---|
| 1 | primo | 13 | tredicesimo |
| 2 | secondo | 20 | ventesimo |
| 3 | terzo | 30 | trentesimo |
| 4 | quarto | 40 | quarantesimo |
| 5 | quinto | 50 | cinquantesimo |
| 6 | sesto | 60 | sessantesimo |
| 7 | settimo | 70 | settantesimo |
| 8 | ottavo | 80 | ottantesimo |
| 9 | nono | 90 | novantesimo |
| 10 | decimo | 100 | centesimo |
| 11 | undicesimo | 200 | duecentesimo |
| 12 | dodicesimo | 1000 | millesimo |

Die Ordnungszahlen bis zehn werden unregelmäßig gebildet. Ab elf sind sie regelmäßig. Die Grundzahl verliert den Endvokal. Stattdessen wird die Endung -esimo anhängt:
ventinov-e + -esimo → ventinovesimo *neunundzwanzigster*
Bei den Zahlen tre *drei* und sei *sechs* bleibt der Endvokal jedoch erhalten:
cinquantatré + -esimo → cinquantat**ree**simo *dreiundfünfzigster*
trentasei + -esimo → trentase**ie**simo *sechsunddreißigster*

### Gebrauch

Ordnungszahlen sind Adjektive (▷ 3) und richten sich wie diese in Genus und Numerus nach ihrem Bezugswort. Sie stehen im Allgemeinen vor dem Substantiv:
la **seconda** settimana *die zweite Woche*
i **primi** anni *die ersten Jahre*

⚡ Anders als im Deutschen steht nach in Ziffern geschriebenen Ordnungszahlen kein Punkt, sondern der letzte Buchstabe des Wortes. Er wird normalerweise kleiner geschrieben und hochgestellt:
il **1°** giorno *der 1. Tag*
la **2ª** sera *der 2. Abend*

Die Ordnungszahlen werden wie im Deutschen bei Jahrhunderten (▶ 20.4 unter „Datum") sowie bei der Nennung von Königen und Päpsten verwendet. Im letzteren Fall entfällt der bestimmte Artikel und die Ordnungszahl wird in römischen Ziffern geschrieben:
È una chiesa del **dodicesimo** secolo. *Es ist eine Kirche aus dem **zwölften** Jahrhundert.*
Non conoscete Federico **II**? *Kennt ihr Friedrich den **Zweiten** nicht?*

B2

## 20.3 Weitere Zahlwörter

- Anders als im Deutschen kann man im Italienischen eine unbestimmte Anzahl durch sogenannte Sammelzahlen angeben. Diese sind an den Endungen -ina und -aio zu erkennen. ◐ Ausnahme: paio *Paar* und dozzina *Dutzend* geben wie im Deutschen eine genaue Anzahl an:

| | |
|---|---|
| un paio *ein Paar* | due **paia** di scarpe *zwei **Paar** Schuhe* |
| una dozzina *ein Dutzend* | una **dozzina** di uova *ein **Dutzend** Eier* |
| una decina *etwa zehn* | una **decina** di libri ***etwa zehn** Bücher* |
| una ventina *etwa zwanzig* | una **ventina** di amici ***etwa zwanzig** Freunde* |
| un centinaio *etwa hundert* | un **centinaio** di persone ***etwa hundert** Menschen* |
| un migliaio *etwa tausend* | Ci sono **migliaia** di possibilità. *Es gibt **tausende** Möglichkeiten.* |

  ⚡ Der Plural der Sammelzahlen lautet -e für Substantive auf -ina, -a für Substantive auf -aio: due dozzin**e** di uova *zwei Dutzend Eier*, centinai**a** di euro *hunderte von Euro*.

- Vervielfältigungszahlen wie doppio *doppelt*, triplo *dreifach*, quadruplo *vierfach* drücken das Vielfache einer Menge aus:
  Vorrei una camera singola e una **doppia**. *Ich möchte ein Einzel- und ein **Doppel**zimmer.*
  Abbiamo pagato il **triplo**. *Wir haben das Dreifache bezahlt.*
- Duplice *zweifach* und triplice *dreifach* geben an, dass etwas aus zwei bzw. drei Teilen besteht:
  Deve avere un documento in **duplice** copia. *Sie müssen ein Dokument in **zweifacher** Ausfertigung haben.*

- Bruchzahlen werden mit den Grundzahlen und den Ordnungszahlen gebildet:
  ⅓ **un terzo** *ein Drittel*, ¼ **un quarto** *ein Viertel*, ⅜ **tre ottavi** *drei Achtel.*
  Ausnahme: ½ **mezzo** *halb*. Hier wird die Grundzahl eins nicht genannt.

## 20.4 Zeitangaben

A1

### Die Uhrzeit

A1

Zur Angabe der Uhrzeit werden im Italienischen die Grundzahlen mit dem bestimmten Artikel verwendet. Das Verb essere steht dabei in der 3. Person Plural. Die Zeit nach der vollen Stunde wird mit e *und* angegeben. Ab der vierzigsten Minute wird die Zeit vor der vollen Stunde mit meno *weniger* angegeben:

Che ora è?/Che ore sono? *Wie spät ist es?*
Sono **le sette.** *Es ist **sieben Uhr.***
Sono **le sette e un quarto/e quindici.** *Es ist **Viertel nach sieben.***
Sono **le sette e ventisei.** *Es ist **sieben Uhr sechsundzwanzig.***
Sono **le sette e mezzo/mezza.** *Es ist **halb acht.***
Sono **le otto meno un quarto.** *Es ist **Viertel vor acht.***
Sono **le otto meno cinque.** *Es ist **fünf vor acht.***

In den folgenden drei Fällen steht die Uhrzeit im Singular:
È **l'una** e venti. *Es ist zwanzig nach **eins.***
È **mezzogiorno.** *Es ist **Mittag.***
È **mezzanotte** meno dieci. *Es ist zehn Minuten vor **Mitternacht.***

Das Deutsche *um* wird mit der Präposition a wiedergegeben:
La lezione comincia **alle** tre. *Der Unterricht fängt **um** drei Uhr an.*
Anna parte **a** mezzogiorno e un quarto. *Anna fährt **um** Viertel nach zwölf ab.*
Bei offiziellen Zeitangaben gibt man die Uhrzeit mit 24 Stunden an, in der Umgangssprache wird aber nur bis zwölf gezählt:
Il treno arriva **alle ventidue e tredici.** *Der Zug kommt **um 22.13 Uhr** an.*
Ci vediamo stasera **alle nove.** *Wir sehen uns heute Abend **um neun.***

A1 **Das Datum**

Das Datum wird im Italienischen im Unterschied zum Deutschen mit den Grundzahlen angegeben. Nur für den Ersten eines Monats verwendet man die Ordnungszahl. Vor dem Datum steht wie im Deutschen der bestimmte Artikel:

Domani è **il sedici** settembre. *Morgen ist **der sechzehnte** September.*

**Il primo** maggio è un giorno festivo. ***Der erste Mai** ist ein Feiertag.*

Arriviamo **il cinque** agosto. *Wir kommen **am fünften** August an.*

Jahreszahlen stehen mit dem bestimmten Artikel:

**Il 2007** è stato un anno difficile. *2007 war ein schwieriges Jahr.*

L'ho conosciuta **nel 1998**. *Ich habe sie 1998 kennengelernt.*

Jahrhunderte werden wie folgt angegeben:

il secolo XIV (quattordicesimo) oder il Trecento *das 14. Jahrhundert*

il secolo XVII (diciassettesimo) oder il Seicento *das 17. Jahrhundert*

il secolo XX (ventesimo) oder il Novecento *das 20. Jahrhundert*

## A1 20.5 Maße und Mengenangaben

| Maße | | Mengenangaben | |
|---|---|---|---|
| *1 mm* | un millimetro | *1 l* | un litro |
| *1 cm* | un centimetro | *1 g* | un grammo |
| *1 m* | un metro | *100 g* | un etto |
| *1 km* | un chilometro | *1 kg* | un chilo |

Anders als im Deutschen gibt es für Maße und Mengenangaben auch eine Pluralform:

**sei metri** *sechs Meter* **due litri** *zwei Liter* **tre chili** *drei Kilo*

Substantive werden bei Maßen und Mengenangaben mit di angeschlossen:

Prendo due etti **di** prosciutto crudo. *Ich nehme zweihundert Gramm rohen Schinken.*

Hanno comprato un chilo **di** pane. *Sie haben ein Kilo Brot gekauft.*

# Übungen

## 1 Die Grundzahlen
A1

Schreiben Sie die folgenden Zahlen aus.

| | | | |
|---|---|---|---|
| a. 91 | ............................ | g. 375 | ............................ |
| b. 15 | ............................ | h. 1588 | ............................ |
| c. 117 | ............................ | i. 100.000 | ............................ |
| d. 19 | ............................ | j. 8.000.000 | ............................ |
| e. 63 | ............................ | k. 7.600 | ............................ |
| f. 41 | ............................ | l. 40.000 | ............................ |

## 2 Die Bildung der Ordnungszahlen
A2

Welches ist die richtige Form der jeweiligen Ordnungszahl? Kreuzen Sie sie an (✓).

| | | | |
|---|---|---|---|
| a. novesimo | ☐ | nono | ☐ |
| b. ventunesimo | ☐ | ventunprimo | ☐ |
| c. ottavo | ☐ | ottimo | ☐ |
| d. diecesimo | ☐ | decimo | ☐ |
| e. milasimo | ☐ | millesimo | ☐ |

## 3 Die Ordnungszahlen
A2

Vervollständigen Sie Ordnungszahlen mit der korrekten Endung.

a. È la terz............ volta che vengono in vacanza con noi.

b. Abitiamo al second............ piano.

c. I prim............ anni a Roma sono stati difficili.

d. Questa è la quint............ sera che non usciamo.

e. Le prim............ lezioni sono le più facili.

A1 **4 Die Uhrzeit**

Che ore sono? Schreiben Sie die Uhrzeiten aus.

a. 5.30 Uhr

.................................................................................................

b. 12.00 Uhr

.................................................................................................

c. 7.10 Uhr

.................................................................................................

d. 15.55 Uhr

.................................................................................................

e. 13.45 Uhr

.................................................................................................

B2 **5 Sammelzahlen, Maße und Mengenangaben**

Wiederholen Sie die Sätze und setzen Sie dabei den hervorgehobenen Teil in den Plural.

a. Al concerto c'erano un centinaio di persone.

.................................................................................................

b. Non dimenticare di prendere un chilo di arance!

.................................................................................................

c. Francesca si è comprata un paio di pantaloni nuovi.

.................................................................................................

d. In frigorifero c'è ancora una dozzina di uova.

.................................................................................................

e. Bisogna portare un litro di vino.

.................................................................................................

### 4. Die Uhrzeit

a. Sono le cinque e mezzo/mezza.
b. È mezzogiorno.
c. Sono le sette e dieci.
d. Sono le quattro meno cinque.
e. Sono le due meno un quarto.

G Zur Angabe der Uhrzeit werden im Italienischen die Grundzahlen mit dem bestimmten Artikel verwendet. Das Verb essere steht dabei immer in der 3. Person Plural, mit Ausnahme von ein Uhr, zwölf und vierundzwanzig Uhr. Bei diesen Uhrzeiten verwendet man die 3. Person Singular.
Nach der vollen Stunde wird mit e *und* angeschlossen, und ab der vierzigsten Minute bis zur vollen Stunde drückt man die Minutenangaben mit meno *weniger* aus.

### 5. Sammelzahlen, Maße und Mengenangaben

a. Al concerto c'erano centinaia di persone.
b. Non dimenticare di prendere due chili di arance!
c. Francesca si è comprata due paia di pantaloni nuovi.
d. In frigorifero ci sono ancora due dozzine di uova.
e. Bisogna portare due litri di vino.

G Zahlwörter auf -ina bilden die Pluralform auf -e, diejenigen auf -aio bilden den Plural auf -a. Maße und Mengenangaben zeigen die regelmäßigen, für Substantive verwendeten Pluralformen.

# Lösungen

### 1. Die Grundzahlen

a. novantuno
b. quindici
c. centodiciassette
d. diciannove
e. sessantatré
f. quarantuno
g. trecentosettantacinque
h. millecinquecentoottantotto
i. centomila
j. otto milioni
k. settemilaseicento
l. quarantamila

G Zusammengesetzte Zahlen mit uno und otto verlieren den Endvokal der Zehnerstelle; Zusammensetzungen mit tre erhalten einen Akzent auf dem Endvokal -e. Die Grundzahlen sind maskulin und – mit Ausnahme von zero *null*, mille *tausend*, milione *Million* und miliardo *Milliarde* – unveränderlich.

### 2. Die Bildung der Ordnungszahlen

| | | | | |
|---|---|---|---|---|
| a. | novesimo | ☐ | nono | ✓ |
| b. | ventunesimo | ✓ | ventunprimo | ☐ |
| c. | ottavo | ✓ | ottimo | ☐ |
| d. | diecesimo | ☐ | decimo | ✓ |
| e. | milasimo | ☐ | millesimo | ✓ |

G Die Ordnungszahlen bis 10 werden unregelmäßig gebildet, ab 11 sind sie regelmäßig. Sie werden gebildet, indem man den Endvokal der Grundzahl streicht und an dessen Stelle die Endung -esimo anhängt.

### 3. Die Ordnungszahlen

a. È la terza volta che vengono in vacanza con noi.
b. Abitiamo al secondo piano.
c. I primi anni a Roma sono stati difficili.
d. Questa è la quinta sera che non usciamo.
e. Le prime lezioni sono le più facili.

G Die Ordnungszahlen sind Adjektive und verhalten sich wie diese: Sie richten sich in Genus und Numerus nach dem Bezugswort; sie stehen zwischen Artikel und Bezugswort.

# 21 Die Rechtschreibung

A1

*Hm ..., Oberhaupt der katholischen Kirche mit vier Buchstaben, der erste ist ein P ... also kann es nicht Brei sein, sondern Papa oder Papst ...*

pappa = *Brei;*
papà = *Papa;*
papa = *Papst*

## 21.1 Die Schreibweise

A2

Die meisten Wörter, auch Substantive, werden im Italienischen kleingeschrieben.

Großgeschrieben werden jedoch:

- Satzanfänge:
  **C**ome stai? *Wie geht es dir?*
- Namen von Personen und geografische Bezeichnungen wie Straßen, Plätze, Städte, Flüsse und Länder, jedoch nicht Adjektive, die die Nationalität bezeichnen:
  **A**lessandro **M**anzoni *Alessandro Manzoni*
  l'**I**talia *Italien*
  **P**iazza (piazza) **N**avona *Piazza Navona*
  **F**irenze *Florenz*
  il **T**evere *der Tiber*
  aber: l'italiano *der Italiener, das Italienische*
- Namen von Feiertagen und Festen, jedoch nicht Monate und Wochentage:
  **C**apodanno *Neujahr* — **P**asqua *Ostern*
  aber: gennaio *Januar* — giovedì *Donnerstag*
- Höflichkeitsformen:
  E **L**ei, cosa prende? *Und was nehmen Sie?*
  Grazie della **S**ua lettera. *Danke für Ihren Brief.*

## A2 Besonderheiten der Schreibweise

Ein Apostroph zeigt an, dass ein Vokal ausgefallen ist. Im Italienischen verwendet man ihn dort, wo das Aufeinandertreffen von Vokalen – vor allem gleichlautenden – vermieden werden soll.
Er steht für den Ausfall des Endvokals des ersten Wortes:

la + amica → l'amica

Da das h im Italienischen nicht ausgesprochen wird, kann auch ein Vokal vor einem mit h anlautenden Wort entfallen. Grundsätzlich wird nur im Singular apostrophiert. Apostrophiert werden:

- der bestimmte Artikel, der feminine unbestimmte Artikel und die Kombinationsformen von Präpositionen + Artikel:
  l'amico *der Freund* un'amica *eine Freundin*
  nell'armadio *im Schrank*
- die unbetonten direkten Objektpronomen lo *ihn*, *es* und la *sie*:
  L'ho visto/-a. *Ich habe ihn/sie gesehen.*
- die Demonstrativpronomen questo *dieser* und quello *jener*:
  quest'anno *dieses Jahr*
- Verbindungen mit buono *gut*, bello *schön* und grande *groß*:
  un bell'albergo *ein schönes Hotel*
- Verbindungen mit der Präposition di *von*, *aus*, *in*:
  A2 d'estate *im Sommer*
- das Pronominaladverb ci:
  C'è Maria? *Ist Maria da?*

⚡ In einigen Fällen kann der Endvokal oder die Endsilbe eines Wortes entfallen, unabhängig davon, ob das Folgewort mit einem Konsonanten oder einem Vokal beginnt. Meist wird dabei kein Apostroph gesetzt. Diese *Troncamento* genannte Besonderheit tritt auf:

- bei männlichen Anreden und Titeln im Singular, wenn der Eigenname folgt:
  (il) signor Bianchi *Herr Bianchi* (il) dottor Biagi *Doktor Biagi*
- bei manchen Infinitiven (▷ 13):
  aver voglia *Lust haben* aver detto *gesagt haben*

Mit Apostroph wird jedoch der Wegfall der Endsilbe bei un poco *ein bisschen* gekennzeichnet:
Prendi un **po'** di vino? *Nimmst du ein **bisschen** Wein?*

Die Konjunktion e *und* sowie die Präposition a *in*, *zu*, *nach* werden vor Vokalen um ein -d erweitert *(euphonische Erweiterung)*, um die Aussprache zu erleichtern. Treffen zwei gleiche Vokale aufeinander, ist die Erweiterung obligatorisch, vor allen anderen möglich, aber nicht zwingend:
Rita è italiana **e(d)** abita a Roma. *Rita ist Italienerin* ***und*** *wohnt in Rom.*
Rita abita a Roma **ed** è italiana. *Rita wohnt in Rom* ***und*** *ist Italienerin.*

Einige Buchstaben bzw. Buchstabenkombinationen können im Italienischen unterschiedliche Laute vertreten – ein und derselbe Buchstabe wird je nach Folgelaut auf verschiedene Weise ausgesprochen. Das ist umgekehrt natürlich auch für die Schreibweise wichtig. Die Aussprache der nachfolgend aufgeführten Konsonanten unterscheidet sich zumeist sehr von der deutschen:

| Buchstabe | Lautschrift | Aussprache | Beispiel |
|---|---|---|---|
| c | [tʃ] | vor e und i; bei den Kombinationen cia, cio, ciu wird i nicht ausgesprochen: [tʃa] usw. | il **ci**nema *das Kino*<br>**cia**o *hallo, ciao* |
| | [k] | vor a, o, und u<br>vor h (auch bei doppeltem c) | la **c**asa *das Haus*<br>il bi**cch**iere *das Glas* |
| g | [dʒ] | vor e und i; bei den Kombinationen gia, gio, giu wird i nicht ausgesprochen: [dʒa] usw. | il **ge**lato *das Eis*<br>la **gia**cca *die Jacke* |
| | [ʎ] | zusammen mit folgendem li | il bi**gl**ietto *die Eintritts-karte/Fahrkarte* |
| | [ɲ] | zusammen mit folgendem n | il ba**gn**o *das Bad* |
| | [g] | vor a, o und u<br>vor h | la **g**amba *das Bein*<br>gli alber**gh**i *die Hotels* |
| h | – | wird nicht ausgesprochen | **h**anno *sie haben* |
| s | [sk] | zusammen mit ca, co, cu<br>zusammen mit che und chi | la **sc**arpa *der Schuh*<br>pomodori fre**schi** *frische Tomaten* |
| | [ʃ] | zusammen mit ce, ci | la**sci**are *lassen* |

## A1 21.2 Betonung und Akzente

Die meisten italienischen Wörter werden auf der vorletzten Silbe betont (il gel**a**to *das Eis*). Wenn sie auf der letzten Silbe betont werden, ist das auch an ihrer Schreibweise zu erkennen: Sie tragen einen Akzent (la città *die Stadt*). Daneben gibt es auch einige Wörter, die auf der dritt- oder viertletzten Silbe betont werden (il t**e**lefono *das Telefon*, **a**bitano *sie wohnen*). Dies ist jedoch am Schriftbild nicht zu sehen, da in diesen Fällen kein Akzent gesetzt wird. Deshalb sollten Sie sich die richtige Betonung eines Wortes am besten beim Vokabel- oder Formenlernen einprägen.

Das Italienische verfügt über zwei Akzente, den Accento grave (`) und den Accento acuto (´). Der Accento grave steht meist:

- auf betonten Endvokalen mehrsilbiger Wörter:
  così *so*, A2 l'università *die Universität*, il caffè *der Espresso*
- auf einsilbigen Wörtern:
  già *schon*, più *mehr*, può *er, sie, es kann*, ciò *das*
- auf einsilbigen gleichlautenden Wörtern mit unterschiedlicher Bedeutung, um sie voneinander zu unterscheiden:

| | | | |
|---|---|---|---|
| là | *dort* | la | *sie, die* |
| è | *er, sie, es ist* | e | *und* |
| dà | *er, sie, es gibt* | da | *zu, bei, seit* |
| sì | *ja* | si | *sich* |
| il tè | *der Tee* | te | *dich* |

Der Accento acuto steht in der Regel auf betontem e (perché *weil*, trentatré *dreiunddreißig*). Auch der Accento acuto kann zur Bedeutungsunterscheidung dienen:

| | | | |
|---|---|---|---|
| sé | *sich* | se | *wenn, ob* |
| né | *noch* | ne | *davon, daran* |

⚡ Akzente kennzeichnen nicht nur eine betonte Silbe, sondern haben, zumindest bei den Vokalen e und o, auch eine Auswirkung auf die Ausspracheweise. Steht der Accento grave auf e oder o, werden diese Vokale offen ausgesprochen ([ɛ] bzw. [ɔ]). Ein Accento acuto weist auf ein betontes geschlossenes e oder o ([e] bzw. [o]) hin.

Grundsätzlich sind in der italienischen Rechtschreibung beide Akzente nur obligatorisch, wenn die letzte Silbe betont ist bzw. bei den oben genannten einsilbigen Wörtern. In Wörterbüchern finden Sie bei einigen Wörtern auch Akzente, um die offene bzw. geschlossene Aussprache der Vokale zu bezeichnen. Dies hat auch eine andere Bedeutung zur Folge. Unterscheiden Sie:

la pèsca *der Pfirsich* | la pésca *der Fischfang*

## 21.3 Die Zeichensetzung

B2

la virgola *das Komma*
il punto e virgola *der Strichpunkt*
il punto esclamativo *das Ausrufezeichen*
le virgolette *die Anführungszeichen*
il punto *der Punkt*
i due punti *der Doppelpunkt*
il punto interrogativo *das Fragezeichen*
le parentesi *die Klammern*

Die Satzzeichen werden im Italienischen im Wesentlichen wie im Deutschen verwendet. Bei der Kommasetzung sind jedoch einige Unterschiede zu beachten.

Wie im Deutschen wird das Komma gesetzt:

- bei Aufzählungen:
  Ho comprato pomodori, cipolle, formaggio e pane. *Ich habe Tomaten, Zwiebeln, Käse und Brot gekauft.*
- bei der Anrede einer Person:
  Come stai, Paola? *Wie geht es dir, Paola?*
- vor einschränkenden oder das Gegenteil bezeichnenden beiordnenden Konjunktionen wie ma *aber*, però *jedoch*, tuttavia *trotzdem*, anzi *im Gegenteil*:
  Il compito non è facile, anzi piuttosto difficile. *Die Aufgabe ist nicht einfach, im Gegenteil ziemlich schwer.*
- vor manchen unterordnenden Konjunktionen wie anche se *auch wenn*, sebbene/benché *obwohl*, quando *als*, mentre *während*, vor allem wenn sie einen längeren Nebensatz einleiten:
  Fabrizio preparava la cena, mentre Lisa dormiva. *Fabrizio bereitete das Abendessen vor, während Lisa schlief.*

- nach einem Nebensatz, wenn dieser am Satzanfang steht:
  **Siccome non ha fame, Luigi prende solo un caffè.** *Da Lugi keinen Hunger hat, nimmt er nur einen Espresso.*

⚡ Bis auf die im vorherigen Abschnitt genannten Fälle werden Nebensätze im Italienischen nicht durch ein Komma abgetrennt. Ohne Komma stehen:

- die meisten Konjunktionen wie **che** *dass*, **perché** *weil* u. a.:
  **Carlo dice che Valerio è già arrivato.** *Carlo sagt, dass Valerio schon angekommen ist.*
- indirekte Fragen:
  **Chiara mi ha chiesto se sarei venuto anch'io.** *Chiara fragte mich, ob auch ich kommen würde.*
- in der Regel Relativsätze:
  **Ecco il libro che mi è piaciuto tanto.** *Hier ist das Buch, das mir so sehr gefallen hat.*
  ◐ Ausnahme: Enthält der Relativsatz eine Erläuterung, die auch entfallen könnte, wird er mit Kommas abgetrennt:
  **Il libro, che mi hai regalato, mi è piaciuto tanto.** *Das Buch, das du mir geschenkt hast, hat mir sehr gefallen.*
- Infinitivkonstruktionen:
  **Laura non c'è. È andata a Roma *a trovare* sua zia.** *Laura ist nicht da. Sie ist nach Rom gefahren,* ***um*** *ihre Tante* ***zu besuchen****.*

# Übungen

## 1 Groß- und Kleinschreibung A2

Was wird groß- und was wird kleingeschrieben? Wählen Sie die richtige Schreibweise.

a. Che cosa fate domenica / Domenica?

b. A pasqua / Pasqua andremo a Roma.

c. Buon giorno, signora / Signora Bartolo!

d. ArrivederLa / la, dottor Carino.

e. Quando partite per la Francia / francia?

## 2 Akzente A1

Verbinden Sie die Wörter mit der richtigen Bedeutung.

| | |
|---|---|
| a. là | sich |
| b. tè | dort |
| c. sé | wenn |
| d. la | dich |
| e. te | Tee |
| f. se | sie |

## 3 Der Apostroph A2

Streichen Sie wo nötig die Endsilbe und ersetzen Sie sie durch einen Apostroph.

a. Quello anno non siamo andati in montagna. ..............................

b. La ho chiamata ieri. ..............................

c. Ci è ancora del latte? ..............................

d. Conosci un bello albergo a Viterbo? ..............................

e. Chiara è una amica di Paola. ..............................

A2

## ④ Aussprache und Schreibweise von c und g

Welche Aussprache ist korrekt? Ordnen Sie die Wörter dem richtigen Laut zu und markieren Sie in jedem Wort den Buchstaben bzw. die Buchstabenkombination, die diesem Laut entspricht.

| | | | | |
|---|---|---|---|---|
| famiglia | bisogna | anche | festeggiare | agosto |
| figlio | signora | aceto | albergo | banca |
| cercare | grado | giallo | doccia | meglio |
| genitori | campagna | cena | aglio | bagno |

a. [ɲ]: ..........

b. [dʒ]: ..........

c. [g]: ..........

d. [k]: ..........

e. [tʃ]: ..........

f. [ʎ]: ..........

B2

## ⑤ Satzzeichen

**Setzen Sie in den Sätzen wo nötig Kommas.**

a. Ci sono solo uova funghi pomodori e un po' di prosciutto.

b. Carlo deve lavorare molto tuttavia verrà a trovarmi.

c. Siete sicuri che non volete mangiare niente?

d. Claudia gli ha chiesto se potesse aiutarla.

e. Siccome ero già ritardo non ho potuto chiamarti.

f. Non penso che sia già troppo tardi.

g. Giorgio leggeva mentre Chiara dormiva.

h. Ieri abbiamo visto un film che mi è piaciuto moltissimo.

i. Laura mi ha chiesto come stavo.

### 4. Aussprache und Schreibweise von c und g.

a. [ɲ]: bisogna, signora, campagna, bagno
b. [dʒ]: festeggiare, genitori, giallo
c. [g]: agosto, albergo, grado
d. [k]: anche, banca, campagna, cercare
e. [tʃ]: aceto, cercare, cena, doccia
f. [λ]: famiglia, figlio, aglio, meglio

**G** Für die Buchstaben c und g gelten besondere Ausspracheregeln: G wird vor n [ɲ] ausgesprochen, vor l [λ], vor e und i [dʒ], vor a, o, u und h [g]. C wird entsprechend vor e und i [tʃ] ausgesprochen, vor a, o, u und h [k].

### 5. Satzzeichen

a. Ci sono solo uova, funghi, pomodori e un po' di prosciutto.
b. Carlo deve lavorare molto, tuttavia verrà a trovarmi.
c. Siete sicuri che non volete mangiare niente?
d. Claudia gli ha chiesto se potesse aiutarla.
e. Siccome ero già ritardo, non ho potuto chiamarti.
f. Non penso che sia già troppo tardi.
g. Giorgio leggeva, mentre Chiara dormiva.
h. Ieri abbiamo visto un film che mi è piaciuto moltissimo.
i. Laura mi ha chiesto come stavo.

**G** Ein Komma wird gesetzt bei Aufzählungen, vor einschränkenden beiordnenden Konjunktionen und wenn der Nebensatz am Satzanfang steht. Vor den meisten Nebensätzen sowie vor indirekten Fragen und der Mehrheit der Konjunktionen steht kein Komma.

# Lösungen

## 1. Groß- und Kleinschreibung

a. Che cosa fate domenica?
b. A Pasqua andremo a Roma.
c. Buon giorno, signora Bartolo!
d. ArrivederLa, dottor Carino.
e. Quando partite per la Francia?

G Feste und Feiertage werden großgeschrieben, Monate und Wochentage jedoch nicht. Anreden werden klein-, Eigennamen großgeschrieben. Höflichkeitsformen werden großgeschrieben sowie Länder, Regionen, Städte, Flüsse usw.

## 2. Akzente

a. là *dort*
b. tè *Tee*
c. sé *sich*
d. la *sie*
e. te *dich*
f. se *wenn*

G Akzente zeigen eine betonte Silbe an, sie dienen aber auch zur Bedeutungsunterscheidung. Ein Accento grave (`) steht auf offenem e oder o, ein Accento acuto (´) auf geschlossenem e oder u.

## 3. Der Apostroph

a. Quell'anno non siamo andati in montagna.
b. L'ho chiamata ieri.
c. C'è ancora del latte?
d. Conosci un bell'albergo a Viterbo?
e. Chiara è un'amica di Paola.

G Der Apostroph zeigt an, dass ein Vokal ausgefallen ist. Apostrophiert werden – nur im Singular – der Artikel, die Objektpronomina lo und la, die Adjektive bello, buono und grande, die Demonstrativa questo und quello sowie das Pronominaladverb ci.

# Abschlusstest

## 1 Der Artikel A1

Wählen Sie den passenden Artikel, Teilungsartikel oder Präposition + Artikel aus und setzen Sie diese, wo erforderlich, ein.

il / dei / una / le / sul / il

a. Ti piace ........... vino rosso?

b. Mamma mia, sono già ........... dieci!

c. Dobbiamo comprare ........... pomodori.

d. ........... balcone dà ........... mare.

e. ........... mia nonna ha fatto ........... torta.

## 2 Das Substantiv A1

Bilden Sie den Singular bzw. Plural der folgenden Substantive.

a. le macchine ............................

b. il bar ............................

c. gli aerei ............................

d. lo spagnolo ............................

e. l'uomo ............................

f. la scuola ............................

g. le ore ............................

h. il ristorante ............................

## 3 Das Adjektiv A1

Ergänzen Sie die passenden Adjektivendungen.

a. Carlo ha i capelli ner........... .

b. Il professore fa sempre delle domande difficil........... .

c. Un caffè lung..........., per favore!

d. Che bello, conoscete tante persone simpatic........... !

e. La casa di Maria è molto grand........... .

B2

## 4 Das Adverb

**Bilden Sie von den Adjektiven Adverbien auf -mente.**

a. perfetto ............................

b. completo ............................

c. probabile ............................

d. giusto ............................

e. attuale ............................

B1

## 5 Der Vergleich

**Che oder di – mit oder ohne bestimmten Artikel? Ergänzen Sie.**

a. La Sardegna è più grande ........... Isola d'Elba.

b. Il suo vestito è meno elegante ........... tuo.

c. Andare in vacanza è più caro ........... rimanere a casa.

d. Questo film è più divertente ........... quello.

e. Valerio è più simpatico ........... bello.

A2

## 6 Das Personalpronomen

**Beantworten Sie die Fragen. Verwenden Sie dabei unbetonte Objektpronomen und passen Sie gegebenenfalls die Endung des Partizips an.**

a. ● Gli avete mandato una cartolina?

■ Sì, ........... abbiamo mandat........... .

b. ● Ti ha chiamato Antonio?

■ No, non ........... ha ancora chiamat........... .

c. ● Prende un caffè, signora?

■ Sì, ........... prendo volentieri.

d. ● Avete mangiato tutti gli spaghetti?

■ Sì, ........... abbiamo mangiat........... tutti.

## 7 Verschiedene Pronomen — B1

**Setzen Sie die in Klammern angegebenen Pronomen in der richtigen Form ein.**

a. ............................ (quanto) anni ha la figlia di Gabriella?

b. Dove ho messo i ............................ (mio) occhiali da sole?

c. La casa ............................ (in, il quale) vive Sandro è molto bella.

d. Vorrei invitare ............................ (tutto) gli amici.

e. ............................ (quale) borsa ti piace di più?

............................ (questo) o ............................ (quello)?

## 8 Das Modalverb — A1

**Ergänzen Sie die Sätze mit den passenden Formen von potere, volere oder dovere.**

a. Mi dispiace, (noi) non ............................ venire.

b. Carlo, ............................ bere qualcosa?

c. ............................ pagare tu, per favore?

d. Domani (io) ............................ andare a Firenze per lavoro.

e. Scusi, mi ............................ dire dov'è il bar Caprilli?

## 9 Der Indikativ — A1

**Ergänzen Sie die fehlenden Zeitformen in derselben Person und demselben Numerus.**

| Präsens | B1 Futur I | A2 Imperfekt | A2 Perfekt |
|---|---|---|---|
| ................ | *mangerai* | ................ | ................ |
| *vediamo* | ................ | ................ | ................ |
| ................ | ................ | ................ | *ho chiamato* |
| ................ | ................ | *andavate* | ................ |
| *è* | ................ | ................ | ................ |

B1

## ⑩ Der Konjunktiv

**Ergänzen Sie die Sätze mit dem in Klammern angegebenen Verb im Konjunktiv der jeweiligen Zeitstufe.**

a. Penso che Carlo e Paolo ............................ (vengono) in macchina.

b. Sembra che il treno ............................ (è) in ritardo.

c. Credo che Marisa non ............................ (ha) il cellulare.

B2 d. Antonella sperava che Laura ............................ (ha trovato) lavoro.

B2 e. Luigi non sapeva che ci ............................ (conoscevamo).

B1

## ⑪ Der Konditional

**Setzen Sie ein passendes Verb im Konditional I ein.**

dovere / potere / vendere / andare / piacere

a. (tu) ............................ darmi una mano a lavare i piatti?

b. Ci ............................ venire, ma purtroppo non possiamo.

c. Filippo ............................ fare più attenzione quando guida!

d. Flavia e Giuseppe non ............................ mai la loro barca.

e. Se non ti dispiace, adesso ............................ a casa.

B1

## ⑫ Der Imperativ

**Bilden Sie Sätze mit dem Imperativ der 2. und 3. Person Singular.**

a. prendere l'ombrello

..............................................................................................

..............................................................................................

b. non passare tutta la giornata davanti al computer

..............................................................................................

..............................................................................................

c. andare a trovare il signor Levi in ospedale

..........................................................................................

..........................................................................................

d. spedire le lettere che sono sul tavolo

..........................................................................................

..........................................................................................

e. ricordarsi di telefonare al dentista

..........................................................................................

..........................................................................................

**13 Das Passiv** B2

**Formulieren Sie die Sätze um, indem Sie das Passiv verwenden.**

a. Il poliziotto ha arrestato i ladri.

..........................................................................................

b. L'università ha organizzato il congresso.

..........................................................................................

c. Dante Alighieri ha scritto la Divina Commedia.

..........................................................................................

d. Moltissimi turisti stranieri hanno visitato Venezia.

..........................................................................................

e. I romani hanno costruito questo teatro.

..........................................................................................

f. Il vigile ha chiamato l'ambulanza.

..........................................................................................

B2 **14 Der Infinitiv**

**Bilden Sie den Infinitiv Perfekt der Verben in Klammern.**

a. Siamo contenti di (andare) ............................ a sciare con loro.

b. Spero di non (dimenticare) ............................ niente in albergo.

c. Mi ha ringraziata per (stare) ............................ così gentile con sua madre.

d. Luisa credeva di (svegliarsi) ............................ presto, ma erano già le dieci.

A2 **15 Das Partizip**

**Geben Sie das Partizip Perfekt der Verben an.**

| | | | |
|---|---|---|---|
| essere | ............................ | aprire | ............................ |
| scrivere | ............................ | rimanere | ............................ |
| spendere | ............................ | mettere | ............................ |
| chiudere | ............................ | rompere | ............................ |
| vivere | ............................ | morire | ............................ |

B2 **16 Das Gerund**

**Ersetzen Sie die blau hervorgehobenen Satzteile durch ein Gerund.**

a. Mentre aspettavo i bambini, ho assistito ad un incidente d'auto.

............................................................................................

b. Siccome era stanco morto, è andato subito a letto.

............................................................................................

c. Siccome non ho una macchina, prenderò l'autobus.

............................................................................................

d. Mentre cenavamo, abbiamo guardato il telegiornale in tv.

............................................................................................

## 17 Die Konjunktion

B1

**Vervollständigen Sie die folgenden Sätze. Setzen Sie die passende Konjunktion ein.**

siccome / o / invece / perché / finché / sebbene / perciò

a. .............................. faccia freddo, abbiamo deciso di andare in montagna.

b. .............................. non mi piace, non la mangio.

c. Resta pure qui .............................. arriva tuo papà.

d. Valerio stava male e .............................. non è venuto alla festa.

e. Non ho preparato le valigie .............................. non ho avuto tempo.

f. Vieni con noi al cinema .............................. preferisci stare a casa?

g. I nostri amici sono già partiti per la Sicilia, noi .............................. ci andremo a settembre.

## 18 Die Wortstellung

A1

**Bilden Sie Aussagesätze mit den angegebenen Wörtern. Setzen Sie das Verb ins Präsens.**

a. in piazza / prendere (noi) / un caffè

..........................................................................................................................

b. gli spaghetti / preferire / i bambini / al pomodoro

..........................................................................................................................

c. architettura / Maria / studiare

..........................................................................................................................

d. per Palermo / partire (loro) / domani sera

..........................................................................................................................

e. a Donatella / una cartolina / scrivere / Silvio

..........................................................................................................................

B2 **19 Die indirekte Rede**
**Geben Sie die Gespräche in der indirekten Rede wieder.**

a. ● Quando hai cominciato a lavorare?
■ Ho cominciato a lavorare a febbraio.

Mi ha chiesto ..............................

e gli ho risposto ..............................

b. ● Irene, non ti è piaciuto il concerto?
■ Mi è piaciuto moltissimo.

Le ho chiesto ..............................

e mi ha risposto ..............................

A2 **20 Die Präposition**
**Unterstreichen Sie die passende Präposition.**

a. Non ti piacciono gli spaghetti alla / con la marinara?

b. Quando partite a / per la Spagna?

c. Domani andiamo con gli zii in / su montagna.

d. Potete comprare un cucchiaio di / da legno?

e. Carmela viene di / da Benevento.

A2 **21 Die Zahl**
**Schreiben Sie die Zahlen als Grund- und Ordnungszahl aus.**

| | Grundzahl | Ordnungszahl |
|---|---|---|
| a. 10 | .............. | .............. |
| b. 7 | .............. | .............. |
| c. 9 | .............. | .............. |
| d. 50 | .............. | .............. |
| e. 15 | .............. | .............. |

### 10. Der Konjunktiv

a. Penso che Carlo e Paolo vengano in macchina.
b. Sembra che il treno sia in ritardo.
c. Credo che Marisa non abbia il cellulare.
d. Antonella sperava che Laura avesse trovato lavoro.
e. Luigi non sapeva che ci conoscessimo.

### 11. Der Konditional

a. Potresti darmi una mano a lavare i piatti?
b. Ci piacerebbe venire ma purtroppo non possiamo.
c. Filippo dovrebbe fare più attenzione quando guida!
d. Flavia e Giuseppe non venderebbero mai la loro barca.
e. Se non ti dispiace, adesso andrei a casa.

### 12. Der Imperativ

a. Prendi/Prenda l'ombrello!
b. Non passare/Non passi tutta la giornata davanti al computer!
c. Vai/va' a trovare/Vada a trovare il signor Levi in ospedale!
d. Spedisci/Spedisca le lettere che sono sul tavolo!
e. Ricordati/Si ricordi di telefonare al dentista!

### 13. Das Passiv

a. I ladri sono stati arrestati dal poliziotto.
b. Il congresso è stato organizzato dall'università.
c. La Divina Commedia è stata scritta da Dante Alighieri.
d. Venezia è stata visitata da moltissimi turisti stranieri.
e. Questo teatro è stato costruito dai romani.
f. L'ambulanza è stata chiamata dal vigile.

### 14. Der Infinitiv

a. Siamo contenti di essere andati a sciare con loro.
b. Spero di non aver dimenticato niente in albergo.
c. Mi ha ringraziata per essere stata così gentile con sua madre.
d. Luisa credeva di essersi svegliata presto ma erano già le dieci.

### 15. Das Partizip

essere: stato aprire: aperto
scrivere: scritto rimanere: rimasto
spendere: speso mettere: messo
chiudere: chiuso rompere: rotto
vivere: vissuto morire: morto

### 16. Das Gerund

a. Aspettando i bambini, ho assistito ad un incidente d'auto.
b. Essendo stanco morto, è andato subito a letto.
c. Non avendo una macchina, prenderò l'autobus.
d. Cenando abbiamo guardato il telegiornale in tv.

# Lösungen

## 1. Der Artikel
a. Ti piace il vino rosso?
b. Mamma mia, sono già le dieci!
c. Dobbiamo comprare dei pomodori.
d. Il balcone dà sul mare.
e. Mia nonna ha fatto una torta.

## 2. Das Substantiv
a. la macchina
b. i bar
c. l'aereo
d. gli spagnoli
e. gli uomini
f. le scuole
g. l'ora
h. i ristoranti

## 3. Das Adjektiv
a. Carlo ha i capelli neri.
b. Il professore fa sempre delle domande difficili.
c. Un caffè lungo, per favore!
d. Che bello, conoscete tante persone simpatiche!
e. La casa di Maria è molto grande.

## 4. Das Adverb
a. perfettamente
b. completamente
c. probabilmente
d. giustamente
e. attualmente

## 5. Der Vergleich
a. La Sardegna è più grande dell'Isola d'Elba.
b. Il suo vestito è meno elegante del tuo.
c. Andare in vacanza è più caro che rimanere a casa.
d. Questo film è più divertente di quello.
e. Valerio è più simpatico che bello.

## 6. Das Personalpronomen
a. ● Gli avete mandato una cartolina?
■ Sì, gliel'abbiamo mandata.
b. ● Ti ha chiamato Antonio?
■ No, non mi ha ancora chiamato.
c. ● Prende un caffè, signora?
■ Sì, lo prendo volentieri.
d. ● Avete mangiato tutti gli spaghetti?
■ Sì, li abbiamo mangiati tutti.

## 7. Verschiedene Pronomen
a. Quanti anni ha la figlia di Gabriella?
b. Dove ho messo i miei occhiali da sole?
c. La casa nella quale vive Sandro è molto bella.
d. Vorrei invitare tutti gli amici.
e. Quale borsa ti piace di più? Questa o quella?

## 8. Das Modalverb
a. Mi dispiace, non possiamo venire.
b. Carlo, vuoi bere qualcosa?
c. Puoi pagare tu, per favore?
d. Domani devo andare a Firenze per lavoro.
e. Scusi, mi può dire dov'è il bar Caprilli?

## 9. Der Indikativ

| Präsens | Futur I |
|---|---|
| mangi | mangerai |
| vediamo | vedremo |
| chiamo | chiamerò |
| andate | andrete |
| è | sarà |

| Imperfekt | Perfekt |
|---|---|
| mangiavi | hai mangiato |
| vedevamo | abbiamo visto |
| chiamavo | ho chiamato |
| andavate | siete andati, -e |
| era | è stato, -a |

### 17. Die Konjunktion

a. Sebbene faccia freddo, abbiamo deciso di andare in montagna.
b. Siccome non mi piace, non la mangio.
c. Resta pure qui finché arriva tuo papà.
d. Valerio stava male e perciò non è venuto alla festa.
e. Non ho preparato le valigie perchè non ho avuto tempo.
f. Vieni con noi al cinema o preferisci stare a casa?
g. I nostri amici sono già partiti per la Sicilia, noi invece ci andremo a settembre.

### 18. Die Wortstellung

a. Prendiamo un caffè in piazza.
b. I bambini preferiscono gli spaghetti al pomodoro.
c. Maria studia architettura.
d. Partono domani sera per Palermo./ Domani sera partono per Palermo.
e. Silvio scrive una cartolina a Donatella.

### 19. Die indirekte Rede

a. Mi ha chiesto quando avessi/ avevo cominciato a lavorare e gli ho risposto che avevo cominciato a lavorare a febbraio.
b. Le ho chiesto se non le fosse/era piaciuto il concerto e mi ha risposto che le era piaciuto moltissimo.

### 20. Die Präposition

a. Non ti piacciono gli spaghetti alla marinara?
b. Quando partite per la Spagna?
c. Domani andiamo con gli zii in montagna.
d. Potete comprare un cucchiaio di legno?
e. Carmela viene da Benevento.

### 21. Die Zahl

| | | Grundzahl | Ordnungszahl |
|---|---|---|---|
| a. | 10 | dieci | decimo |
| b. | 7 | sette | settimo |
| c. | 9 | nove | nono |
| d. | 50 | cinquanta | cinquantesimo |
| e. | 15 | quindici | quindicesimo |

# Unregelmäßige Verben

| Infinitiv | Indikativ Präsens | Passato prossimo | Passato remoto |
|---|---|---|---|
| andare *gehen* | vado, vai, va, andiamo, andate, vanno | sono andato, -a | andai |
| aprire *öffnen* | apro | ho aperto | aprii |
| avere *haben* | ho, hai, ha, abbiamo, avete, hanno | ho avuto | ebbi |
| bere *trinken* | bevo, bevi, beve, beviamo, bevete, bevono | ho bevuto | bevvi |
| cadere *fallen* | cado | sono caduto, -a | caddi |
| chiedere *fragen, bitten* | chiedo | ho chiesto | chiesi |
| chiudere *schließen* | chiudo | ho chiuso | chiusi |
| conoscere *kennen (lernen)* | conosco | ho conosciuto | conobbi |
| correre *laufen* | corro | ho corso (sono corso, -a) | corsi |
| dare *geben* | do, dai, dà, diamo, date, danno | ho dato | diedi (detti), desti, diede (dette), demmo, deste, diedero (dettero) |
| decidere *entscheiden* | decido | ho deciso | decisi |

| Futur I | Konditional I | Imperativ | Konjunktiv Präsens | Konjunktiv Imperfekt |
|---|---|---|---|---|
| andrò | andrei | vai (va'), vada, andiamo, andate, vadano | vada | andassi |
| aprirò | aprirei | apri | apra | aprissi |
| avrò | avrei | abbi, abbia, abbiamo, abbiate, abbiano | abbia | avessi |
| berrò | berrei | bevi, beva, beviamo, bevete, bevano | beva | bevessi |
| cadrò | cadrei | cadi | cada | cadessi |
| chiederò | chiederei | chiedi | chieda | chiedessi |
| chiuderò | chiuderei | chiudi | chiuda | chiudessi |
| conoscerò | conoscerei | conosci | conosca | conoscessi |
| correrò | correrei | corri | corra | corressi |
| darò | darei | dai (da'), dia, diamo, date, diano | dia | dessi |
| deciderò | deciderei | decidi | decida | decidessi |

| Infinitiv | Indikativ Präsens | Passato prossimo | Passato remoto |
|---|---|---|---|
| dire<br>*sagen* | dico, dici, dice, diciamo, dite, dicono | ho detto | dissi |
| dovere<br>*müssen, sollen* | devo, devi, deve, dobbiamo, dovete, devono | ho dovuto | dovei (dovetti) |
| essere<br>*sein* | sono, sei, è, siamo, siete, sono | sono stato, -a | fui, fosti, fu, fummo, foste, furono |
| fare<br>*machen, tun* | faccio, fai, fa, facciamo, fate, fanno | ho fatto | feci, facesti, fece, facemmo, faceste, fecero |
| fingere<br>*vortäuschen* | fingo, fingi, fingem, fingiamo, fingete, fingono | ho finto | finsi |
| giungere<br>*ankommen* | giungo, giungi, giunge, giungiamo, giungete, giungono | sono giunto, -a | giunsi |
| leggere<br>*lesen* | leggo | ho letto | lessi |
| mettere<br>*legen, stellen* | metto | ho messo | misi |
| morire<br>*sterben* | muoio, muori, muore, moriamo, morite, muoiono | sono morto, -a | morii |
| muovere<br>*bewegen* | muovo | ho mosso | mossi |
| nascere<br>*geboren werden* | nasco | sono nato, -a | nacqui |

| Futur I | Konditional I | Imperativ | Konjunktiv Präsens | Konjunktiv Imperfekt |
|---|---|---|---|---|
| dirò | direi | di', dica, diciamo, dite, dicano | dica | dicessi |
| dovrò | dovrei | – | debba (deva) | dovessi |
| sarò | sarei | sii, sia, siamo, siate, siano | sia | fossi |
| farò | farei | fai (fa'), faccia, facciamo, fate, facciano | faccia | facessi |
| fingerò | fingerei | fingi, finga, fingiamo, fingete, fingano | finga | fingessi |
| giungerò | giungerei | giungi, giunga, giungiamo, giungete, giungano | giunga | giungessi |
| leggerò | leggerei | leggi | legga | leggessi |
| metterò | metterei | metti | metta | mettessi |
| morirò | morirei | muori, muoia, moriamo, morite, muoiano | muoia | morissi |
| moverò (muoverò) | moverei (muoverei) | muovi, muova, moviamo, movete, muovano | muova, moviamo, moviate, muovano | movessi (muovessi) |
| nascerò | nascerei | nasci | nasca | nascessi |

| Infinitiv | Indikativ Präsens | Passato prossimo | Passato remoto |
|---|---|---|---|
| parere *scheinen* | paio, pari, pare, paiamo (pariamo), parete, paiono | sono parso, -a | parvi |
| perdere *verlieren* | perdo | ho perso | persi |
| piacere *gefallen* | piaccio, piaci, piace, piacciamo, piacete, piacciono | sono piaciuto, -a | piacqui |
| potere *können* | posso, puoi, può, possiamo, potete, possono | ho potuto | potei |
| prendere *nehmen* | prendo | ho preso | presi |
| proporre *vorschlagen* | propongo, proponi, propone, proponiamo, proponete, propongono | ho proposto | proposi |
| rimanere *bleiben* | rimango, rimani, rimane, rimaniamo, rimanete, rimangono | sono rimasto, -a | rimasi |
| rispondere *antworten* | rispondo | ho risposto | risposi |
| salire *einsteigen, hochgehen* | salgo, sali, sale, saliamo, salite, salgono | sono salito, -a ho salito | salii |
| sapere *wissen* | so, sai, sa, sappiamo, sapete, sanno | ho saputo | seppi |
| scegliere *wählen* | scelgo, scegli, sceglie, scegliamo, scegliete, scelgono | ho scelto | scelsi |
| scendere *aussteigen* | scendo | sono sceso, -a ho sceso | scesi |

| Futur I | Konditional I | Imperativ | Konjunktiv Präsens | Konjunktiv Imperfekt |
|---|---|---|---|---|
| parrò | parrei | – | paia | paressi |
| perderò | perderei | perdi | perda | perdessi |
| piacerò | piacerei | – | piaccia | piacessi |
| potrò | potrei | – | possa | potessi |
| prenderò | prenderei | prendi | prenda | prendessi |
| proporrò | proporrei | proponi, proponga, proponiamo, proponete, propongano | proponga | proponessi |
| rimarrò | rimarrei | rimani, rimanga, rimaniamo, rimanete, rimangano | rimanga | rimanessi |
| risponderò | risponderei | rispondi | risponda | rispondessi |
| salirò | salirei | sali, salga, saliamo, salite, salgano | salga | salissi |
| saprò | saprei | sappi, sappia, sappiamo, sapete, sappiano | sappia | sapessi |
| sceglierò | sceglierei | scegli, scelga, scegliamo, scegliete, scelgano | scelga | scegliessi |
| scenderò | scenderei | scendi | scenda | scendessi |

| Infinitiv | Indikativ Präsens | Passato prossimo | Passato remoto |
|---|---|---|---|
| scrivere<br>*schreiben* | scrivo | ho scritto | scrissi |
| sedere<br>*sitzen* | siedo, siedi, siede, sediamo, sedete, siedono | sono seduto, -a | sedei (sedetti) |
| spegnere<br>*ausmachen* | spengo, spegni, spegne, spegniamo, spegnete, spengono | ho spento | spensi |
| stare<br>*sein, sich befinden* | sto, stai, sta, stiamo, state, stanno | sono stato, -a | stetti, stesti, stette, stemmo, steste, stettero |
| tenere<br>*halten* | tengo, tieni, tiene, teniamo, tenete, tengono | ho tenuto | tenni |
| togliere<br>*entfernen* | tolgo, togli, toglie, togliamo, togliete, tolgono | ho tolto | tolsi |
| tradurre<br>*übersetzen* | traduco, traduci, traduce, traduciamo, traducete, traducono | ho tradotto | tradussi |
| uscire<br>*ausgehen* | esco, esci, esce, usciamo, uscite, escono | sono uscito, -a | uscii |
| vedere<br>*sehen* | vedo | ho visto | vidi |
| venire<br>*kommen* | vengo, vieni, viene, veniamo, venite, vengono | sono venuto, -a | venni |
| vivere<br>*leben* | vivo | ho vissuto, sono vissuto, -a | vissi |
| volere<br>*wollen* | voglio, vuoi, vuole, vogliamo, volete, vogliono | ho voluto | volli |

| Futur I | Konditional I | Imperativ | Konjunktiv Präsens | Konjunktiv Imperfekt |
|---|---|---|---|---|
| scriverò | scriverei | scrivi | scriva | scrivessi |
| sederò (siederò) | sederei (siederei) | siedi, sieda, sediamo, sedete, siedano | sieda | sedessi |
| spegnerò | spegnerei | spegni, spenga, spegniamo, spegnete, spengano | spenga | spegnessi |
| starò | starei | stai (sta'), stia, stiamo, state, stiano | stia | stessi |
| terrò | terrei | tieni, tenga, teniamo, tenete, tengano | tenga | tenessi |
| toglierò | toglierei | togli, tolga, togliamo, togliete, tolgano | tolga | togliessi |
| tradurrò | tradurrei | traduci, traduca, traduciamo, traducete, traducano | traduca | traducessi |
| uscirò | uscirei | esci, esca, usciamo, usci-te, escano | esca | uscissi |
| vedrò | vedrei | vedi | veda | vedessi |
| verrò | verrei | vieni, venga, veniamo, venite, vengano | venga | venissi |
| vivrò | vivrei | vivi | viva | vivessi |
| vorrò | vorrei | – | voglia | volessi |

# Sachregister


**A**

a 193f.; + Infinitiv 139
Adjektiv 41–46; Angleichung 45; auf -e 42; auf -co/-go/-io/-cio/-gio 42; auf -ista 44; auf -o/-a 41; besondere Formen: bello, buono, grande 43; Komparativ 57f.; Steigerung 57; Stellung 45f.; Superlativ 58f.
Adverb 49–54; abgeleitete auf -mente 50; Adjektiv statt 52; Komparativ 62; präpositionaler Ausdruck 51; Steigerung 62; Stellung 53f.; Superlativ 62; unregelmäßige 51; ursprüngliche 50;
Akzent 220
alcuno 76f.
altro 77
*als* beim Komparativ 57
andare Futur I 92; Imperativ 123; im Passiv 132; Konditional I 114; Präsens 92; + Gerund 154
Artikel 25–30; bestimmter 25; unbestimmter 28; Präposition + bestimmter 30; Teilungs- 29; mit Präpositionen 30; Apostroph 218
Aussagesatz 177
Aussprache 24; 219
avere 82; Futur I 92; Imperativ 122; Imperfekt 94; Konditional 114, 117; Konjunktiv Präsens 106; Passato remoto 101; Präsens 91

**B**

bello 43
bere Futur I 92; Gerund 154; Imperativ 123; Imperfekt 94; Konditional I 115; Konjunktiv Imperfekt 107; Präsens 91
buono 43

**C**

ci 68
ciò 74
che Aussagesatz 173; Kausalkonjunktion 166; Konsekutive Konjunktion 173; Relativpronomen 76, 174; Temporalkonjunktion 173
ché 166
che (cosa)? 78
chi? 78
chiunque 76
ciascuno 77
con 202
Condizionale composto 116ff.
Condizionale semplice 113ff.
cosa? 78
cui 76

**D**

da 196f.; + essere 133; + Infinitiv 141
dare Futur I 92; Imperativ 123; Konditional 114; Konjunktiv Imperfekt 107; Passato remoto 101; Präsens 91

Datum 214
Demonstrativpronomen 74f.
di 197f.; + Infinitiv 140
dire Gerund 154; Imperativ 123; Imperfekt 94; Konjunktiv Imperfekt 107; Präsens 91
dispiace (mi) 85
dopo 203; + Infinitiv 164
dovere 82; Futur I 92; Konditional I 114; Passiv 132; Präsens 83

E

essere 82; Futur I 92; Imperativ 122; Imperfekt 94; Konditional 114, 117; Konjunktiv Imperfekt 107; Konjunktiv Präsens 106; Passato remoto 101; Perfekt 97; Präsens 91; + da 133
euphonische Erweiterung 219

F

fa 203
fare Futur I 92; Gerund 154; Imperativ 123; Imperfekt 94; Konditional 114; Konjunktiv Imperfekt 107; Passato remoto 101; Präsens 91
Finalsatz 169
fra/tra 203
Fragesatz 138, 180; indirekter 138, 188; Wortstellung 180
Futur 91ff.; Futur I 91; Futur II 93; Passiv 130, Verben auf -care/-gare/-ciare/-giare 92

G

Gerund 153–158; andare + 154; anstelle von Nebensätzen 154f.; der Gegenwart 153f.; der Vergangenheit 156; Pronomen beim 157; stare + 154
Gerundio 153–158; composto 156; semplice 153f.
grande 43f.
Groß- und Kleinschreibung 217

H

Hilfsverb 82
Höflichkeitsform; Personalpronomen 63; Possessivpronomen 73

I

il che 75
il quale 76
Imperativ 121–126; bejahter 121f.; unregelmäßig 122; Pronomen beim 124f.; verneinter 123f. und Reflexivpronomen 126
Imperfekt 94; Konjunktiv 107; Passiv 130
in 195f.
Indefinitpronomen 77; 198
Indirekte Frage 138, 188
Indirekte Rede 185–192; Ortsangaben 185; Personenangaben 185; Zeitangaben 185

Infinitiv 137–142; beim verneinten Imperativ 123; mit a 139; mit da 141; mit di 140; mit dopo 164; ohne Endvokal 138; ohne/mit Präposition 138f.; Perfekt 141f.; Präsens 137f.; prima di + 165; Pronomen beim 143
Interrogativpronomen 78
intransitive Verben 81; Passiv 134

K

Kausalsatz 165f.
Komma 221
Komparativ 57f., 198; unregelmäßige Formen 60f.; des Adverbs 62
Komparativsatz 172
Konditional 113–120; Konditional I 113ff.; Konditional II 116ff.; Passiv 130; Verben auf -care/-gare 114
Konditionalsatz 170f.
Konjugation 81
Konjunktion 161–174; beiordnende 161ff.; finale 169; kausale 165f.; konditionale 169f.; konsekutive 169; konzessive 170f.; modale 171; temporale 163ff.; unterordnende 163–174
Konjunktiv 105–110; im Hauptsatz 108; im Nebensatz 108ff.; Imperfekt 107; Passiv 130f.; Perfekt 106; Plusquamperfekt 108; Präsens 105; Zeitenfolge im Nebensatz 110
Konsekutivsatz 169
Konzessivsatz 171f.

M

*man* 86
meno 57f.
Modalverb 82; Gerund 158; Passiv 132; Perfekt 99
Modus 82
molto 77

N

ne 69
Nebensätze 102, 163ff.; in der indirekten Rede 189f.; mit Indikativ 174; mit Konjunktiv 110; statt Infinitiv 139
nessuno 77
niente/nulla 76
no 181
non 181

O

Objekt 177; in betonter Wortstellung 178; in unbetonter Wortstellung 179
Objektpronomen 66ff.; betontes 66f.; beim Gerund 157; beim Imperativ 125f.; beim Infinitiv 142; beim Perfekt 149; direktes 66; indirektes 67; kombinierte Formen 69; Stellung 70; unbetontes 66f.
ogni 76
ognuno 76

**P**

parecchio 77
Partizip 145–150; Perfekt 147; Präsens 145f.; als Adjektiv 149; als Substantiv 149; anstelle Kausal-/Temporalsatz 150; mit Pronominaladverb 149; mit unbetontem Objektpronomen 149; unregelmäßiges 148
Passato prossimo 97ff.
Passato remoto 100f.; Passiv 130
Passiv 129–134; Umschreibung 134
per 201
Perfekt 97ff.; Gebrauch 99; mit essere/avere 98; Konjunktiv 106; Objektpronomen beim 97; Partizip 147
Personalpronomen 65; Höflichkeitsform 65
piace (mi) 85
più 57f.
Plusquamperfekt 99f.; Konjunktiv 108; Objektpronomen beim 100; Passiv 130
poco 77
potere 82; Futur I 92; Konditional I 114; Präsens 83
Possessivpronomen 73; Höflichkeitsform 73
Prädikat 177
Präposition 193–206; a 193f.; con 202; da 196f.; di 197f.; dopo 203; doppelte 206; fa 203; in 195f.; per 201; prima (di) 203; su 202; tra/fra 203; + bestimmter Artikel 30
Präsens 89; Gebrauch 91; Konjunktiv 105; Partizip 145; Passiv 130
prima (di) 203; + Infinitiv 165
Pronominaladverb 69; beim Gerund 157; beim Imperativ 125f.; beim Infinitiv 142; beim Perfekt 149; kombinierte Formen 69; Stellung 70
proprio 74

**Q**

qualche 76
qualcosa 76
quale? 78
qualsiasi 76
qualunque 76
questo 74f.; in der indirekten Rede 185
quello 74f.; in der indirekten Rede 185

**R**

Rechtschreibung 217–222; Akzente 220; Groß- und Kleinschreibung 217; Komma 221
reflexive Verben 84; Imperativ 125f.; Infinitiv 137
Reflexivpronomen 68; beim Gerund 157; beim Imperativ 125f.; kombinierte Formen 69; Stellung 70
Relativpronomen 75f.; che 75; cui 75; il quale 75

**S**

sapere 84; Futur I 92; Imperativ 123; Konditional I 114; Perfekt ↔ Imperfekt 99
Schreibweise 219
se 170
si impersonale 86
stare Futur I 92; Imperativ 123; Konditional 114; Konjunktiv Imperfekt 107; Präsens 91; Passato remoto 101; + Gerundio semplice 154
stesso 74
su 202
Subjekt 177; betonte Wortstellung 179; unbetonte Wortstellung 177
Subjektpronomen 65, 177
Substantiv 33–38; auf -a 33, 37; auf betonten Endvokal 37; auf -ca/-ga/-cia/-gia 37; auf -co/-go/-io 36; auf -e 34, 37; auf -i 34, 37; auf Konsonant 37; auf -o 33, 36; Genus 33 ff.; Plural 36 ff.; unregelmäßige Pluralformen 38; unveränderliches 37; zusammengesetztes 38
Superlativ 58f.; unregelmäßiger 60f.; des Adverbs 62

**T**

Teilungsartikel 28; 198
Temporalsatz 164f.
tra/fra 203
transitive Verben 81
Trapassato remoto 102
Troncamento 218
troppo 77
tutto 77

**U**

Uhrzeit 213
unpersönliche Ausdrücke 85
unpersönliche Verben 85

**V**

venire Futur I 92; Imperativ 123; Konditional I 115; Präsens 91
Verb 81; auf -are 81, 89; auf -care/-gare/-ciare/-giare 92; auf -ere 81, 89; auf -ire 81, 89; auf -ire mit Stammerweiterung 90; Futur 91; Imperfekt 94; intransitives 82; Konjugation 81; Konjunktiv 105ff.; Modus 81; Passato remoto 100; Passiv 129; Perfekt 97; Plusquamperfekt 99; Präsens 89; transitives 82; Trapassato remoto 100; unpersönliches 85; unregelmäßiges 91; Verbform 81
Verneinung 77, 181f.; doppelte 77, 182; einfache 181
volere 82; Futur I 92; Konditional I 115; Präsens 83

**W**

Wortstellung 177–180; betonte 179f.; im Aussagesatz 177; im Fragesatz 180; Verneinung 181

**Z**

Zahl 209–214; Datum 214; Grundzahl 209f.; Maße 214; Mengenangabe 214; Ordnungszahl 211; Uhrzeit 213; Zeitangabe 213
Zeichensetzung 221; Komma 221
Zeitenfolge im Nebensatz mit Indikativ 174; mit Konjunktiv 110

Langenscheidt
...weil Sprachen verbinden
Leichtigkeit
beginnt mit
Alles rund ums Sprachenlernen auf
www.langenscheidt.de